上海师范大学应用文科计划

国家自然科学基金面上项目

"我国环保产业 R&D 投入的决策理论与评价方法研究"（71673189）支持

绿色金融风险控制
与运行机制研究报告

孙红梅　等著

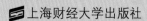上海财经大学出版社

项目组成员

组　长：孙红梅　上海师范大学商学院　教　授
副组长：李雪莲　上海师范大学商学院　副教授
成　员：雷喻捷　上海师范大学商学院　研究生
　　　　刘桂媛　上海师范大学商学院　研究生
　　　　姚书淇　上海师范大学商学院　研究生
　　　　张桂芝　上海师范大学商学院　研究生
　　　　武英涛　上海师范大学商学院　副教授
　　　　陈　澍　上海师范大学商学院　研究生
　　　　郭照蕊　上海师范大学商学院　副教授

摘　要

通过分析我国现行绿色金融风险系统性防范建设中存在的问题,探索与之配套的立法、组织体系和金融监管指标体系是否同步,绿色金融的市场、机构、产品等系统性风险的预警、防范、调控与处理的各种措施均能否达到预期目标。将新兴的金融业态和金融机构纳入绿色金融网络体系框架,分析可能存在的绿色金融市场风险、绿色金融机构风险与绿色产品风险;从绿色产业项目立项前端开始设置风险防范规则与风险系数,进行绿色金融风险防范体系的制度设计、组织安排、技术指标改进;探讨建立不同区域适用的绿色金融平台(包括数据平台、区域平台、网络平台、类型平台、产品平台等),平台之间由大数据链接,实现互通互融;设计适合不同绿色产业发展的绿色金融产品,在与国际接轨合作的同时,分析我国不同地域的差异,让绿色金融措施与方案运行顺畅;绿色资本投资绩效的有效考核是绿色金融可持续开展的必要条件,不仅要考核金融机构绿色金融开展情况,而且要考核绿色资本投资效果、效益、效率;结合能率效率等绩效评价方法,建立科学有效的考核指标体系、考核标准、评价依据、结果认证体系,促进绿色金融健康发展。

关键词:绿色金融　市场风险　平台建设　绩效评价　风险控制

目　录

1 我国绿色金融风险防范现状与防范体系规划

1.1 我国现行绿色金融风险防范体系现状

1.1.1 国家相关政策

随着《中共中央 国务院关于加快推进生态文明建设的意见》(中发〔2015〕12号)和《生态文明体制改革总体方案》(中发〔2015〕25号)贯彻实施,绿色发展理念日益深入人心,绿色金融发展进入了快车道。

2017年6月26日,央行、发改委、财政部、环保部、银监会、证监会、保监会7部委联合印发了江西省赣江新区、贵州省贵安新区、新疆维吾尔自治区哈密市与昌吉州和克拉玛依市、广东省广州市、浙江省湖州市与衢州市等地区建设绿色金融改革创新试验区总体方案。总体方案内容大体相似,分为总体要求、主要任务、保障措施三大部分。主要任务均包括,构建绿色金融组织体系、创新发展绿色金融产品和服务、拓宽绿色产业融资渠道、稳妥有序探索建设环境权益交易市场、加快发展绿色保险、夯实绿色金融基础设施、构建服务产业转型升级的绿色金融发展机制、建立绿色金融风险防范机制等内容。

7部委强调,坚持先行先试,防范风险。探索绿色金融组织体系、产品服务、体制机制等改革创新,积极稳妥、有力有序、精准务实推进各项改革试验。强化风险意识,提高绿色金融领域新型风险识别能力,积极稳妥地做好风险预警、防范、化解和处置工作,牢牢守住不发生系统性金融风险底线。多个方案均要求,通过 5 年左右的时间,初步构建组织体系完善、产品服务丰富、基础设施完备、稳健安全运行的绿色金融服务体系,绿色金融服务覆盖率、可得性和满意度得到较大提升,探索形成有效服务实体经济绿色发展的可复制、可推广经验。此外,方案提到,各地区成立绿色金融创新工作领导小组,加强领导、精心组织、统筹规划、协调推进,研究制定绿色金融改革创新实施细则;建立科学的绩效考核机制,定期跟踪落实情况,适时组织开展第三方绩效评估。

2018 年 3 月 8 日,中国人民银行发布《中国人民银行关于加强绿色金融债券存续期监督管理有关事宜的通知》(银发〔2018〕29 号),并以附件形式发布了《绿色金融债券存续期信息披露规范》和绿色金融债的信息披露报告模板。按照中国人民银行的规定,绿色金融债在存续期内需按季度披露募集资金使用情况,包括但不限于新增绿色项目投放金额及数量、已投放项目到期金额及数量、报告期末投放项目余额及数量以及闲置资金的管理使用情况等,并对期末投放项目余额及数量进行简要分析;并且在年报中披露投放项目实现的环境效益,以及所涉企业和项目的污染责任事故或其他环境违法事件等。

2018 年 11 月,中国人民银行发布的《中国绿色金融发展报告(2018)》指出,要完善制度环境,以实质性创新推动绿色金融可持续发展。政策制定部门需要不断完善政策体系,研究制定更多创新性的激励约束政策,不断丰富绿色金融支持政策工具箱。例如,适当降低对绿色资产的风险权重,对绿色信贷等业务给予较低的经济资本占用,完善绿色债券监管政策工具箱等。

报告指出,2018 年中国沿着"自上而下"的顶层推动和"自下而上"的基层探索两条路径持续推动绿色金融体系建设,绿色金融改革创新和国际合作取得令人瞩目的新成绩。在实现自身快速发展的同时,绿色金融的社会和环境效益也进一步显现。2018 年,中国共发行绿色债券超过 2 800 亿元,绿色债券存量规模接近6 000 亿元,位居全球前列。据中国人民银行统计,截至 2018 年末,全国银行业金融机构绿色信贷余额为 8.23 万亿元,同比增长 16%;全年新增 1.13 万亿元,占同期企业和其他单位贷款增量的14.2%。2018年,绿色企业上市融资和再融资合计224.2亿元。

与此同时,绿色金融标准、统计制度、信息披露、评估认证等一系列基础性制度安排逐步完善。地方绿色金融改革创新持续推进,初步形成一批可复制、可推广的有益经验。

为推动国内绿色金融高质量、可持续发展,报告建议,加强理论研究,为科学推动绿色金融发展奠定基础。截至目前,学术界尚未形成绿色金融的完备理论,对绿色金融促进经济增长和转型升级的作用机制的研究不够透彻。理论研究缺失既不利于政府科学出台支持绿色金融发展的相关政策,也不利于进一步凝聚和形成绿色金融共识。因此,需要将环境因素嵌入传统经济学和金融学的分析框架,研究和明确绿色金融的理论原理、定价机制、影响因素、环境社会效益及其对经济增长和可持续发展的作用机制等内容。

报告还指出,构建标准体系,保障绿色金融市场规范健康发展。在前期积极创新和大胆探索的基础上,各类市场主体对绿色金融统一标准和规范发展的诉求日益强烈;同时,丰富的市场实践也为制定出台统一标准提供了良好的基础。研究构建国内统一、与国际接轨、清晰可执行的绿色金融标准体系,是推动中国绿色金融规范健康发展的重中之重。

在鼓励绿色金融产品和服务创新方面,报告建议,支持市场主体积极创新绿色金融产品、工具和业务模式,切实提升其绿色金融业务绩效,是坚持市场化原则和商业可持续的生动体现。例如,鼓励市场主体开展环境风险压力测试,针对不同客户的环境风险进行差异化定价,探索发行真正意义上的绿色市政债券,开展环境权益抵质押交易,开发绿色债券保险或设立专业化的绿色融资担保机构等。

2018年10月8日,江苏省发布了《关于深入推进绿色金融服务生态环境高质量发展的实施意见》,从促进绿色转型发展、环保机场实施建设、修复生态环境、培育绿色产业等多方面进行了阐述。文件重点提出"大力发展绿色信贷和绿色担保""针对绿色债券进行30%的贴息""发展绿色保险,开展绿色金融创新"等重点措施,并着重对"切实防范化解金融风险"进行了监管、评估等政策规定。该文件始终将风险防范作为绿色金融发展的重要内容,金融如何在促进绿色发展实践中平衡自身利益和风险控制,将是未来无法回避的挑战。

事实上,国内外金融机构都在协调两者关系的进程中探索。2017年底,包括中国人民银行、法国央行、德国央行在内的8家有很强意愿推动绿色金融的央行,发起设立了央行与监管机构绿色金融网络。各家央行对是否应该降低绿色资产的风险权重以降低绿色信贷的融资成本,进而激励银行加大绿色信贷的投放力度等问题存在不同意见,主要是在如何界定环境风险所引发的资产风险方面各国意见不一。而早在2016年中国人民银行等6部委发布的《关于构建绿色金融体系的指导意见》中,针对"绿色信贷"明确指出,"将环境和社会风险作为重要的影响因素,并在资产配置和内部定价中予以充分考虑";对"绿色保险"则提出,"参与环境风险治理体系建设""研究建立面向环境污染责任保险投保主体的环境风险监控和预警机制,实时开展风险监测,定期开展风险评估"。在金融资产保值增值的目标下,防风险是金融机构始终需要开展的工作。但环境风险不同于传统的公司信用风险、市场风险,这主要因为其影响商业银行的信贷资产或项目的可持续性,随着外界物理风险的加剧,将引发资产项目的不可控,进而导致资金还款的稳定性。

与环境学意义上的定义不同,绿色金融领域中论及的环境风险,更多是研究其对于资金流动中的稳定性、增值性的影响。特别是,环境风险不仅会影响信贷资产本身的稳定性,金融机构本身也会由于借贷方或项目的环境风险导致自身的连带法律责任。例如,美国的《超级基金法》、加拿大的《污染物废弃物管理法》、日本的《土地污染对策法》等都对造成污染的公司的贷款方进行了"连带责任"的要求。这使得金融机构特别是商业银行,在环境风险的评估和预警方面格外小心。

在金融机构讨论环境风险,不能依靠风险管理"否决"项目,而应通过环境风险识别和管理降低其风险,使其不可投资转化为可投资。通过环境压力测试,将物理尺度的环境风险转化为微观管理的措施。从近5年中国绿色信贷余额以及绿色信贷违约率统计数据分析,2017年,我国绿色信贷不良率为0.4%,大大低于银行业 1.7% 的总体不良率,而资产质量和投资回报也不低。这主要是由于我国银行逐渐摸索出了一套基于"成本—收益"原则的"环境风险管理体系",形成了一系列融资背景下的环境风险评估体系,主要表现为以下三方面内容。

一是构建了能够转化为资产风险的环境风险指标。环境问题引发的金融风险聚焦于拟贷款的企业财务上,如果企业存货中含有大量毒化学物品或放射性物质,则其变现能力受限,低于其账面价值。如果拟贷款企业或项目存在环境问题而被环保主管部门强令关停并转,则该企业自身的应收账款和票据将会受到严重影响;类似企业专有的特殊设备也会因环保法律法规标准趋严导致需要改造或更新,造成固定资产价值的变动等。这要求金融机构在对企业估值、放贷和融资服务时进行环境审计,提炼一系列与金融学相关的配套环境风险指标。例如,针对绿色信贷,建立风险监测和评估机制,关注影响"不良贷款率"的环境要素;针对绿色债券,关注其所支持项目"杠杆率""偿付能力"的环境问题;针对绿色基金,则关注资金空转、"洗绿"等指标。

二是有意识地区别公司整体和项目个体的融资。单个公司融资是利用其自身的资信能力,整体作为债务人参与融资活动,银行具有完全追索权;而项目融资则是以预期收益作为抵押,以项目实体的资产作为贷款保障,银行具有有限追索权。涉及生态环保类项目的融资,周期长、规模大,贷款风险也就大,因此,金融机构的环境风险管理主要是分析其物理风险如何转化为金融资产的市场风险、信用风险、操作风险等,分析"物理形态"的风险如何转化为金融风险,分析环境风险如何将当前显性的风险转化为长远隐性的风险。为了管理两类对象,可分别设计不同侧重的管理方案。

三是完善针对中小型银行的环境风险管理。中小型银行、地方城市银行、农村信用社的贷款对象往往是规模较小的企业和项目,项目普遍存在分散、低技术含量、规模小等问题。而节能环保工程周期长,初期几乎没有立竿见影的收益回报,其资产估值在于未来收益。例如,垃圾焚烧发电项目初期投入需要巨额资金,如果未来收益来自地方垃圾补贴费、电费、国家补贴等,则具有稳定的未来收益,这才可以辅助降低其风险程度,使银行能够根据未来收益的稳定性,给予更大规模的资金投资。这对企业实现规模化生产、改变技术被动局面意义重大,同时也对绿色保险、绿色债券的工作开展具有借鉴意义。

近年来,部分商业银行意识到国内绿色金融市场的发展前景,开始主动进行绿色金融风险控制、开展绿色金融业务,产品创新能力不断提高,业务流程管理不断规范。四大行积极响应国家政策号召,带头开展绿色金融业务并重视对绿色金融的风险防控,在社会环境责任履行方面表现较为突出,体现了其责任担当。浦发银行和招商银行在国际合作和产品创新方面表现优异,体现在绿色金融领域勇于尝鲜。虽然国内银行业在绿色金融领域存在积极性不高、业务模式单一等普遍现象,但仍有一部分商业银行能够认清当前形势,积极开展绿色金融业务并进行风险防控,取得了一定的成果。随着更多国内商业银行主动推进绿色金融业务发展和绿色金融风险防范体系建设,提升业务创新能力和盈利能力,将在更大范围起到带领作用,引发国内绿色金融发展潮流。

1.1.2 国内典型商业银行风险防范现状

经济新常态下,绿色金融已经成为未来的必然发展趋势,党和国家政府相继颁布了关于绿色金融发展的相关政策,如绿色信贷、绿色证券等。从现阶段的实际情况而言,国内绿色金融发展取得了较为明显的成效,但目前建立了完善、全面的绿色金融风险防范体系的银行并不多。因此,本报告选取 12 家已经实施绿色金融风险防范措施的典型商业银行(包括国有商业银行和城市商业银行),它们积极贯彻绿色发展理念,将绿色金融理念、环境风险防控贯穿银行信贷业务全流程。

1.1.2.1 兴业银行

作为中国首家赤道银行,兴业银行参照赤道原则这一国际先进标准,建立了全面的环境和社会风险管理体系,在成本、收益与风控之间寻找平衡点,通过大力发展绿色金融助力水资源保护项目建设,兼顾经济效益与环境效益,实现可持续发展。

兴业银行持续规范赤道原则项目全流程管理,组织全行开展赤道原则执行工作全面自查与检查,对赤道原则项目的环境与社会风险管理流程的合规性进行全面重检,发布《合规建议书》,并督促分行加强整改,切实提升赤道原则项目管理与执行效果。兴业银行通过全面对标《绿色信贷指引》等外部监管规章,从中提炼合规风险要点与流程重点环境,进一步加强赤道原则项目管理,推进在信贷业务审核准入、存续期管理等环节加强环境与社会风险的精细化管理,为绿色金融业务合规创新保驾护航。

截至 2019 年一季度末,兴业银行 7 222 亿元绿色金融融资余额中,水资源利用和保护领域融资余额为 2 497 亿元,占全部绿色金融业务的比例超过 35%,所支持的项目涉及工业节水、海水淡化、污水厂建设及升级改造、污水管网工程、污泥处置工程、水域治理、水环境综合整治、再生水、重金属污染防治等项目类型。银行不仅要营利,还要履行社会责任,注重综合收益,注重银企间的多方位合作,不能单单只看一笔业务的收益情况,需考量综合收益,如后续的存款、结算、项目推荐等方面的深入合作。

绿色金融业务的发展,除了处理好成本与收益之间的关系,风险防控也是重点。碳排放权、排污权以及用能权等增信方式的探索贯穿兴业银行多个绿色融资项目。不过,用排污权等抵押的增信措施还处于探索阶段。

关于绿色金融项目的筛选、准入及风险防控,兴业银行一方面按照赤道原则标准严格筛选项目和客户,提高环境和社会风险管理能力,减轻或缓释项目中环境与社会风险;另一方面随着我国陆续出台的绿色金融相关政策,严格按照政策标准实施准入。此外,兴业银行根据不同的行业,探索制定了相关准入标准。分行的尽职调查机构独立于分行归属总行直接管辖,总行不考核尽职调查中心的业绩,以保证其能够按照专业标准做出公正、准确的调查报告。这是兴业银行绿色金融风控的第一步,也是重要的一步。每一笔绿色金融项目可用的担保品不同,需要银行不断识别潜在风险,将有价值的权益转化为增信方式,见图 1-1。

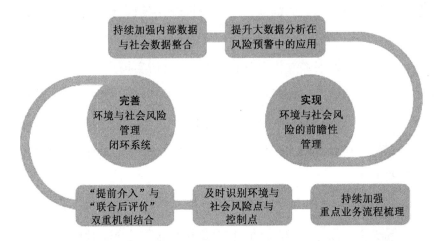

图 1-1 兴业银行贷前—贷中—贷后全流程环境与社会风险预警管理体系

除了业务流程的专业化、增信方式的创新,兴业银行还借助金融科技手段赋能绿色金融风控和服务,上线业内首个"点绿成金"绿色金融专业支持系统,以此实现绿色金融业务属性认定、环境效益测算、客户管理等业务管理功能,绿色金融授信业务办理、授信后管理、风险监测等风险管理功能,以及考核评价、业绩计量、报表统计等运营管理功能。借助该系统,通过客户分级管理、沙盘客户跟踪、业务数据挖掘分析,深挖客户需求,进而实现对绿色金融客户的定制化服务,进一步提升服务绿色金融客户的效率和能力。同时,将大数据、人工智能等前沿技术与风险控制相结合,大大增强绿色金融项目风险管理能力。

持续加强风险预警,深化与非政府组织"福建省绿家园环境友好中心"开展积极合作,充分利用《环境风险预警名单》在行内发布 33 442 条环境风险预警信息,强化本行对企业和项目的环境与社会风险管理。不断推进企业环境风险预警分类机制,充分利用其收集整理的福建、江苏、济南、广东、浙江、江西六省市环保违规清单等环境预警信息,将其纳入本行预警管理系统,为兴业银行授信项目的尽职调查、审查审批、存续期管理提供信息支持,并在此基础上进一步帮助企业排查环境风险点,提出环境整改意见,见图 1-2。

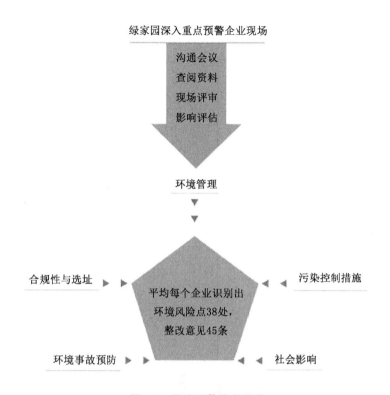

图 1-2　风险预警信息渠道

同年,兴业银行作为中国人民银行和英国央行联合发起的"中英金融机构环境信息披露试点工作组"的主要成员,积极探索开展更实际、更有效的金融机构环境风险计量、管控方式,持续优化环境与社会风险管理能力,并于 2018 年 11 月作为主要参与机构之一发表《中英金融机构气候与环境信息披露试点 2018 年度进展报告》,为促进绿色投资、防范金融风险提供坚实保障。

兴业银行整合集团的产品和服务,形成了集团化绿色金融产品与服务体系,面向企业客户,为节能环保产业客户提供涵盖绿色融资、绿色租赁、绿色信托、绿色基金等领域的多元金融服务;面向个人客户,推出了低碳主题信用卡绿色按揭贷、绿色消费贷和绿色理财等创新型产品。从客户融资需求入手,开发了多项创新型绿色金融产品,见图 1-3、图 1-4。

图 1-3　绿色产品数据

图 1-4　创新型金融产品

兴业银行在总行层面成立社会责任工作领导小组、集团绿色金融专项推动小组,每家分行都配置了绿色金融专职人员,近30家分行设置了绿色金融部,全行绿色金融从业人员共计近200人。①

1.1.2.2 中国银行

中国银行积极构建与自身经营模式相适应的风险管理体系,不断完善风险管理机制,优化风险计量与控制手段。董事会、高级管理层及下设专业委员会严格履行内控管理与监督职责,全面落实内控"三道防线"体系;根据经济金融形势和监管要求变化,加强信贷资产质量管理,推进信贷结构持续优化密切跟踪市场波动,开展前瞻性风险分析,加强投资业务和债券投资风险,优化风险预警机制。

中国银行持续优化信贷结构,印发《行业信贷投向指引(2018年版)》,全面强化环境与社会风险管理,密切关注环保、能耗、安全、质量等标准的提高和淘汰落后产能任务对产业转型升级和产能过剩行业的影响。同时,加大对污染治理、清洁能源、绿色交通、供水节水等绿色产业支持力度,严格要求对未通过能源技术评价、环境影响评价审查的项目不得提供任何形式的新增授信支持。截至2018年末,中国银行绿色信贷余额为6 326.67亿元,同比增长17.42%。绿色信贷不良率为0.52%。

中国银行坚持贯彻落实国家绿色信贷政策,针对节能环保、新能源等绿色产业加快金融产品创新,促进能源结构的优化调整。为中国长江三峡集团有限公司、中国长江电力股份有限公司、华能澜沧江水电股份有限公司、云南华电金沙江中游水电开发有限公司等水电企业主承销发行境内人民币债券近100亿元;助力中国广核集团有限公司开发海外新能源市场,连续两年为其发行双币种绿色债券;获得北控清洁能源集团50亿元"绿色熊猫"超短融独家主承销商资格,开展中国银行首只绿色能源熊猫债主承销业务,积极叙做境外绿色能源项目。中国银行在投融资决策中充分考虑项目对环境的潜在影响,把与环境条件相关的潜在回

---

① 资料来源:兴业银行2017年可持续发展报告。

报、风险和成本融入日常业务中。在国际项目中,严格按照国际环保标准评估项目,2018 年成功叙做了多个可再生能源项目,支持煤层气清洁能源产业发展。2018 年,中国银行山西省分行为山西国化能源有限责任公司核定授信 16.5 亿元,支持清洁能源输气管道工程建设。项目建成后预计每亿立方米煤层气可替代 34 万吨标准煤和 9 万吨原油,可减少二氧化硫排放量 2.45 万吨、减少烟(粉)尘排放量 1.45 万吨。

在 2019 年中行继续完善风险管理体系,包括推进风险管理三道防线体系建设,修订《风险管理总则》,完成风险偏好重检和更新,全面梳理风险管理政策制度;加强集团合作机构管理,发布《中国银行股份有限公司集团合作机构管理指引(2019 年版)》;优化新产品风险管理流程,制定新产品先行先试风险管理流程。

1.1.2.3 中国建设银行

2016 年董事会审议通过了《中国建设银行绿色信贷发展战略(2016—2021 年)》,将加快推进绿色领域业务发展、防范环境和社会风险、提升社会责任自身表现确定为绿色信贷发展战略三大任务;提出将经济效益、社会效益和生态效益有机统一起来,继续将建设"绿色银行"作为中长期业务规划的目标。

中国建设银行注重客户环境和社会风险管理能力建设,致力于通过金融手段引导客户有效开展自身环境和社会风险管控,防范因客户自身风险而引发信用风险、声誉风险事件的发生。多年来,建设银行在信贷政策中始终将企业是否遵循环境指标作为客户准入标准,严格控制环保不达标客户、环境违法违规且没有及时整改的客户和项目。

2017 年,依据《中国建设银行绿色信贷发展战略》制定《关于加强环境和社会风险管理的通知》,将环境和社会风险管理贯穿信贷全流程,明确贷前调查、授信审批、放款审核、贷后管理等各环节具体管理要求及差异化管理措施。对于高风险客户,除严控信贷、贷款余额新增以外,加强对风险变化情况的评估要求。2018 年,在环境和社会风险管理信息系统建设方面,建设银行将客户环境和社会风险分类指标嵌入信贷流程系统,实现风险信息全流程显示。同时,将外部环保违法违规等风险信息接入内部管理系统,进一步提升风险预警管控能力,当客户发生风险时,能够充分评估风险调整授信策略。关注高环境和社会风险客户管理,至少每六个月到现场检查环境和社会风险评估内容实际情况,并与相关方(如上下游企业、政府监管部门等)进行充分沟通,确保评估内容的真实性。组织信贷政策培训班、风险管理人员培训班,深化全行环境和社会风险的防控意识。并将通过完善基础政策制度,推进环境和社会风险全流程系统化管控体系建设,聘请独立环境和社会顾问等方式,进一步提升环境和社会风险管理能力。

在信息披露管理与机制方面,公共关系与企业文化部和相关部门建立环境、社会与管治信息披露协同机制,有效回应利益相关方对 ESG 相关信息的问询,并定期发布社会责任报告。自 2005 年 10 月在香港上市后,每年都发布社会责任报告。在能力提升与管理融入方面,仅 2018 年就举办全行范围社会责任培训 2 次,分别针对 ESG 管理团队成员、境内各一级分行及子公司社会责任相关部门负责人。聚焦环境与社会风险、国际制裁、负责任投资等议题领域,组织建设银行社会责任优秀案例评选工作,持续推动社会责任管理在业务创新发展与风险防控中的有机融合。

1.1.2.4　浦发银行

在制度方面,为推行绿色信贷,履行银行社会责任,根据《绿色信贷指引》(银监发〔2012〕4 号)、《关于印发绿色信贷实施情况关键评价指标的通知》(银监办发〔2014〕186 号)等监管规定,浦发银行制定了《上海浦东发展银行环境和社会风险管理办法》(浦银办发〔2015〕569 号)。

(1)明确了前、中、后台在管理环境与社会风险方面的职能

2018 年,浦发银行严格执行节能减排相关政策要求,认真贯彻全流程、全要素、全方位、全覆盖的环境和社会风险管理,对银行前、中、后台相关职能部门和分支机构对环境和社会风险管理的职责做出了明确分工和规定,要求总、分行在公司条线配置环境和社会风险专职管理岗位,并要求对环境和社会风险尽职调查人员等设定必要的任职资格和评价标准。总、分、支三级机构应建立环境和社会风

险信息收集机制,根据业务发展需要,与境内外合格、独立的第三方机构建立合作关系,加强环境和社会风险管理的国际交流。在考核评价方面,在分行和总行相关部门的考核中纳入环境和社会风险管理因素。在项目融资中对项目进行全周期的环境与社会风险管控,坚决杜绝环境风险事件的发生。

(2)明确了环境和社会风险管理需要制定的政策制度

浦发银行明确了环境和社会风险管理需要制定的政策制度,包括:授信政策应明确绿色信贷支持方向及重点领域,优先支持绿色信贷产品和服务的发展;制定绿色信贷相关行业的政策,对于本机构授信总量较大且属国家重点调控的限制类以及有重大环境和社会风险的行业应制定专门的授信指引,对于本行关注的重点行业客户应制定内涵清晰的环境和社会风险清单;制定环境和社会风险的管理制度,规定环境和社会风险管理的流程和操作要求,实行全流程管理;制定环境和社会风险尽职调查、合规审查的规范,明确分行业、分类型的标准化的环境和社会风险尽职调查、合规文件和合规风险点审查的清单,并对特殊客户制定补充清单;制定客户环境和社会风险管理状况的放款审核清单,并制定资金拨付和管理的办法和程序;制定或转发绿色信贷统计制度;制定客户重大环境和社会风险的内部报告制度、应急处置预案和责任追究制度等。

(3)实行授信客户分类管理和名单制管理

浦发银行对授信客户实行分类管理和名单制管理。对于授信客户应根据其面临的环境和社会风险的高低分为 A、B、C 三类,并实行动态管理。其中,A 类为建设、生产、经营活动有可能严重改变环境原状且产生的不良环境和社会后果不易消除的客户;B 类为建设、生产、经营活动将产生不良环境和社会后果但较易通过缓释措施加以消除的客户;C 类为建设、生产、经营活动不会产生明显不良环境和社会后果的客户。明确了影响分类的因素、具体标准和分类调查的方法,规定了分类的流程。对于分类为 A 类和 B 类的客户,提出了加强管理的措施,包括对其风险进展情况进行动态评估,并将相关结果作为其评级、信贷准入、管理和退出的重要依据,并在授信“三查”、贷款定价和经济资本分配等方面采取差别化的风险管理措施;应出具环境和社会风险的书面审查意见,供授信审批部门和其他相关条线参考;根据环境和社会风险分类及风险审查意见,适用差别化的授信流程和权限;寻求适当方式缓释授信风险;在授信合同中包含督促客户加强环境和社会风险管理的独立条款;制定专门的贷后管理措施定期开展专项内控检查或抽查。办法要求建立和维护重大环境和社会风险客户名单,明确纳入名单的标准,对名单客户实行差异化管理,针对其面临的环境和社会风险的特点,要求其采取有针对性的风险缓释措施。

(4)将环境和社会风险管理要求全面嵌入贷款"三查"的流程

浦发银行明确规定,对客户的贷前尽职调查应将环境和社会风险作为必要环节和重要内容,按照适用的环境和社会风险尽职调查清单进行实地调查。环境和社会风险尽职调查应了解客户对环境和社会风险管理的意愿、能力和历史记录,对客户及其项目的环境和社会风险严重程度做出恰当的判断。尽职调查还应按照适用的合规审查文件清单和合规风险点审查清单要求,获取相关文件。客户的环境和社会风险的性质和严重程度超过尽职调查人员判断能力时(相关人员从未处理过类似风险),应向行内外环境和社会风险专家征询意见,并可委托合格、独立的第三方进行调查评审,或通过其他有效的服务外包方式获得相关专业服务,并向政府主管部门咨询。对客户的风险审查应将客户及其项目的环境和社会风险管理的合规性作为重要内容,对授信项目的形式和实质合规要求做出适当的判断。授信审批应将环境和社会风险分类及风险审查意见作为重要参考。对客户的环境和社会风险管理状况的审核应作为放款审核的重要内容,嵌入单笔业务审核流程。授信客户的贷后管理工作应包括客户环境和社会风险信息的收集、识别、分类和动态分析,并根据政策变化,采用不同的环境和社会风险的预警及应对机制。在客户发生重大环境和社会风险事件时,应及时采取相关的风险处置措施,启动应急处置预案,并就事件可能造成的影响向监管机构和相关管理部门报告。银行的内控检查应加大重大环境和社会风险检查的力度,并按相关要求开展专项内控检查。内控合规检查发现重大问题的,应制定整改措施;涉及个人责任

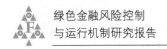

的,应记录在案并按规定问责。

(5)对于涉外项目的环境和社会风险管理做出了专门的规定

浦发银行对于涉外项目的环境和社会风险管理做出如下规定:要求客户建立诉求应对机制和重大环境风险的应对预案,建立与利益相关方的沟通交流机制,必要时应寻求有关专家的协助。对于境外授信项目应至少承诺采用一种相关国际惯例或国际准则,并确保本行授信项目的操作与国际良好做法在实质上保持一致。对因环境和社会风险产生较大争议的境外授信融资项目,聘请合格、独立的第三方对其环境和社会风险进行评估和检查,并将相关评估和检查报告予以公布。对于国际合作项目,除应符合一般环境和社会风险管理要求外,还应符合国际合作方的特定要求。

(6)在系统、统计和文档管理方面对环境和社会风险管理提供有效支持

浦发银行要求,信贷管理系统和客户管理系统等相关系统应嵌入环境和社会风险分类标识,支持环境和社会风险管理的全流程管理。根据监管要求,开展绿色信贷统计,及时准确报送相关报表、报告。有关环境和社会风险管理的文档,应作为授信业务文档的重要组成部分一并保管。

在政策方面,浦发银行通过每年下发公司客户信贷投向政策,在公司客户授信业务中,切实贯彻全流程、全要素、全方位、全覆盖的总体原则,重点支持节能环保的产业,积极防范可能给环境和社会带来的危害及其相关风险。

(1)所有授信客户据其环境和社会风险实施分类、动态管理

浦发银行在政策中规定,所有授信客户根据其面临的环境和社会风险实施分类,并实行动态管理。授信客户根据其认定的环境和社会风险分类,执行相应的业务准入、尽职调查、授信审批及后评价流程。对于纳入"两高一剩"行业的客户,从严核定客户分类。对主要产品属于"高污染、高环境风险产品名录"的企业,审慎评估其生产工艺、技术水平及对环境、社会的潜在风险。原则上仅对符合"例外工艺"要求的客户给予授信支持。对主要产品纳入"环境保护重点设备名录",并掌握核心技术、经营情况稳健的客户积极给予支持。积极支持从事节能减排行业

的中小企业,对于不满足绿色信贷标准的客户予以主动退出;持续推动绿色金融产品创新,加强与外部机构的联动,定期开展绿色信贷业务培训,深化绿色金融发展,支持绿色低碳经济转型。

(2)持续加大绿色信贷专门产品、专业方案的支持力度

浦发银行在近年来银行信贷规模持续紧张的形势下,对绿色信贷配套了总行专项信贷规模和风险资产,同时开辟信贷审批绿色通道,确保绿色信贷业务快速发展。浦发银行还建立了绿色信贷创新产品和服务体系,积极践行绿色信贷理念、提升绿色信贷业务优势,不断创新融资模式和担保模式。例如,包括能效融资,清洁能源融资,环保金融、碳金融和绿色装备供应链融资在内的五大融资板块,以及能效贷款、绿色中间信贷、碳交易(CDM)财务顾问、国际碳保理融资、排污权抵押贷款、绿色 PE 和绿色债务融资工具等创新产品。

浦发银行助力同业绿色金融业务。昆明分行联席主承销的富滇银行绿色金融债 35 亿元成功发行,这是云南省首单在全国银行间债券市场公开发行的绿色金融债券,填补了云南在绿色金融债券市场的空白。同时,帮助富滇银行开拓低成本融资渠道,对于引入市场资金支持云南省发展绿色金融、培育绿色产业新动能具有重要意义。

(3)发挥建筑节能产品体系优势

浦发银行的政策强调,应利用自身建筑节能产品体系优势,面向政府、商场、医院、学校等重点客群开展建筑节能融资,实现对政府、医疗、教育等领域的有效渗透。在全国范围内推广合同能源管理融资业务,择优支持具有核心技术优势的中小节能服务公司。大力支持绿色交通的发展,拓展城市快速公交(BRT)、无轨电车、有轨电车、轻轨、地铁等市政项目,配套提供项目融资、营运期贷款、项目收益债券等综合产品。加大对水污染防治及再生水利用、垃圾处理、大气污染治理等环保领域的投放力度,试点以 PPP 模式操作及运行的环保类基础设施建设项目。浦发银行将环保行业作为新兴领域,纳入积极支持类行业管理,且专门制定了环保行业的行业信贷政策。

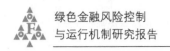

(4)加强能源矿产领域风险防控与化解

浦发银行在加强能源矿产领域风险防控与化解上也有相应的政策规定。高度关注能源矿产领域的非经济因素触发的风险。规定对无矿石资源优势、无采选成本优势、无装备技术优势的矿山企业,或环保、安全等隐患较大的矿山企业,原则上不予介入。在财务可行、风险可控的基础上,优先安排国家清洁能源领域的重点项目、示范工程的业务合作。[①]

浦发银行支持低能耗新能源组件生产。呼和浩特分行积极支持当地光伏龙头企业高效单晶硅片生产,其产品能耗显著低于国家单位产品能源消耗限额标准先进值,系《光伏制造行业规范条件(2018年版)》要求的66.2%。分行的金融服务有效支持了企业的产业化工程,形成了良好的节能减排效益,实现标准煤节能减排8 330.62吨,二氧化碳当量节能减排19 993.49吨。

浦发银行支持清洁能源项目建设。广西分行与南方电网综合能源广西有限公司开展合作,支持其清洁能源项目建设。其中,昌菱蔗渣热电联供项目于2018年4月投产,该项目以蔗渣及树皮等作为原料发电,预计年发电量1.6亿千瓦时,年供电量1.4亿千瓦时,相当于年替代标煤约8.84万吨,每年减排二氧化碳约16.2万吨。[②]

1.1.2.5 招商银行

招商银行从全行战略高度推进绿色金融,持续完善绿色信贷政策,制定了《招商银行绿色信贷营销指导意见》《绿色金融信贷政策》《关于促进产能过剩行业信贷结构优化管理的通知》等多项制度规定,引导信贷资源优先投入环保领域,大力支持环保产业,创造绿色价值。严格落实信贷客户"四色"分类工作,将绿色环保理念传递给每一位客户,见图1-5。截至2018年末,绿色贷款余额达1 660.33亿元,同比增加89.30亿元。

---

① 资料来源:马骏主编的《金融机构环境风险分析与案例研究》。
② 资料来源:浦发银行官网。

图 1-5 信贷客户"四色分类"

招商银行对高污染、高耗能产业严控新增贷款,相关授信除应符合一般性授信要求外,在企业选址、生产工艺、资源消耗、污染物排放等方面须符合国家环保标准。对"两高一剩"行业客户的节能减排授信采取有区别的鼓励政策,共同推进能效转型;对于环境表现恶劣、社会风险巨大的企业坚决压缩退出,一票否决。

福建龙净环保股份有限公司是全国环保产业骨干龙头企业,专业从事大气污染治理设备及其他环保产品的研发生产,年销售额超过 70 亿元。厦门分行与龙净环保建立了良好的授信合作关系,2018 年累计为其发放各项贷款约 2 亿元,用以支持该企业开展产品研发创新,制造脱硫脱硝等设备,推动节能减排与大气污染治理产业发展。

2018 年,招商银行深入构建风险管理体系,持续加强授信风险管理。通过积极推动各项监管制度和规定的落地实施,不断完善风险管理流程,确保管理效能充分发挥,提升风险管理能力。

1.1.2.6 工商银行

工商银行积极完善政策体系。印发《关于全面加强绿色金融建设的意见》,明确工作目标及基本原则,梳理明确加强绿色金融建设的工作主线及具体措施,包括持续推进投融资结构绿色调整、全面加强环境与社会风险管理、积极开展绿色金融创新、认真落实监管要求、加强绿色金融组织保障及日常管理六个方面 27 条措施,为全面加强绿色金融建设、构建国际领先的绿色银行和实现投融资业务可持续发展打下坚实基础。自2003年以来,工商银行逐年修订印发行业(绿色)信贷政策,贯彻和落实各行业绿色信贷政策导向与要求,对生态保护、清洁能源、节能环保、循环经济等绿色产业给予较高的行业定位,建立了行业定位与经济资本的关联,鼓励和引导全行积极支持绿色经济领域信贷业务。在借鉴赤道原则和IFC绩效标准与指南的基础上印发《绿色信贷分类管理办法》,按照贷款对环境的影响程度,将全行境内公司贷款客户和项目分为四级、十二类,并将其嵌入行内资产管理系统,实现了对客户环境与社会风险的科学量化管理。

工商银行加强环境与社会风险管理,严格执行环境与社会风险合规底线。2018年,工商银行进一步要求境内各分行提高重点行业、重点区域客户环保标准,严格执行"环保—票否决制",严守环境和社会风险合规底线,加强高风险客户投融资风险管控。并严格落实绿色信贷全流程管理,按照环境与社会风险合规要求、根据客户或项目特点,确定各环节规定动作及关注要点,加强投融资环境与社会风险全流程管理,见图1-6。

尽职调查环节	审查审批环节	合同签署环节	资金拨付环节	贷后管理环节
将环境和社会风险作为尽职调查的重要内容	将客户环境和社会风险作为审查审批的重要内容	督促客户加强环境和社会风险管理	逐一核实融资审批前提条件落实情况	严格落实贷后管理办法及绿色金融相关政策要求

图1-6 绿色信贷全流程管理

工商银行加强绿色信贷保障措施建设,加强绿色信贷考核及资源配备。董事会对高管人员绩效考核指标体系涵盖了经济效益指标、风险成本控制指标和社会责任指标。考核指标体系中将每股社会贡献值作为高管共担指标,以实现承担社会责任、追求可持续发展的战略目标。总行设置了绿色信贷定量指标并纳入对各分支机构的按季绩效考评指标体系,进一步完善对绿色信贷工作的绩效评价和激励约束机制。2018 年工商银行调整了绿色信贷定量指标,并纳入对各分支机构的按季绩效考评指标体系,进一步完善了对绿色信贷工作的绩效评价和激励约束机制。工商银行着力提高绿色信贷管理信息化水平。2014 年在信贷管理系统中增设"节能环保项目与服务"统计标识,具体包含节能环保项目与服务分类、项目节能减排成效等 8 个分项指标。在提高绿色信贷管理信息化水平并对全行法人客户项目贷款绿色信贷分类和统计数据质量开展梳理和校验工作,进一步提升相关基础数据质量,完善了绿色信贷统计系统功能,保证了绿色信贷统计数据以及对外披露信息的及时性与准确性。

同时,工商银行持续加强绿色金融研究工作,多项研究成果开业内先河。2017 年 9 月 28 日,工商银行通过卢森堡分行发行首笔"一带一路"绿色债券,得到了全球投资者的高度认可和超额认购,最终发行量等值 21.5 亿美元,并获得《金融亚洲》2017 年度"最佳环境、社会和治理项目"等荣誉。

图 1-7 "一带一路"绿色债券

2018 年 12 月工商银行与中证指数联合研发的"中证 180ESG 指数"正式上线,这是首个由国内金融机构发布的 ESG 指数。2018 年 6 月 13 日,工商银行通过工银亚洲发行美元、港币双币种绿色债券,最终发行金额等值 7.3 亿美元,在香港联合交易所正式挂牌上市。该笔债券满足国内和国际最新绿色债券标准,同时获得香港品质保证局（HKQAA）颁发的发行前阶段绿色金融认证证书（Preissuance Stage Certificate）。

1.1.2.7 中国平安集团

结合国家对经济可持续发展的要求，平安银行积极建立相应的责任投资管理，并在各个资产管理端推动具体管理及产品落地，同时不断加强与国内外责任投资领域的沟通协作。平安银行一直追求长期和可持续的投资模式，视责任投资为企业发展的长远战略。在集团投资者关系及 ESG 管理委员会的指导下，各业务单位在投资决策及业务开发过程中充分考虑环境、社会、管治因素，实现负责任的投资项目和财务产品的开发。

平安银行每年定期组织绿色信贷实施情况自评工作，从绿色信贷组织管理、政策制度及能力建设、流程管理、内控管理、信息披露、监督检查等方面定期开展绿色信贷自我评估。制定绿色信贷等投资原则，逐步将评估结果作为授信评级、业务准入、人员履职评价的重要依据。同时应环保总局、中国人民银行、银监会《关于落实环境保护政策法规防范信贷风险的意见》的要求，平安银行对不符合产业政策和环境违法以及高耗能的企业和项目进行信贷控制，将企业环保守法情况作为审批贷款的必备条件之一。例如，对于各级环保部门查处的超标排污、未取得许可证排污或未完成限期治理任务的已建项目，在审查所属企业流动资金贷款申请时严格控制贷款。2018 年，平安银行过剩产能行业贷款余额较 2017 年降低1.53%。

积极贯彻"推动证券市场支持绿色投资"的号召，为优质的绿色企业提供融资工具。平安证券联席主承销国内首单可续期绿色债券，并一直在绿债发行上保持国内领先水平。

平安集团不断加强与国内外责任投资和绿色金融领域的政府机构、行业倡议组织以及优秀同行的交流活动（如中国生态环境部、中国证监会、中国保险协会、中国绿金委、UNPRI 等），通过公开演讲或研究报告等多种方式，支持并推动责任投资及绿色金融在中国的落地实施。除此以外，集团层面与国内外各类投资者保持密切联系,从责任投资的理论到实践方式进行多次沟通,携手推进。2018 年 3 月,平安资管成为首家加入中国金融学会绿色金融专业委员会(简称"绿金委")的保险资产管理公司,致力推动责任投资在中国的发展。2018 年 6 月 19 日,平安资管出席"保险业 ESG 投资发展论坛",与 PRI、日本政府养老投资基金等机构一同探讨 ESG 投资策略在养老金投资中的运用。2018 年 10 月 9 日,深圳市福田区人民政府、平安产险、深圳市经济特区金融协会绿色金融专业委员会共同启动"深圳绿色保险创新产品试点"仪式,推出全国首个针对公共场所室内污染设计的绿色保险产品。通过与政府合作和国内责任投资组织的参与,平安集团致力于推动责任投资在国内的革新发展。

平安银行遵循党的十九大报告"建设美丽中国"的发展要求,按照风险可控、商业可持续原则,深入推进绿色金融,制定绿色信贷政策。采用"派驻制风险管理、矩阵式双线汇报"风险管理模式,建立全面的风险管理架构和完善的市场风险管理体系,制定规范的信贷管理流程和内部控制机制,对信贷业务实行全流程管理,严控法律风险、管理信用风险、市场风险、操作风险等运营风险。优化预警管理流程,强化预警过程管理;完善督导体系,提高对突发风险事项的反应及处理能力。实现智能化运作及监控。持续完善包括会议监督、战略监督、履职监督、巡检监督、外审监督、沟通监督在内的全面监督体系,减少运营过程风险。持续加强与外审的沟通与合作。定期召开会议,获取报表内外的审计发现和风控信息,及时发现风险、管理风险;针对监管和监事会关注重点,委托外审机构对信息科技风险领域进行专项检查,对发现的问题提出管理优化建议和意见,推动落实整改。

制定《平安银行绿色信贷政策》,按照赤道原则有效配置信贷资源,明确重点关注的绿色信贷业务边界,包括普惠金融、小微企业、节能环保制造及服务行业、清洁能源行业、新能源汽车行业及绿色建筑行业,提出目标客户和授信方案指引。

平安银行实行严格的授信目录管理。严守国家行业政策合规底线,对《产业结构调整指导目录》中的淘汰类项目、环保违法项目以及其他不符合国家节能减排政策规定和国家明确要求淘汰的落后产能项目,不提供任何形式的新增授信,

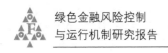

已有授信的采取妥善措施确保债权安全收回。

平安银行完善绿色信贷机制。进一步加强环境和社会风险管理政策、制度和流程以及专门环境与社会风险岗位职责的建设;逐步完善综合评价客户管理环境和社会风险的意愿、能力和历史记录,对客户或项目进行有效的环境和社会风险判断,并进行跟踪风险管理;持续推动根据客户所处环境和社会风险类别、设立差别化的绿色信贷授信流程和权限,形成专项调查和系统流程控制以及环境和社会风险的专项动态管理。

平安银行对"两高一剩"行业实行组合限额管理。对高耗能、高污染、产能严重过剩行业等落后产能行业授信实行组合限额管理,对高污染、高耗能行业采取严格的名单制管理,严控过剩产能行业信贷投放;严防过剩产能行业风险,推动化解产能过剩,实现"消化一批、转移一批、整合一批、淘汰一批",不断完善对"两高一剩"行业实施的风险敞口管理制度,并逐步形成名单制管理机制,保持贷款占比逐步下降。截至 2018 年底,平安银行过剩产能行业贷款余额 527.26 亿元,占全行各项贷款的 2.64%,较上年降低 1.53 个百分点。

平安银行加强绿色信贷组织管理和能力建设。定期组织开展绿色信贷实施情况自评工作,从绿色信贷组织管理、政策制度及能力建设、流程管理、内控管理、信息披露、监督检查等方面开展绿色信贷自我评估,全面评估绿色信贷成效,并逐步将评估结果作为授信评级、业务准入、人员履职评价的重要依据,逐步提高自身绿色信贷组织管理和能力建设。

平安集团员工是企业有效防范绿色金融风险的重要推动力。为促进企业与员工的和谐稳定与共同发展,平安集团保障员工的合法权益,规范劳动管理,尊重和保护员工的合法权益,持续完善人才培养体系,提升员工综合素质和业务能力。

1.1.2.8 中信银行

中信银行以"坚守底线、强化责任、重在执行、主动管理、创造价值"为核心理念,建立了完善的风险合规文化体系,力求在全行营造"不能违规、不敢违规、不愿违规"的文化氛围。2018年,中信银行风险合规文化建设继续突出"平安中信"主题,并融入经营管理过程。中信银行组织开展了全行层面的"警示教育",全年开展48期微信学习,现场培训2次,政策解读4次。

通过建制度、建体系、建流程,中信银行不断完善全面风险管理体系,构建治理清晰的风险管理组织体系,落实"三道防线"风险管理职责,见图1-8。中信银行持续完善分行风险管理综合评价考评体系,加强风险管理团队建设,强化经营机构的风险防控意识,不断提升风险量化应用水平,推动风险的信息化、智能化管理,持续推动各类风险的专业化管理水平提升,风险管理质效稳步改善。

图1-8 "三道防线"

中信银行制定了《中信银行环境和社会风险分类管理办法》,全面启动对授信客户和项目的环境和社会风险分类工作,并对其环境和社会风险进行动态评估。对于风险较高的A类和B类客户,加强授前调查、审查审批、合同管理、用信审核、授后管理等全流程管理,有效控制环境和社会风险。在环境和社会风险的评估时,重点调查和审查授信客户的环境和社会风险评估及管理系统、劳工和工作条件、污染预防和控制等方面的内容。除此之外,针对具体客户的特点,关注爆炸物和化学品管理、污染预防和控制、社区健康和安全、土地征用和非自愿迁移、生物多样性保护和可持续自然资源的管理、尊重少数民族文化与习俗、文化遗产保护、供应链的环境和社会风险等方面的内容。

中信银行根据《中信银行环境和社会风险分类管理办法》,规范了绿色信贷业务的管理,为全行员工有效防范环境、社会风险引发的授信损失和不利影响,以及避免在建设、生产、经营活动中可能给环境和社会带来的危险及相关风险提供制度依据,并确保相关项目融资业务合法合规。中信银行在授信审批的项目调查和审查报告模板中设置了专门内容,要求员工就审批对象的环保等内容进行说明。同时,中信银行要求员工在对授信客户准入方面,调查企业环保及社会政策执行情况,不符合要求的客户不予准入,存量客户存在环保及社会政策执行情况不力的企业压缩退出。

中信银行积极落实相关监管要求,加大对绿色经济、低碳经济、循环经济的支持,防范环境和社会风险,提升自身的环境和社会表现,并以此优化信贷结构,提高服务水平,促进发展方式转变。中信银行在风险可控、商业可持续的条件下,按照绿色金融的业务导向,有进有退,逐步实现客户结构的绿色化转型。截至 2018 年末,绿色信贷贷款余额 15 629.37 亿元,增幅 4.27%。

中信银行以"十大重点关注客户"作为风险监控化解工作机制的抓手,构建完善全行风险预警体系,切实提升风险预警化解能力。重点加大对钢铁、煤炭、造纸、造船、光伏等产能过剩等重点领域,房地产、批发、煤炭等行业风险,担保圈、集团客户等客户群体风险,保理、贸易融资、一般授信银行承兑汇票等重点业务的风险监测和排查;对零售信贷重点产品资产质量开展定期监测、分析及通报,监控逾期及不良化解情况;加大主动退出和结构调整力度,推动全行完成主动退出工作计划;按月监控各项组合限额管理指令性指标执行情况,确保各项指标均控制在限额目标之内;强化表外业务及同业投资业务投后管理,将 7 大类业务纳入风险监控范畴,建立风险监控月报和限额监控机制等。

对高污染、高排放和产能严重过剩行业分类施策,中信银行采取"支持、维持、压缩、退出"措施区别对待。对于技术优、效率高、有潜力、有市场的优质企业,可继续给予支持;对于其他企业,则尽快制定方案,逐步压缩、退出;对短期内难以压缩、退出的企业,要在保全权益的前提下采取维持授信、择机压退。加强对高耗能、高排放行业的风险管理,严把授信准入关口,加大对合规、选址、生产工艺、资源消耗、污染物排放等环境和社会风险的调查和审查,加强贷后监测力度。加强对存在环境、安全等重大风险企业的管理,对于涉及环境保护违法违规且尚未完成整改的企业、涉及安全生产违法违规且尚未完成整改的企业、涉及落后产能且尚未完成整改的企业、涉及职业病预防控制措施不达标尚未完成整改的企业,通过督促整改、压缩退出、清收处置等方式,督促企业履行环境责任和社会责任。

表 1-1   "两高一剩"行业贷款统计表

"两高一剩"涉及行业	2018 年		2017 年	
	贷款余额(亿元)	在公司贷款中占比(%)	贷款余额(亿元)	在公司贷款中占比(%)
钢铁	225.15	1.34	181.09	1.09
水泥	18.57	0.11	36.58	0.22
焦炭	0	0	28.01	0.17
铜冶炼	4.46	0.03	10.95	0.07
铝冶炼	81.02	0.48	89.20	0.54
铅锌冶炼	3.45	0.02	10.68	0.06
火力发电	105.05	0.63	100.59	0.61
合计	437.70	2.61	457.10	2.75

中信银行在风险体制改革和风险管理方面提出"治标"和"治本"的问题。"治标"是进一步完善风险管理体制,即应对新的经济周期和新的发展战略所形成的风险治理的制度建设;"治本"是和企业文化建设、战略目标相结合,从源头上形成中信银行风险的偏好,以及企业文化和风险文化的承接点。

1.1.2.9 中国民生银行

民生银行致力于建立高水平的 ESG 管理体系,通过"三会一层"的管理架构有效落实企业 ESG 的管理工作。其中,股东大会为最高权力机构,董事会为决策核心,监事会为监督核心,经营管理层负责公司的日常经营管理,公司总部多个部门组成 ESG 工作组,在各自工作领域负责 ESG 具体工作开展。各级分支机构在

ESG 工作组的指导下,开展当地的 ESG 工作,确保本公司各项业务涉及的 ESG 风险得到妥善管理,并使公司 ESG 责任得到切实履行。

民生银行坚持绿色发展。一方面,积极践行《中国银行业绿色信贷共同承诺》,助力绿色经济、低碳经济、循环经济,防范环境和社会风险,发挥金融杠杆作用,优化调整信贷结构,对节能环保产业给予信贷支持,对高污染、高耗能行业限制信贷投放,对落后产能企业加快退出进度,以助推产业结构调整,促进社会可持续发展。另一方面,以"节约成本、提高效益"为中心,不断倡导绿色办公理念,践行绿色运营模式。

民生银行加强环境社会风险管理。2018 年,根据《中国人民银行关于建立绿色贷款专项统计制度的通知》要求,进一步加强绿色信贷统计制度建设,制定了《中国民生银行绿色贷款专项统计管理办法》,明确了从高级管理层到总行各相关职能部门以及所有经营机构的绿色贷款专项统计管理组织架构。将绿色信贷政策纳入风险政策中,提出了绿色信贷总体策略,规定了定性与定量目标,明确信贷投向优先支持产业类型。此外,民生银行强化绿色信贷全流程风险管控,在尽职调查、合规检查、授信审批、合同管理、资金拨付、贷后管理等环节,严格执行环境和社会风险评估审查,并将绿色信贷纳入公司年度平衡计分卡考核体系,对绿色信贷发展规模展开考核。2018 年,民生银行首次承销 3 单绿色债券,发行规模共计 6.7 亿元。2018 年 1 月,银保监会和银行业协会首次公布了绿色银行年度评价结果,民生银行被评为 2017 年度绿色银行评价综合表现优秀的 11 家银行之一。

民生银行紧跟国家各类环境和社会风险领域政策,对电解铝、钢铁、水泥、煤炭、焦化等存在较高环境和社会风险的领域及行业制定差异化策略、制定风险限额指标,进行刚性控制、名单制管理。根据客户所处环境和社会风险类别制定差别化授信流程和授权安排,积极完善环境社会风险预警机制。从制度、政策、流程、架构等方面不断完善环境和社会风险政策制度体系,对重点关注行业、客户、项目实施环境和社会风险全流程管理。截至 2018 年末,民生银行项目贷款环评达标率达 100%。

民生银行支持落后产能淘汰治理。制定《董事会 2018 年风险管理指导意见》,严控"两高一剩"行业相关授信,明确要求加强环境和社会风险防控,全面提升风险管理能力。严格控制"两高一剩"领域信贷投放规模,坚持环保"一票否决制",对国家明令禁止的、不符合环境保护规定的项目和企业,不得提供任何形式的授信,并积极收回已发放的授信。加强和当地监管部门的沟通,及时了解辖内企业安全环保依法合规情况,做好辖内重大环境社会风险事件涉及的客户或项目的信息收集、主动监测信贷管理要求、密切关注国家产业结构调整变化及节能减排政策变化,及时获取环保督察通报对授信企业和项目的负面影响。

民生银行在"两高一剩"行业积极落实国务院关于制造业产业升级和结构调整的指导思想,采取"区别对待、有保有压"差异化信贷政策,优化调整信贷结构。对不同类型客户分层分类管理,实行总体风险限额刚性控制,鼓励限额内客户结构调整,同时以环保合规为抓手,实行环保"一票否决制",对于不符合国家产业政策、环保政策以及列入环保"黑名单"的企业一律不得介入。截至 2018 年末,受理否决续议"两高一剩"项目 21 个,金额合计 100.84 亿元;全行 8 个产能过剩行业贷款余额 567.45 亿元,产能过剩贷款率 3.28%。

表 1-2　　　　　　　　　　　　　落后产能淘汰治理绩效

指　标	2016 年	2017 年	2018 年
产能过剩贷款率(%)	3.20	2.70	3.28
"两高一剩"项目否决涉及金额(亿元)	129.94	54.6	100.84

资料来源:民生银行社会责任报告。

民生银行参与绿色金融研究合作。民生银行积极参与绿色金融相关活动,参加中国人民银行、银保监会、银行业协会组织的绿色金融相关培训及会议,了解国内外最新政策导向及要求;与中国金融学会绿色金融专业委员会、银行间交易商协会、银行同业机构等进行沟通与交流,参与绿色金融论坛,探讨国内外有关绿色金融方面的研究与合作。

民生银行积极投身环保公益事业,积极开展绿色植树、环保专项志愿服务等活动,弘扬植绿、护绿、爱绿的文明新风,以自身行动传播绿色发展理念,参与生态文明建设。

1.1.2.10 交通银行

在管理环境风险方面,交通银行积极践行绿色信贷发展战略,根据监管机构的相关政策、制度、操作流程,监控全行绿色信贷各项业务指标;在风险可控的前提下,大力支持国家节能减排重点项目、企业转型升级和技改、污染治理、资源综合及循环利用等领域优质项目,给予重点信贷支持。在绿色贷款授信管理上,交通银行制定《交银办发〔2018〕109 号关于落实监管要求持续做好绿色信贷工作的通知》,使用"三色七类"环保标志分类方法,从环境和社会风险层面对贷款客户分类管理,实行环境和社会风险"一票否决制",对违反国家环保、安监、质检、土地、移民等政策的环境和社会不合规客户及项目,一律不予支持。

表 1-3 在授信全流程融入绿色信贷要求

阶　段	要　求
贷前	严格执行绿色信贷准入制度,对存在环保、过剩产能等风险隐患的客户及项目建立绿色信贷"一票否决制"
贷中	审查时将客户环境和社会表现及所属行业相关管理规定作为评判客户信用风险的重要内容
贷后	管理时重点关注客户环境和社会风险,加大减持退出力度,对红色类客户建立"名单制管理",实行"一户一策",并纳入风险监控名单,实行专人管理

资料来源:交通银行社会责任报告。

在风险可控的前提下,交通银行大力扶持国家节能减排、污染治理、资源综合及循环利用等领域优质项目,给予重点信贷支持;持续强化"两高一剩"行业限额(领额)管控,产能过剩行业贷款总量持续压降、资产质量保持稳定。

2018 年,交通银行海南省分行围绕严重产能过剩行业、"两高一剩"行业开展风险管控和限额管控,将绿色信贷要求与实际准入、管控紧密结合,持续深化绿色信贷的管理工作。截至报告期末,绿色信贷余额合计 2.24 亿元,占全部公司类贷款比重的 1.16%,其中,2018 年新投放 7 000 万元。在政策完善方面,围绕信贷政策、业务准入、减退加固等方面开展工作;建立绿色信贷标准并融入信贷全流程,对风险隐患的客户及项目建立绿色信贷"一票否决制",将绿色信贷标识纳入内评体系,建立"名单制管理",实行"一户一策"。在监管完善方面,外接要求,内应稳健,以银保监会绿色信贷自评价指标为指引,实现风险管理全覆盖,全方位强化经营活动,建立考核问责机制。在措施深入方面,关注利益相关方实际发展情况,对生产型企业在生产经营中的达标排放和项目贷款在建设过程中的环境影响,以及节能材料的使用等情况高度关注。在人员完善方面,成立分行绿色信贷工作小组,加强产能过剩行业风险控制。

在绿色产品创新方面,交通银行香港分行协助中国农业发展银行成功发行首单欧元绿色债券。此次发行为 3 年期浮息欧元绿色债券,发行利率为 3mE＋48bps(3 个月期,欧元银行间同业拆借利率加 48 个基点),发行规模 5 亿欧元。该债券成功吸引了包括多国央行、主权基金、银行、券商、基金和资产管理公司在内的优质境外投资者,认购倍率高达 3.4 倍。

交通银行紧跟政府决策部署,推动绿色金融改革创新试验区发展。2017 年 6 月 14 日,国务院总理李克强主持召开国务院常务会议,会议决定在浙江、江西、广东、贵州、新疆 5 省(区)选择部分地区,建设各有侧重、各具特色的绿色金融改革创新试验区,在体制机制上探索可复制、可推广的经验。报告期内,交通银行认真学习会议精神,研究改革试点方案,制定《交通银行落实国务院常务会议精神服务绿色金融改革工作方案》,积极推动全行尤其是改革试验地区分行绿色信贷工作发展。交通银行与浙江省人民政府签署战略合作协议,承诺在未来完善绿色信贷模式、绿色直融模式、绿色基金模式,加大绿色产业投入,更好地发挥金融支持实体经济作用。

在提升行业影响方面,交通银行作为国内主要综合金融服务提供商之一,积极参与对外交流,在提升自身绿色信贷影响力的同时助力行业健康发展。作为首批发起人之一,交通银行联合发起《陆家嘴金融城绿色责任投资原则倡议》,参加

"交行—汇丰全球监管体系发展趋势专题交流会",就绿色金融发展与汇丰进行交流;参加中国人民银行和英格兰银行举办的"首届中英绿色金融联合研讨会",就环境信息披露等话题和境内外同业展开讨论。

1.1.2.11 邮政储蓄银行

邮储银行的绿色信贷环境分析。邮储银行认真贯彻执行《中共中央 国务院关于全面加强生态环境保护 坚决打好污染防治攻坚战的意见》、中共中央和国务院印发的《生态文明体制改革总体方案》、中国人民银行等七部委联合印发的《关于构建绿色金融体系的指导意见》等相关文件要求,将绿色发展理念融入业务发展和信贷管理中,不断完善绿色金融管理体系,加快推进绿色银行建设,支持绿色、低碳、循环经济发展,助力生态文明,共建美丽中国。

邮储银行对环境和社会风险加强管理,不断建立健全环境、社会和治理风险管理体系,将环境、社会、治理要求纳入授信全流程,重点关注能耗、污染、土地、职业与健康、安全与质量、移民安置、生态保护、气候变化、生物多样性和文化多元性等有关风险。严格执行环保"一票否决制",开展年度环境、社会和治理风险专项排查,提升风险防控能力,有效防范化解环境、社会和治理风险,推进经济环境社会协调发展。

邮储银行持续完善政策体系,编制绿色金融授信政策指引,明晰绿色金融重点支持方向与领域,扩大绿色金融业务覆盖范围。制定印发风险管理策略与风险偏好方案、风险政策与风险限额方案,对钢铁、煤炭、火电、有色金属等"两高一剩"行业分别实施限额管理和差异化授权管理。

邮储银行努力提升绿色金融专业服务能力。积极推进组织创新和健全激励约束机制,开展绿色金融课题研究,支持绿色金融改革创新试验区建设,加强内部专项培训和外部机构交流合作,努力提升绿色金融专业服务能力。2019年,邮储银行设立绿色金融专责机构,总行新设绿色金融处,成立绿色支行,推进组织创新;健全激励约束机制,开展绿色银行内部审计和现场检查,强化绿色发展绩效考核;修订合同文本,增加借款人环境和社会风险承诺相关条款。

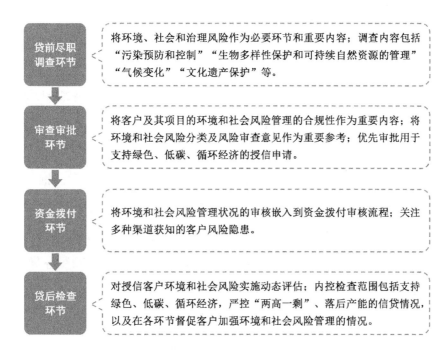

图 1-9 绿色风险管理流程

2019 年,邮储银行完成《雄安新区绿色金融机制建设研究》等研究课题,"绿色贷款专项统计的发展和完善"获得中国人民银行 2019 年度金融业综合统计研究课题立项;丰富绿色金融培训体系,与国际金融公司(IFC)、安永等外部机构合作,对董事、监事、高级管理层及绿色金融从业人员开展绿色金融前沿、绿色信贷专项统计课程等培训;加强外部机构交流合作,组织走访调研绿色金融改革创新试验区及银行同业,参与中国金融学会绿色金融专业委员会年会等活动,与自然资源保护协会(NRDC)、公众环境研究中心(IPE)在气候融资、联合国森林文书和环境信用修复等领域开展合作。

邮储银行推进绿色金融产品创新。深入贯彻落实绿色金融理念,坚守差异化绿色金融发展定位,推进《中国邮政储蓄银行加强绿色银行建设三年规划》实施,加大绿色金融投入和政策支持力度,健全绿色贷款产品创新机制,持续优化信贷结构,积极创新绿色金融产品与服务,大力推进绿色贷款、绿色债券投资等业务发

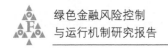

展,加快推动绿色金融发展。

邮储银行遵循中国人民银行、中国银监会、中国保监会、中国证监会、上海证券交易所、香港联合交易所相关政策指引,将低碳、绿色、环保和保护生物多样性有机地融入信贷政策,完善绿色信贷政策制度、加快信贷结构调整、强化环境和社会风险管理,优先安排审查审批绿色通道,大力支持绿色清洁产业,严格落实和执行行业限额管控方案,完善污染防治、绿色金融领域风险监测预警机制,有效推动绿色信贷业务发展,助力淘汰落后产能,为减缓气候变化贡献力量。推动普惠金融与绿色金融融合发展,加大"三农"、小微企业、消费领域绿色金融支持力度,带动"三农"、小微企业、法人客户等社会主体广泛参与绿色发展,提升绿色金融可得性与覆盖面。截至 2019 年末,邮储银行绿色贷款(节能环保项目及服务贷款)余额 2 433.01 亿元,较上年末增加 528.96 亿元,增长 27.78%。

邮储银行持续加大对污染治理、清洁能源、绿色交通、供水节水等绿色产业支持力度,同时将限制性行业列为"审慎进入类",按照"消化一批、转移一批、整合一批、淘汰一批"的要求,实施差异化授信政策,严控"两高一剩"行业贷款。同时,密切关注环保、能耗、安全、质量等行业标准以及淘汰落后产能任务对产业转型升级和产能过剩行业的影响。

邮储银行积极创新绿色金融产品与服务。2019 年试点推广"排污贷""生态公益林补偿收益权质押贷款""垃圾收费权质押贷款""合同能源管理项目未来收益权质押贷款"等绿色金融产品,着力探索碳金融等创新型绿色金融产品,不断提升绿色金融综合服务能力。通过投资绿色债券积极支持节能环保、污染防治、资源节约与循环利用、清洁交通等相关产业发展,助力实现绿色发展、循环发展、低碳发展。截至 2019 年末,邮储银行绿色债券余额为 184.81 亿元,较上年末增加 45.70 亿元,增长 32.85%。①

---

① 资料来源:2019 年中国邮政储蓄银行社会责任报告。

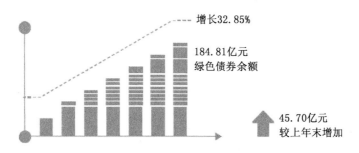

增长32.85%

184.81亿元
绿色债券余额

45.70亿元
较上年末增加

图 1-10　2019 年邮储银行绿色债券增长情况

1.1.2.12　江苏银行

作为国内城商行中的首家赤道银行,江苏银行积极贯彻绿色发展理念,将绿色金融理念、环境风险防控贯穿到银行信贷业务全流程,打造国内领先国际有影响力的绿色金融品牌,推动社会可持续发展。

江苏银行践行赤道原则。自采纳赤道原则以来,江苏银行逐步完善环境与社会风险管理体系,对高风险项目开展贷前独立第三方环境与社会风险评估。2019年,对 42 个项目进行了赤道原则项目适用性判定,涉及项目总投资约 347 亿元;对 2 笔适用赤道原则项目进行第三方评估,涉及总投资约 9.9 亿元。江苏银行加强赤道原则项目管理和环境信息披露等工作,2019 年,按照赤道原则披露要求,完成过渡期后的首年赤道原则披露工作。积极参加 2019 年度赤道原则协会年会及相关研讨会,参与第四版赤道原则国际标准讨论制定,进一步提高江苏银行绿色金融品牌影响力。

江苏银行发展绿色金融。加强行业研究,加大产品创新力度,增强绿色金融服务供给能力,创新推出土壤修复贷产品,提高环保贷风险分担金额,优化绿色创新投资业务模式,对餐厨垃圾处理、污泥处置等行业主动开展研究。截至 2019 年末,江苏银行绿色信贷余额为 859.59 亿元,较年初增长超 60 亿元,其中垃圾处理及污染防治和绿色林业开发项目贷款余额均突破 160 亿元,建筑节能及绿色建筑项目贷款余额突破 140 亿元,并获得《证券时报》"绿色金融银行天玑奖"。

2019 年 4 月 19 日,江苏银行在全国银行间债券市场成功发行首期 100 亿元绿色金融债,募集资金将全部用于中国金融学会绿色金融专业委员会《绿色债券支持项目目录》规定的绿色产业项目贷款投放,有效缓解绿色信贷业务快速发展而低成本资金短缺的问题,提升服务绿色经济发展的能力。

江苏银行积极开展外部合作,持续提升绿色金融专业化水平。与江苏省生态环境厅开展环保专项资金风险分担和贴息政策研究;与中国清洁发展机制基金管理中心、江苏省财政厅合作开展绿色低碳发展、节能减排等应对气候变化方面的业务模式探索研究;与中国建筑节能协会合作开展建筑绿色化改造行业研究,参与其牵头的《既有建筑绿色化改造投融资指引》编制,作为参编机构联合发布该指引;与中央财经大学合作启动了环境压力测试和企业 ESG 评级研究。参与 2019 年国际生态环境新技术大会,并承接大会碳中和项目,该项目实现江苏省内首次大型活动的零碳排放。举办绿色金融和社环风险管理的专题培训,多次邀请中央财经大学教授为绿色信贷业务骨干进行环境压力测试等社环风险管理方面的培训。

江苏银行坚持底线思维、突出资产质量,持续提升全面风险管理水平,风控能力稳步增强。江苏银行出台《2019 年资产质量管控指导意见》,加大资产质量管控力度,夯实信用风险管理基础,着力加强贷款"三查"管理,梳理优化大公司授信业务流程,建立健全对公授信业务重大风险事项重检机制,及时修订化工、钢铁等敏感行业授信政策,资产质量稳中向好。我们持续推进风险防控"大排查、大处置、大提升"行动,将监管部门要求细化为 43 项内容 115 个要点,通过聚焦信用风险、市场风险和流动性风险,结合"巩固治乱象成果,促进合规建设,维护市场秩序"进行信贷专项"大排查",以"大处置"化解存量风险,以能力"大提升"防范增量风险。

江苏银行通过风险培训不断传导风险文化。组织开展宣传月活动,牵头开展案件警示教育活动,编写内控案防典型案例集,开发防范非法集资课程,全年共开展培训 65 次,提升一线防范和处置授信风险能力。

江苏银行坚持"科学审慎,服务发展"的风险理念,以全面风险管理为抓手,积极探索"传统风控+大数据"新的风控系统开发和应用先进的风险管理系统,完善客户信用风险预警系统,努力提高风险管理的有效性。积极配合环保部门,及时了解公司的抗污染减排情况,降低信用风险。

首先,加强预警,逐步改善环境并且限制风险。为了实现可持续发展,江苏银行构建了科学的、可有效管理环境以及社会风险的体系,见图 1-11。

图 1-11　江苏银行环境与社会风险管理体系图

其次,了解造成风险的原因,有效控制及预警风险。一是搜集相关资料,学习典型案例,及时发布市场表现出的风险预兆;二是面对复杂多变的环境及可能的风险,应当准备充足的应对措施并提高内部管理能力;三是以赤道原则为基础,对高危行业的工作环境及社会风险进行管理。同时,为了强化对企业及其项目的管理,可利用媒体公开资源,搜集并发布江苏省制造污染的企业名单。

最后,完善绿色信贷的内控体系,开展自我检查与评价的活动,落实政策实行情况并有所举措。根据中国银行业监督管理委员会的要求,开展绿色信贷自我评估,全面开展自我评估 300 多个定性指标。对江苏银行绿色信贷业务在环境和社会风险方面的管理情况及对绿色指标的完成情况进行总结。同时,对江苏银行绿色信贷的内部控制检查,利用外部审计机构进行,并获得其提供的专业评估报告。根据自我评估和外部报告的结果,改善环境和社会风险管理系统和政策措施。

【江苏银行绿色金融业务与国内典型银行绿色金融业务分析】

绿色信贷比率的比较

作为第一个加入赤道原则的城市商业银行,江苏银行虽在绿色信贷总量方面无法与其他大型商业银行相提并论,但其绿色信贷比率相对高于其他商业银行。这说明江苏在贯彻绿色金融的实施道路上,相对其他银行来说,有着先行的优势。

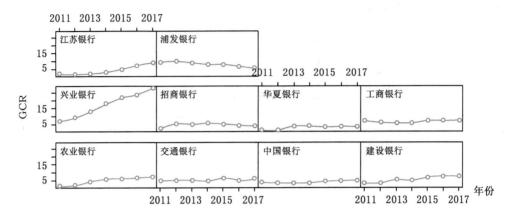

资料来源：银监会官网。

图 1-12　2011—2017 年十家代表性银行绿色信贷比率

图 1-12 为十家代表性银行 2011—2017 年的绿色信贷比率，从图中可以看到，各大商业银行基本均逐年加大绿色信贷比率。结合当今世界发展趋势理念和国家颁布的一些法律法规，不难看出，绿色金融已经成为生态文明发展的重要经济工具。2016 年是绿色金融迅猛发展的一年，重要的绿色金融政策和指导方针陆续发布。8 月，中国人民银行等政府部门共同规划了绿色金融的相关意见，文件大力支持绿色金融的发展，鼓励证券市场进行绿色投资并建立发展基金，支持 PPP 模式在绿色产业中的引入，发展绿色保险，改善环境权市场。9 月，中国人民银行发布了《G20 绿色财务报告》，作为 G20 的东道主，中国首次将绿色金融置于核心问题，并通过 G20 领导人杭州峰会成为全球共识。因此，发展绿色金融业务是符合当代社会需求的。

在信贷风险方面，随着市场经济的快速发展，国内商业银行已步入高风险产业的阵营，风险防控已成为商业银行关注的焦点。近年来，由于经济结构转型的影响，我国银行业不良贷款率逐年上升，期限错配风险依然普遍存在。在这种情况下，商业银行应加大对低风险绿色金融业务的投入，以降低自身的业务风险。而根据银监会的统计，绿色信贷在不良贷款率方面与其他类贷款有巨大的优势，具体情况如图 1-13 所示。

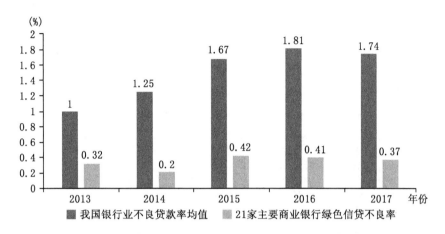

图1-13 绿色信贷不良率与各项贷款不良率均值的比较

从图1-13可以看出,绿色信贷的不良率远低于其他贷款业务。同时,根据银监会政策研究局的数据,只要向生产能力落后、环境安全违规的企业发放贷款,该贷款成为不良贷款的概率就在4%以上。所以,贷款企业的环境风险、节能环保对商业银行不良贷款率会产生重要影响。一般来说,绿色金融业务具有较高的资产质量,为商业银行的业务领域带来良好的经济效益和社会环境效益,商业银行应更加积极地发展绿色金融业务,对金融企业的环境审计指标提出更高的要求。增加绿色金融业务占比,有助于商业银行不良贷款比例控制权,降低经营过程中的风险。

绿色金融制度的比较

表1-4列示了十家商业银行先行绿色金融制度,通过比较分析可以发现,各大商业银行都对绿色金融相关的业务制定了适宜的政策,并对业务管理强调了不同的侧重点。各大银行采取了相似的绿色政策:一是制定绿色金融或绿色信贷方面的正式管理制度,并贯彻执行;二是根据企业客户的污染风险进行分类,扶持保护环保企业、限制打压污染企业,对环境保护实行严厉的"一票否决制";三是对"两高一剩"行业进行贷款余额限制。而江苏银行不仅制定了绿色金融业务相关的管理办法,还对高污染、高耗能行业的贷款余额进行限制及管控,并基于赤道原则对

项目贷款进行分类,除此之外,江苏银行的政策办法与各大商业银行也存在一定差异。江苏银行在绿色金融业务上已经逐渐形成一套特色产品的体系,明确了绿色金融产业政策和绿色信贷的客户底线,区分了行业和经营范围的激励和约束。[1]

表 1-4   十家商业银行先行绿色金融制度比较

银行名称	绿色制度
中国工商银行	1. 制定有效分类企业客户绿色信贷的相关管理制度; 2. 审批信贷时,对环保方面采取"一票否决制"; 3. 根据企业有关环保风险的不同程度,采取差异化的授信政策; 4. 分类分层差异化管理,对产能过剩的行业以及环保不达标的企业进行限额管理,对达到环保要求的企业给予鼓励多多分配资源。
中国农业银行	1. 将"两高一剩"行业具体细分为 12 个种类,并对该类企业的信贷额度及管理进行重点监控; 2. 在环保达标的情况下,进行分层分类管理,结合不同类型不同行业的客户实行差异化政策; 3. 对于保护环境、绿色工业、绿色农业、第二产业的绿化发展等行业优先支持,并加强对高耗能、高污染、产能过剩等行业的授信风险管理,管控此类行业贷款金额。
中国银行	1. 对客户进行细分,进行差异化管理,对应当淘汰及环保违规的客户限制额度或停止贷款,并劝其主动退出; 2. 对"两高一剩"行业贷款加强管理,在贷前、贷中、贷后加强风险防范,并建立动态跟踪机制。
中国建设银行	1. 国内银行同业中首先提出并采用环保"一票否决制"; 2. 对不同行业不同客户实施分层分类管理,对"两高一剩"行业实行限额管理; 3. 制定节能减排授信管理办法,做到及时有效地反馈绿色信贷情况。
中国交通银行	1. 对绿色信贷制定管理制度,对信贷客户进行差异化管理; 2. 每年制定全行范围的绿色信贷手册,并规定客户准许进入的标准,在获得资金的合同签署时一并达成绿色信贷的有关补充协议。
兴业银行	1. 中国首家公开采纳赤道原则,并将其应用于项目审批; 2. 完善绿色金融产品和服务体系; 3. 进行绿色金融产品创新,推进绿色金融集团化运作。
浦发银行	1. 为发展绿色信贷业务制定综合金融服务方案; 2. 发布建设低碳银行的创意书,并写入建设银行社会责任指引; 3. 差异化管理,对于"两高"行业压缩存量,严控增量; 4. 对环保相关产业客户基于授信政策倾斜。

---

[1] 相关资料来源于杨均宝(2019)《江苏银行开展绿色金融业务案例研究》。

银行名称	绿色制度
招商银行	1. 制定绿色金融信贷政策; 2. 进行差异化管理,审查贷款时坚持环保优先原则,坚持将环保信息贯穿于贷前、贷中、贷后等过程中; 3. 根据风险情况开展专项预警。
江苏银行	1. 采纳赤道原则,成为国内城商行中首家赤道银行,以国际化标准完善环境与社会风险管理,促进社会可持续发展; 2. 发布赤道原则项目管理办法和信贷流程,在本行信息系统的信贷流程中开发赤道原则项目筛选功能,建立全面的赤道原则管理系统并将其放入核心 IT 信管系统,在每个一级支行都明确专人负责对接和管理赤道原则相关工作。
华夏银行	1. 制定华夏银行的绿色金融规定,并对环保方面采用"一票否决制"; 2. 致力于有关绿色信贷产品服务的创新,支持节省消耗、保护环境的产业; 3. 针对中小企业进行进入服务,即将绿色理念融入中小企业金融服务中,推进绿色金融服务、积极建设绿色银行,在传统产业及新兴产业的节能改造上加大信贷支持。

资料来源:各银行官网。

1.2 我国现行绿色金融风险系统性防范存在的问题

为了更好地提高我国绿色金融风险防范的能力,我国陆续出台了一系列规章制度,但受到各种因素的制约,绿色金融风险防控体系在具体的实施方面还存在不少困难与挑战。

1.2.1 绿色金融业务风险控制存在的不足

从目前大多数商业银行的绿色金融业务风险管理体系来看,虽然江苏银行、兴业银行等对投资项目的审查和内部风险控制相对较为完善,但是在项目整体评价和对社会资金准入条件上还缺少完备的风险管理。例如,英国绿色投资银行投资于英国国内的绿色基础设施项目,涵盖节能、垃圾和生物能源以及海上风力发电三大领域,该银行投资的项目至少符合五大绿色标准(积极的绿色目标、能够减少温室气体排放、持久的绿色影响、健全的绿色影响评估体系、透明的绿色信息披露)中的一项,在绿色技术项目上的社会资金准入条件审核与风险监控同步进行。近几年,江苏银行在发展绿色金融业务方面,发放绿色金融业务贷款后的风险控制与管理能力相对落后。其主要原因在于分行的管理层不够重视绿色金融业务的风险控制。绿色金融业务的风险不易察觉,又较为分散,业务员在贷款前后的核查中无法准确识别业务中的潜在风险,当被发现时,不是已经存在滞后效应,就是已经构成巨大的实质性风险。

江苏银行虽然通过搜集绿色金融业务相关资料,根据国内要求开展自我评估来防范风险,但由于绿色金融业务刚起步,在面对风险的多样性时很难做到通过以往的相关案例经验来预防。由于定性指标占据江苏银行的大部分绿色金融准入标准,缺少定量指标形成科学系统的测试办法。环境信用方面的数据库还没有建成,加大了搜集处理信息的难度。在筛选绿色金融业务时,专业人才也有一定缺口。因此,识别控制环保风险的能力有待加强。虽然商业银行一般会将环保不合格的企业列入黑名单,但是不达标的信息由政府发布会存在滞后性。这对于某些项目实施前便申请了贷款的企业,其环保情况商业银行是无法有效评判的。

2018年3月14日神雾环保4.86亿元私募债"16环保债"公告违约;4月1日锂电巨头沃特玛母公司坚瑞沃能合计19.98亿元应付票据和银行贷款公告违约;5月初,盾安集团爆发450亿元债务。神雾环保和盾安集团作为国内知名的环保产业上市公司、沃特玛作为国内动力电池三甲企业,集中爆发风险的事件折射出绿色环保产业快速扩张的过程中积累的一些共性风险,给绿色金融敲响了警钟。基础设施和公用事业领域同样有风险隐现。2017年下半年包头、武汉、西安等多地城市轨交项目被叫停或暂缓。2018年3月初,国家发改委就《关于进一步加强城市轨道交通规划建设管理的意见》征求意见,旨在收紧城市轨道交通建设申报条件。按照征求意见稿的标准,将有13个城市已获得批复的轨交项目面临停建风险,其中不乏已经完成前期融资甚至部分启动建设的项目。城市轨道交通项目是最主要的低碳交通模式,且项目融资需求大,是绿色融资的重要领域。据统计,绿色信贷与绿色债券融资余额中,用于绿色交通运输的占比分别达到36%和

14%。更进一步,近年普遍出现的光伏、风电过剩和动力电池、新能源装备结构性过剩也正在累积着绿色金融市场的潜在风险。[①]

在市场和政策的双重推动下,环保产业近年来扩张迅速,企业数量和总产值均迅速增长。但随着越来越多的主体参与市场,环保产业的竞争也日趋激烈,表现在三个方面。

首先,规模扩张导致资金杠杆攀升。由于节能环保产业具有较强的规模效应和范围效应,因而企业间的规模竞争日趋白热化。然而客观上,不论是装备制造,还是节能减排与污染治理项目建设,大多涉及产能投资,或生产设备改造升级、治理设施和设备的建设与安装,以及项目建成初期的运营维护,所需的前期投资规模往往较大,而收益率则普遍较低、投资回收期较长。风电和光伏组件以及动力电池等装备制造行业,其市场需求取决于下游产业,而后者又很大程度受相关政策的影响,因此波动具有系统性,行业整体风险较大。这就给企业的资金周转造成较大的压力,需大量倚仗外部融资。尽管在政策红利的撬动和金融市场的助力下,环保产业融资获得了一定的便利,但也在客观上导致了总体杠杆不断推升,风险累积。图1-14为环保工程与服务行业资金杠杆与资产流动性情况。

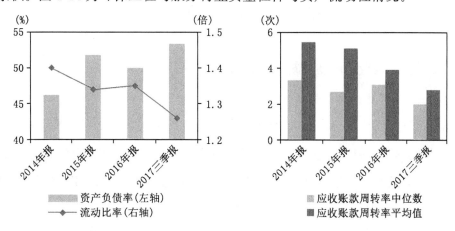

图1-14 环保工程与服务行业资金杠杆与资产流动性情况

---

① 相关资料来自兴业研究的《绿色金融报告》。

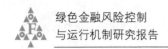

其次,一些企业为了扩张规模大力承接项目,而忽视对项目质量的考察。例如,工业治理领域主要客户为高污染、高能耗企业,受供给侧改革和节能减排政策影响,这些企业自身盈利能力弱化,导致其对节能环保治理的支付能力不足。

此外,部分地区为刺激投资而规划水利水务、垃圾处理,以及城市轨道交通等项目,通过绿色金融市场获得融资便利。但可能因财政支付能力有限或实际需求不足,导致项目开工不足或回款困难。上市公司的数据也表明,尽管环境工程与服务业的项目数量及规模近年来持续增长,但项目应收账款的周转率逐年下降,进一步给资金造成压力。

最后,绿色金融市场的发展使部分假借"绿色"寻求融资便利的"漂绿"行为浮出水面。由于绿色环保项目能够借助绿色金融市场获得一定的融资便利,同时我国绿色金融市场项目准入标准、资金监管、信息披露、风险防控等监管政策尚待完善,就被政策套利找到了缝隙。对于一些企业而言,以"绿色"之名融资,行扩大产能或其他非绿色之实;对于一些公用事业项目而言,则存在部分项目夸大实际需求,通过绿色融资支撑不必要的基础设施建设,刺激地方投资和经济增长。然而实际投产后,如果实际开工不足,将导致投资收益率过低,甚至出现亏损,给地方财政造成压力,也给提供融资的机构带来较大冲击。

1.2.2 绿色金融产品创新存在的不足

1.2.2.1 绿色金融产品过于单一

对比兴业银行,由于主动性、前期准备和业务开展时间等方面不足,国内其他商业银行的绿色金融产品主要还是侧重于绿色信贷,从研究和开发绿色金融发展模式、绿色产品和服务以及风险识别工具看,还是远远不够的。商业银行对绿色发展经济的企业实行资金支持计划是基于绿色信贷数据。除了刚起步的绿色债券业务,其他绿色金融产品的设计创新还处于萌芽时期,与国外的绿色金融产品相比,更是在创新方面有很大的欠缺。虽然江苏银行在对绿色金融方面的支持计划已经取得一定的成绩,但仍需进一步加强完善更深层次的研究工作,这将为银行提供决策支持,提高绿色金融的发展水平。

主动开展绿色金融产品创新工作具有极其重要的意义,而国内多数商业银行并未意识到这一点。在商业银行对一些绿色项目提供融资服务时,常常要考虑绿色项目的期限错配问题。例如,排污治理、新能源技术开发等项目都属于中长期项目,还款期为十年甚至更久,但这些项目的资金需求量往往较大,并在短期内无法获得较多利润回报。我国银行业的平均负债期限是六个月,为了保证一定水平的资金流动性,银行直接贷款给这种中长期绿色项目的资金就非常有限。由此可见,期限错配问题在一定程度上制约了我国商业银行为绿色项目提供融资的能力。参考国外经验,商业银行需通过业务模式创新和产品创新来解决这些问题。在业务创新方面,除了兴业银行通过绿色金融集团优势开展了绿色租赁、绿色债券等业务创新外,国内其他银行提供的绿色金融服务主要还是传统绿色信贷方式,业务范围较窄,产品种类有限。

对于充满市场机遇的新兴领域,应当提早布局,加快相关领域产品创新。例如,对于绿色债券和碳金融这两大前景市场,兴业银行在第一时间进行了相关创新实践工作,而国内其他商业银行对此热情尚未体现。在服务对象上,发达国家商业银行不仅注重企业的绿色融资需求,还通过深挖个人客户需求,为客户提供定制化的绿色金融服务。在我国,除了兴业银行推出了绿色理财产品,大多数商业银行在个人客户绿色金融服务方向上还尚未重视。

1.2.2.2 绿色信贷相关体系不够健全

江苏银行虽然与国际的一些组织开展"节能贷款""光伏贷款"等相关的绿色信贷,但与国外银行相比,在绿色信贷管理体系上还存在着不足。例如,德国复兴信贷银行在国际资本市场进行融资,德国政府负责对其融资资金进行贴息并打捆形成绿色信贷产品;测算出盈利利率和优惠利率后,将资本市场的融资开发为长期、低息的金融产品销售给各商业银行,商业银行获取低息金融产品后,根据微利的原则再适度调整利率,而后以优惠的利息和贷款期,为终端客户提供支持环保、节能和温室气体减排的绿色金融产品和服务。而江苏银行则缺少这种一体化的体系支持,在获得政府投资补贴后主要以用自有的资金将其组合成信贷资金带给相关的企业,而缺少像国外银行的绿色信贷产品并将其销售给国内其他商业银行。这种信贷体系对银行的资金负担较重,风险也相对较大。

1.2.2.3 绿色金融业务占比需要提高

兴业银行作为国内绿色金融领域的领军者,其绿色金融业务的发展规模在业内处于较高水平。兴业银行将发展绿色金融业务作为一项重要的战略性业务来对待,但尚未将绿色金融的发展渗透银行的全部业务。根据 2016 年兴业银行公布的数据来看,其绿色金融融资余额占银行各项融资余额总数的 14% 左右。而美国商业银行绿色金融融资余额占比的平均水平为 70%,相比之下,兴业银行绿色金融业务的规模还有很大的上升空间。由于市场环境的不同,美国的商业银行已将绿色金融的发展渗透银行绝大部分业务,这意味着更多社会环境效益的产生。伴随着国内经济转型的逐步完成和绿色金融市场的不断成熟,兴业银行应继续加大绿色金融业务在各类业务中的占比,抢占更多的市场份额,同时也创造出更多的社会环境效益,朝着全球一流绿色金融品牌的目标继续努力。

1.2.3 绿色金融业务发展模式存在的不足

虽然国内多家银行在绿色金融业务的发展模式上较为细化与专业化,并将赤道原则纳入银行整体的发展战略,在总行的整体层面融入了绿色金融业务,但与国外很早就开展绿色金融业务并已形成完善体系的银行相比,还是存在很大的改进空间。

国外银行的绿色金融业务发展模式主要有两个特点:

一是组织模式为包括理事会、管理中心、市场化运营主体的三层架构,具体业务实施中分层成立工作小组分支。这种分工化模式能更好地发挥各部门的作用,使其效益更大化。而江苏银行虽然将绿色金融业务纳入总行的管理层面,但目前只是将赤道原则嵌入管理系统在进行信贷项目时并行考虑,在市场运营方面并没有相应的政策。

二是组建形式多为股份制,致力于推动公共资本与私人资本的紧密合作,吸收社会资本参与机构组建与建设,优化治理结构。政府在绿色银行机构成立初期,会给予资金与政策支持,弥补其盈利较弱的劣势。而江苏银行虽然获得政府投资,但是在后续的开展过程中还是以绿色信贷为主,多数项目采用的是政府和银行自有资金,其绿色债券等社会融资工具还处于发展起步阶段,这就容易在营利性方面造成劣势,对银行资金的负担较重。

1.2.4 绿色金融业务激励措施存在的不足

虽然江苏银行等银行在内部分支机构的 KPI 评估中建立了绿色信贷指数,并逐步提高了绿色金融在分支机构 KPI 评估中的比例,使其绿色金融业务总量上有很大的提高,但绿色金融业务的开展对商业银行的营利性目前来看是有负效应的,银行在对绿色金融业务的激励措施中对内部的补偿机制还有欠缺。

近年来,受国家政策、社会责任和总行的约束,商业银行虽然积极发展绿色金融业务,但与传统的信贷业务相比,营利能力较差。这是因为大多数绿色金融项目是政府鼓励或主导开发的项目,要求低利率支持。参照往年数据,江苏银行全部贷款业务的加权平均利率高于基准利率 20%;而绿色金融业务明显逊色,仅高于基准利率 10%,收益率较低。银行实施的绿色金融项目复杂的程序交易导致交易成本昂贵的同时收入波动性大,因而削弱了其继续参与绿色金融项目的主动性。所以,绿色金融项目存在高风险、低收益,使得总行难以通过项目的审批,以及项目批复后业务的真正落地。从事绿色环保相关业务的企业,其产品往往具有较大的创新性,产品在市场的需求情况不确定性较大,由此为其发放贷款相比传统行业来说风险较高。由于目前绿色环保产业是国家支持扶植的产业之一,根据相关规定还需给予其一定利率优惠,不能与其贷款风险相匹配。从这个角度来看,绿色金融不是商业银行从利益层面进行发起,而是主动自觉地履行其社会责任,因而在对商业银行进行收益与风险评估时,商业银行开拓绿色金融业务的意愿得到了一定程度的削弱。

1.2.5 绿色金融的政策性金融体系不健全

金融市场良性发展的基础是要有规范的法律和市场环境,绿色金融市场也是如此。国内绿色金融市场目前还处于初级发展阶段,在配套法律建设、制度建设和市场建设等方面还有待完善,与欧美地区成熟的绿色金融市场还有较大的差距。我国于 2017 年才全面开启碳交易市场,有关碳交易方面立法目前还未完善,而欧盟地区于十多年前就为碳排放权交易建立了完善的法律体系。从这个角度来看,首先,法律体系的不完善导致了商业银行在开展绿色金融业务时没有具体的法律可循,降低了业务的合规性和规范性,增大了业务风险;其次,监管部门不能依法有效地监督市场,降低了监管活动执行的强制性和有效性。

刚刚起步不久的中国绿色金融市场,需要较强的法律力量来促进其内部性的快速发展。虽然国内已经对环境保护进行了初步的立法,《节约能源法》《循环经济促进法》都对商业银行的绿色金融业务提出了一些规定,但大部分环境保护法律法规尚且停留在原则性规定层面,缺乏具体实施的法律条文和相关司法解释,所以出现了法规不严、可执行性差等问题。商业银行在对融资企业的环境指标进行审核时,没有一个可以依照的统一标准,具有较大的主观性,这就使审核结果可能出现不公正、不客观的情况,影响商业银行提供绿色金融服务的效率。由于法律体系的不完善,导致相关规定并没有对商业银行起到有效的约束作用,《商业银行法》《企业法》虽有提到绿色金融业务,但大多只是指导意见或建议,缺乏强制性约束条款,也并未对如何执行、达到什么标准做出明确具体的规定,使其具有较强的操作空间;没有规定商业银行如何履行社会环境责任的各项细节,降低了对商业银行的约束力。

监管层面的立法缺少一定的强制性和可执行性,涉及绿色金融方面的法律没有规定强制性的监督办法。当商业银行不小心将贷款发放给了环境指标不合格的企业时,银监会和环保部门难以依法撤销贷款合同,监管活动的执行较为困难。现有的法律法规及部门规章对于权责的归属不够明确,政府各部门之间甚至存在职权的交叉和重复,导致相关法律规定被架空,实施效力不断弱化,监管执行力降低,客观上弱化了对企业环保要求的标准,制约了绿色产业和绿色金融的发展。同时,法律对污染企业的惩罚力度还需要加强,企业为环境污染付出的成本太低会导致其绿色发展的意志不坚定,不愿意主动参与节能减排和绿色转型,或者在绿色发展过程中难以坚持。这些不完善的法律环境也使得商业银行的绿色金融业务承受了额外的风险,降低了商业银行主动开展绿色金融业务的信心。

1.2.6　信息不对称问题

由于没有形成统一标准的、强制性的社会环境责任信息披露机制,我国商业银行在绿色金融业务上的社会环境责任信息披露水平总体较低,披露次数少、披露内容不够全面客观,对于负面的信息和一些定量的目标完成进度甚至不予披露。根据其披露内容,社会舆论无法起到有效的监督和批评作用,进而影响了商业银行开展绿色金融业务的积极性。例如,兴业银行作为国内绿色金融领域的领军者,其社会责任报告中的信息披露尚存在许多问题,与同为赤道银行的美国花旗银行存在不小的差距。可见国内商业银行在绿色金融业务的信息披露上还需要做出很大的改变。

我国各部门之间尚未建成完善的信息沟通机制。在美国绿色金融市场中,政府监管部门、环保部门和金融机构之间通过一套健全的环保法律体系和高效的信息沟通机制,有条不紊地开展绿色金融业务工作和监督工作。而我国关于银行绿色金融业务缺乏统一口径的信息披露标准,尚未形成高效的信息沟通机制,商业银行绿色金融业务的执行效率和管理效率还有待提升。例如,因为环保部门发布的信息不及时,而且没有有效的沟通机制,商业银行无法及时获得企业的环境违规信息,并将其利用于企业融资项目的审批流程。沟通机制的丧失导致了信息不对称问题的出现,影响了商业银行绿色金融服务的质量,也影响了监管部门的监管效率。

1.2.7　商业银行积极性不足

由于我国经济增长处于放慢阶段,结合去产能的宏观背景,国内商业银行在资产质量问题上面临着较大的压力,保证自身资金安全和支持投资周期较长的绿色产业对于商业银行来说是个两难的选择。由于内部和外部的原因,国内商业银行在绿色金融业务上普遍存在积极性不足的问题。

从过去几年的数据来看,国内大部分商业银行对于绿色金融业务的重视程度不足。如图 1-15 所示,从业务规模来看,美国和英国商业银行的绿色融资业务占全部融资业务的比例分别达到了 70% 和 75% 以上,而国内商业银行 2015 年的平均水平仅为 9.7%,2019 年接近 10%,相比之下,差距甚大。国内商业银行开展绿色金融业务大多停留在社会责任层面,并没有足够重视绿色金融业务的发展,也未将绿色金融业务融入银行的各项业务。

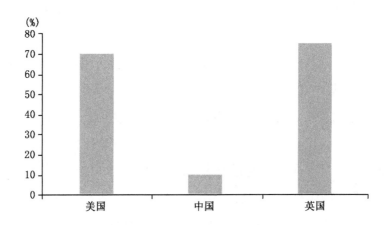

资料来源:段光沛(2017)《商业银行绿色金融业务发展研究》。

图 1-15　2019 年各国商业银行绿色融资业务占比

绿色金融作为一个新兴领域,首先,对商业银行的业务创新能力和人才培养能力提出了较高的要求,所以在绿色金融业务开展前期,商业银行需投入大量人力和财力的成本;其次,由于业务模式的新颖和不成熟而有一定的未知风险,商业银行很难愿意主动尝试相关业务的研究和创新,大多仍持观望的态度;再次,对于绿色产业投资,商业银行通常有投资周期长、投资规模大、投资回报率低的误解,很难将"绿"与"利"联想在一起,认为绿色金融可能不会给自身带来较多的利润,或者不知道如何让"绿"产生"利",所以商业银行主动开展绿色金融业务的积极性不足。综上考虑，如果没有较为可行的激励机制和风险补偿机制，商业银行主动开展绿色金融业务的积极性很难提高。

1.2.8 商业银行各项准备不足

对于有意愿主动开展绿色金融业务的商业银行，需要提前在各项准备工作上做出努力，规范业务流程，降低业务风险。对比兴业银行案例来看，国内大多数商业银行在一些前期准备工作上还存在不足。

首先，除兴业银行等少数银行外，国内大多数商业银行没有设立专业的绿色金融部门，专业技术人才的准备不足。这使得绿色金融业务的开展无法得到专业的处理和风险管理，无法准确评估出绿色金融业务为银行带来的收益和风险。因此，商业银行对绿色金融项目会持谨慎态度，无法高效地将资金投向绿色产业。其次，绿色金融是一项高技术含量的系统性工作，除了相关部门和专业技术人员的准备外，商业银行还需要做出全面的战略准备，包括建立相关的规章制度、产品体系、组织架构等。目前来看，国内只有兴业银行一家建成了较为完善的绿色金融组织体系，而其他商业银行尚未完成这系统化的准备工作。再次，对于兴业银行采用的绿色金融专业支持系统，国内大多数商业银行尚未效仿，作为一项重要的技术支持，需要商业银行做好准备。

赤道原则作为一项国际通用准则，兴业银行用近十年实践经验证明了其在国内市场的适用性，在国内绿色金融市场尚未形成统一的准则要求的情况下，国内商业银行应将其作为操作准则，规范业务流程，降低业务风险。但从实际情况来看，国内商业银行主动采用赤道原则的积极性明显不足，具体情况见图 1-16。

截至 2017 年 1 月，全球范围内共有 84 家金融机构加入赤道原则。这 84 家金融机构不均匀地分布在全球各地区。其中，欧洲地区的数量排在第一位，共有 34 家；北美洲拥有 14 家，位列第二；而拥有最多人口的亚洲拥有 9 家，其中只有兴业银行和江苏银行属于中国大陆。可见欧洲和北美洲作为绿色金融的领先区域，在赤道原则的采用上有更积极的态度。

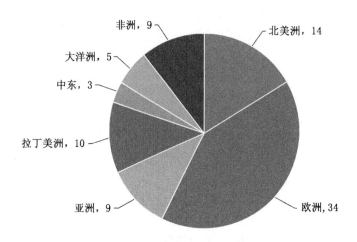

图 1-16　采用赤道原则金融机构的地区分布

1.2.9 "去伪存真"防控绿色金融潜在风险

绿色金融所涉领域非常广泛,但参照银监会绿色信贷的分类规则,绿色金融业务总体可以分为节能环保项目和服务,其中包括工业领域的第三方节能减排和末端污染治理、公用事业领域的污染治理项目;以及节能环保和新能源、新能源汽车等绿色低碳相关装备制造企业两大领域。

不同类型项目的潜在风险特征迥异,但关注环境与商业两方面的可持续性是防控风险的共同核心。需要指出的是,对于绿色项目而言,"商业可持续"实际上也是实现"环境可持续"的基本保障——因为只有项目持续运行,才能够实现环境治理的效果。否则,大量重复投资的项目长期处于开工不足或停工状态,以及产生过剩的供给和产能,不仅无法形成真实的环境效益,更会因工程建设、设备生产而增加资源消耗和环境影响,反而增加了污染和排放,造成负面的环境效应。

从金融机构的角度看,需要弱化对"目录式"管理的依赖,提高对融资项目真实绩效的识别与分析,深入考察绿色融资的企业或项目真实的技术水平、实际的盈利能力。对于不同类型的项目,关注的重点也应有所区别。对于工业治理项目,首先要分析融资主体的资金杠杆情况,判断是否存在非理性扩张;其次要评判融资项目的技术标准,包括主要技术本身的标准以及项目主体消化、吸收和应用外来技术的能力,即自身技术水平;此外还要对项目的持续盈利能力,包括定价和成本情况,以及项目客户的支付能力进行考察。对于公用事业领域的绿色项目,除了要关注项目自身的成本和定价外,还需要关注项目可行性分析中对未来需求的评估和地方政府的财政情况,特别要关注国家各级监管部门对 PPP 项目、政府融资、轨交等基础设施建设的相关规定,确保项目合法合规、能够顺利建设投产,避免通过"漂绿"实现变相违规融资的情况。对于绿色设备与装备制造企业,则要破除对当下政策扶持的依赖,评估产能与市场潜在需求的匹配度,关注产品的实际销售和使用情况。

从监管体系的角度看,要加快细化和完善相关制度,主要包括对市场准入、资金监管,以及环境效益的测算与披露等,以及相应的罚则与配套措施。细化和完善绿色金融标准体系,鼓励第三方认证机制,确保绿色金融切实产生绿色效益。目前国内绿色金融标准包括绿色信贷及绿色债券标准,而绿色企业、绿色股票等标准却依然空白。此外,仅对绿色债券发行提出"建议采取"第三方认证。制定细化、完善的绿色标准,鼓励第三方机构认证和评价,充分揭示绿色金融支持的项目确实具有环境效益。加强资金监管,明确信息披露要求,对不符合绿色金融相关监管要求使用资金的罚则。根据现有监管规定,银行机构需要定期向银监会报送绿色信贷相关数据,并接受资金使用的检查,相关情况由银监会定期披露;绿色债券依据相关规定,"鼓励"定期披露资金使用情况,并且缺乏对违反规定使用资金的罚则。强化绿色融资的资金使用情况的披露,明确相关罚则,对于提升绿色金融市场透明度、避免"漂绿"具有重要的保障作用。完善环境效益测算方法,明确相关信息披露要求。关注实际的环境效益是绿色金融防控风险、确保规范和健康发展的重要因素,因此,细化绿色项目环境效益的测算并定期披露,有助于把握项目实际运营情况。除了核算直接的环境效益外,还可以开发和推广使用"生态环境足迹"的测算方法,从产业链的视角分析融资项目"全生命周期"的环境效益,这可以有效地避免"重建设,轻运营""重装备,轻应用"现象,杜绝过度投资和过剩产能。

1.3　防范体系规划

1.3.1　绿色金融风险防范与控制的目标与原则

1.3.1.1　绿色金融风险防范目标

在构建绿色金融机构防范体系的过程中,防范通常有三个主要目标。

一是保持绿色金融稳定。尽管货币政策和中央绿色金融机构的存在是以保持绿色金融稳定为目标,但由于它们无法在绿色金融市场中扮演仲裁者的角色,绿色金融机构防范部门所具有的立法功能使其在防范中处于超然的地位,并以中立的地位确保绿色金融稳定。

二是消费者保护。由于信息不对称的存在,需要对处于信息劣势的消费者进行适当的保护。

三是市场完整。绿色金融机构防范部门通过立法,防止市场欺诈行为与绿色金融犯罪,并通过信息披露制度对绿色金融机构资产质量和绿色风险状况进行监督检查以保持市场的完整性。

1.3.1.2　绿色金融风险防范原则

防范绿色金融风险是绿色金融发展的基本原则。从具体的防范和控制措施来看,这一基本原则应该基于应对绿色金融风险、缓解绿色金融风险和预防绿色金融风险三个维度,三者构成了防范与控制绿色金融风险基本原则的主要内容。

第一,应对绿色金融风险。绿色金融风险的出现是金融领域一系列问题和矛盾显露、激化的结果,它总会经历一个问题由小到大、由少到多、由轻微到严重、由良性到恶化的累积过程。绿色金融风险处理不当,会造成风险的多重叠加与扩大,故最重要的是采取果断有效的措施防止风险的扩大,避免造成更严重的损失。因为金融风险爆发初期,会给市场和投资者造成不同程度的冲击,导致资本市场的震荡,持续时间、冲击程度、波及范围等都难以及时预测,政府、金融机构、企业、投资者等绿色金融主体基于以往经验难以做出预测。

第二,缓解绿色金融风险。金融机构绿色风险因信用中介特征常常被掩盖,直至爆发金融危机或存款支付危机时才显现。究其原因:一是金融机构业遵循"有借有还、存款此存彼取、贷款此还彼借"的信用原则,导致许多损失或不利因素被这种信用循环所掩盖。二是金融机构业所具有的信用货币发行和创造信用的功能,使得本属于即期金融机构绿色风险的后果,可能由通货膨胀、借新还旧、贷款还息来掩盖。三是因金融垄断或政府干预,使一些本已显现的金融机构绿色风险被人为地行政压制所掩盖。金融机构绿色风险的隐蔽性可以在短期内为金融机构业提供一些缓冲和弥补绿色风险的机会,但它终究不是金融机构绿色风险控制和防范的有效机制。绿色风险的隐蔽性加剧了风险防范的难度,企业不能无视风险的存在,必须正面对待风险,通过相应的风险决策策略和风险处理技巧提高决策质量或对风险加以防范,避免风险不利后果的发生。

第三,预防绿色金融风险。创新和风险防控是一件事物的两个对立并存的方面,绿色金融风险解决机制的创新要在正确理解和把控现有风险的基础上进行,这离不开对绿色业务本源的深入研究和判断。绿色风险的预判偏离可能好于预期,也可能坏于预期,尤其是经济学所定义的风险是指出现不利后果或遭受损失、损害的可能性。但如果能及时识别绿色金融风险的征兆,采取有效的防范管理措施,发生损失的可能性就不一定转化为现实性。

1.3.1.3　绿色金融风险防控平台建设原则

一是专业性。信贷项目的环境效益评估和测算,涉及节能、减排、污染治理和生态环境等多个专业领域,存在较高的专业知识和技能门槛,一般的金融机构从业人员难以掌握。

二是分布式计算。绿色金融客户关系数据的社会网络算法分析和供应链模型分析,涉及大量历史数据,计算复杂度高,计算结果要求在数秒内返回;环境与社会风险评估模型需要采集大量的企业运转数据,并通过环境效益测算模型支持在线评估。

三是流程化和智能化。积累国际国内赤道原则项目评审的大量案例和数据,

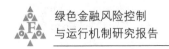

以提高评审工作效率和准确性,项目通过引入工作流引擎来支持审批流程的灵活配置和在线部署;通过与影像资料平台对接,实现审批材料的影像管理和全线上的电子化审批;通过对审批数据和流程意见的分析,支持流程流转的智能化。

1.3.2 国外典型经验借鉴

1.3.2.1 赤道原则——三个级别划分界定绿色金融风险

提到绿色金融,就不得不提到赤道原则(Equator Principles),赤道原则目前已经成为国际金融中得到最广泛认同的判断项目环境风险的金融准则。

近半个世纪以来,可持续发展的理念在全球范围内得到广泛认同。许多非政府组织积极推动金融机构制定与可持续发展相关的规则或标准,同时非政府组织也通过抗议等形式影响那些支持了破坏环境项目的金融机构。由于可持续发展的理念深入人心,那些为非环保项目进行融资的金融机构往往在非政府组织的责难下声誉受损。面对这样的情况,在 21 世纪初,部分商业银行开始探索建立一套自愿原则来解决金融与环境保护之间的争议。在这样的背景下,国际金融公司(IFC)与 9 家商业银行于 2003 年 2 月建立了格林尼治原则草案(因为当时会议举办地为格林尼治),该原则草案统一了环境与社会风险管理的标准。同年 5 月,在德国杜塞尔多夫,格林尼治原则更名为赤道原则。

赤道原则最初有 10 个商业银行宣布接受。后又经历了两次修订,目前采用的是第三版,但第四版的修订正在进行。在前两次修订过程中,赤道原则发生的变化主要体现在以下方面:对金融活动的适用范围越来越大;对金融机构披露的要求越来越严格;要求金融机构应对气候变化;开始关注包括人权在内的社会管理风险;对部分国家,主要是经合组织国家(OECD)的可持续发展要求进行强化。

第四版的更新重点体现在有关气候的内容上,主要是与《巴黎协定》要求相统一。

根据 IFC 和赤道原则的官网显示,赤道原则现已被世界各地 25 个国家近 70 个提供项目融资的金融机构在 100 多个国家使用,这些金融机构提供的项目融资占全球总项目融资交易的80%以上。换句话说,赤道原则已经成为全球主流金融机构,尤其是商业银行所遵守的绿色项目管理原则。在中国大陆地区,目前已经有4家商业银行承诺采纳赤道原则:兴业银行(2008年10月31日采纳)、江苏银行(2017年1月20日采纳)、湖州银行(2019年7月24日采纳)、重庆农商银行(2020年2月27日采纳)。

2013年6月发布的第三版赤道原则,由序言、范围、方法、原则声明、免责声明、附件和附录七部分组成。"原则声明"部分是赤道原则的核心内容,共包括十项原则,具体为审查与分类、环境和社会评估、适用的环境和社会标准、环境和社会管理系统和赤道原则行动计划、利益相关方参与、投诉机制、独立审查、承诺性条款、独立监测和报告透明度。

根据赤道原则的要求,采纳赤道原则的银行在对项目放贷前应对项目进行尽职调查和审慎评估,根据项目对于环境及社会的潜在风险大小给出A、B、C三个级别,并将上述评估结果写入贷款合同中;放款后,银行要履行持续监督和定期披露的义务。赤道原则明确并统一了放款项目的环境和社会标准,有助于提升银行业整体在可持续发展领域内的作用和影响力。

1.3.2.2 碳金融的海外经验——合理分配碳配额,降低风险

欧盟排放交易体系(EU-ETS)是目前世界上最大的碳排放交易体系,该体系建于2005年,其运行发展分为四个阶段。

第一个阶段为2005—2007年。在这一阶段,欧盟分配的配额总量超过实际排放量,导致标的物为碳排放配额的碳金融产品价格大幅缩水。

第二阶段为2008—2012年。一方面,欧盟开放了配额跨期结转,另一方面缩减了配额总量。但是随后的欧债危机导致企业对配额需求缩减,配额再度供大于求。

第三阶段为2013—2020年。欧盟对EU-ETS进行了改革,一方面逐年减少排放上限,增加配额拍卖比例,通过持续性拍卖为市场提供价格基准,另一方面提出市场稳定储备机制(MSR)。

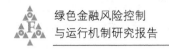
第四阶段为 2021—2030 年。欧盟委员会于 2018 年 2 月决定从 2021 年开始进一步减少配额上限,并更新行业配额发放基准。另外,欧盟委员会还计划通过设立创新基金等措施促进市场低碳化转型。

EU-ETS 的发展给我们碳金融市场最大的启示是,碳市场管理者要合理分配碳配额,并且要对配额总量保持动态调整。

除了欧盟委员会对市场的建设外,欧洲商业银行也积极参与碳金融的业务实践。除了传统的碳结算、碳交易中介、融资担保、拆借回购等业务外,许多商业银行还积极探索直接投融资、碳衍生品开发、交易咨询等创新业务。例如,汇丰银行、瑞士信托银行和法兴银行共同出资成立碳交易基金,构建碳金融产品的投资组合。另外,巴克莱曾推出标准化核证减排期货;荷兰银行通过自营、理财等部门进行碳金融产品的投资。

但这些创新业务是建立在欧洲碳金融产品丰富、流动性好的基础上。对于我国来说,目前发展碳金融的重点还应集中在碳金融市场建设以及碳金融基本业务和常见衍生品开发上。

1.3.2.3　欧盟与《可持续发展融资行动计划》——多部门出台多项政策,多维降低金融风险

《可持续发展融资行动计划》(下称"行动计划")于 2018 年 3 月 8 日由欧盟委员会发布,可以看作是欧盟发展绿色金融的纲领和路线图,该文件包含 3 个目标、10 项行动和 22 条具体计划。三个目标是"向具有可持续性的经济领域引入资本、将可持续性加入风险管理中、提升透明度"。

行动计划公布以来,欧盟在绿色金融的许多领域取得突破,行动计划对欧盟发展绿色金融的指引作用得到有效体现。2019 年 6 月,欧盟委员会连续发布《欧盟可持续金融分类方案》《欧盟绿色债券标准》《基准:气候基准及基准 ESG 披露》三份文件,其中《欧盟可持续金融分类方案》(下称"分类方案")最为重要。分类方案对应行动计划 10 项行动的第一项,是建立可持续金融体系的基础,其内容主要是将具有可持续性的经济活动进行明确并分类。分类方案的出台(目前还在公开

咨询和修正中)可以让后续政策及监管实践有的放矢,因此是其他文件的基础。《欧盟绿色债券标准》也是较为重要的标准制定文件,但其并非强制性绿色债券标准,而是与国际资本市场协会的《绿色债券原则》基本保持一致。

除了欧盟委员会,欧盟的金融监管机构也出台了多份文件对绿色金融进行规范。2019 年 12 月 6 日,欧洲银行业管理局(EBA)发布《可持续金融行动计划》,这是该机构针对环境因素监管的纲领性文件。该文件明确了 EBA 在可持续金融领域内的工作目标,包括在金融监管框架加入可持续因素以及开发新的可持续金融检测工具。这两项目标体现在 EBA 针对信息披露、压力测试、情景分析、风险权重等方面的调整上。另外,与 EBA 类似,欧洲证券和市场监管局发布《可持续金融战略》,欧洲保险和职业养老金管理局(EIOPA)也在监管层面积极推动养老金投资于环境领域。

1.3.2.4 英国与《英国绿色金融战略》——要求金融机构对可持续性信息和风险进行披露

英国政府于 2019 年 7 月 2 日发布《英国绿色金融战略》(下称"战略"),该文件回顾了 2001 以来,英国在发展绿色金融过程中的关键要点,同时也对未来几年发展绿色金融的路线图进行了规划。

实际上,英国从 2001 年开始就已经成为全球绿色金融领域的排头兵。2001年,英国排污权交易体系(UKETS)成立;2009 年,世界银行首只绿色债券在伦敦证交所发布;2011 年,英国设立了国际气候基金;2012 年,英国绿色投资银行设立。为了撬动民间资本,英国商业能源产业战略部出资 2 000 万英镑设立绿色风投基金,英国政府对于与民间资本在绿色金融领域的合作目前已经颇具经验。可以看到,英国在绿色金融领域一直保持着实践先行的惯例,而战略的发布不仅仅是对过去实践的简单回顾,通过对实践经验的总结使未来的行动更具有效率,才是发布战略要达到的目的。

战略包含两个目标、三个要素。两个目标为:在政府部门的支持下,私人部门的资金流向清洁、可持续领域;加强金融业的竞争力。三个要素为:金融绿色化、

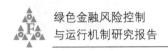
投资绿色化、把握机遇。

战略的主要内容包括:明确政府将会支持金融绿色化发展,期望金融机构对可持续性信息和风险进行披露,建立长期的政策和法律体系,创新绿色金融产品,加强国际合作等。

1.3.2.5 主要发达国家绿色金融机构风险防范体系对我国的启示

从绿色风险防范的角度看,美国构建了绿色风险的预警系统,通过对金融机构各种严密的量化指标的计算、测定来实施对金融机构经营活动的绿色风险性、安全性、合规性监督和管理。英国采用了绿色风险评估体系,将绿色风险评估、监管手段选择和监管评价三者进行统一,从动态的角度对绿色风险进行评估、确定绿色风险等级,从而确定监管期间、采取相应的监管措施。日本通过努力强化市场的约束机能,规范银行机构的信息披露制度,提高银行机构的透明度,完善企业会计制度准则,加强会计师事务所等中介服务机构在社会监管中的作用,将金融绿色风险通过体制的完善予以规避。我国在金融绿色风险防范机制建设方面与国际银行还存在很大的差距,由于银行监管起步较晚,我国目前还处在从合规性监管向绿色风险性监管转变时期,对绿色风险性监管还没有形成规模,信息披露制度很不完善,商业银行的产权制度不明晰,因此急需建立相应的绿色风险量化体系,有针对性的防范各种金融绿色风险。

1.3.3 我国绿色金融风险防范范围与内容

绿色金融风险防范的范围与内容主要是指绿色金融监督和防范风险的方法体系,包括绿色金融防范和保证机制、金融机构日常绿色金融监督防范体系、绿色信贷信息管理平台体系、动态绿色风险评估体系。

1.3.3.1 我国现行绿色金融监督和防范风险方法体系

目前,绿色金融业务主要仍是以银行为主渠道,银行是社会绿色金融资源的配置中心。在风险管理方面,我国的商业银行根据现代公司治理结构的要求,按照"三会分设、三权分立、有效制约、协调发展"的原则设立了股东大会、董事会、监事会、高级管理层。我国的商业银行奉行"诚信为本、稳健经营"的原则,确立"稳健型"风险偏好,不过分强调"寻求高风险回报""追求零风险"。其核心是理性、稳健和审慎:理性指处理好风险管理和业务发展的关系;稳健指整个商业银行的架构要稳健,银行的前台、中台、后台摆布要稳健,银行的业务流程要稳健;审慎是从微观层面来讲,对于某一项交易、某一个风险暴露的决策程序要审慎。

1.3.3.2　建立绿色金融防范保障机制

我国对绿色经济下的绿色金融面临的风险缺乏全面的认识,且没有相应的监督和保障机制,导致难以建立系统的绿色金融风险识别体系。

首先,应建立绿色金融危机预警制度。借鉴发达国家经验,建立以绿色金融风险资本充足率为基础的快速预警纠偏制度和按照体系建立我国绿色金融风险评级预警制度,对绿色金融风险进行全面衡量。在建立绿色金融风险预警制度的基础上,进行审慎监管,将金融机构划分为正常机构、问题机构、危机机构,实行分类处置。

其次,需完善绿色金融最后贷款人制度。我国的绿色金融业务最后贷款人制度,先要明确人民银行作为最后贷款人的权力,即只对流动性有问题的金融机构进行救助,同时要明确救助的标准、介入的时机、救助的权限分工,改变当前既提供流动性支持又提供清偿性资金的做法。此外,尽快完善我国货币市场与公开市场操作,为人民银行绿色金融业务最后贷款人手段的及时有效运用创造条件。

最后,需建立绿色存款保险制度。我国存款保险制度在体制设计上,应建立集中统一的绿色存款保险机构,面向所有存款机构开展保险。我国绿色存款保险机构应是不以营利为目的的政策性金融机构,由政府和银行共同出资组建,具体可由财政部注入大部分资本金,另由银监会组织协调投保银行认缴剩余部分资本金。保险标的范围可先设定为居民的储蓄存款,随着存款保险公司理赔能力的增强可逐步将企业存款纳入保险范围,在保险费率上根据银行的绿色金融风险程度不同采取差别费率,实行限额赔偿的办法,以最大限度地防范由于实行存款保险

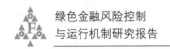
制度而引发的绿色金融道德风险。

1.3.3.3　完善金融机构日常绿色金融业务监管

对金融机构的日常监管,主要包括中国银监会的现场检查和非现场监管,以及借助社会中介进行的外部审计和行业自律监管,加强和改进绿色金融业务的现场检查和非现场监管。

完善非现场监管体系的总体构想是以绿色风险监督为主导,对境内所有金融机构业务和绿色风险进行监控,形成全面、及时、有效的非现场监督体系,及时发出预警预报,有效控制各种绿色风险。具体改进措施有四点:

一是建设非现场绿色信息处理系统。统一各金融机构报送的报表格式,规范各金融机构电子绿色信息输入口的标准,保证各金融机构业务经营绿色信息能顺利读入中央金融机构绿色信息网络,自动生成监管部门需要的监管绿色风险指标和报表,用以监测和进行数据分析。

二是建设绿色信息管理系统。改变非现场监管的绿色信息割据现象,建立非现场监控数据库,通过授权安排和界定绿色信息层次和流向,实现监管绿色信息在现场检查部门和非现场检查部门之间的相互开放、适度共享。

三是建设绿色信息决策系统。通过一系列综合性或专项性的数据模型得出有价值的分析数据,根据需要进行横向、纵向比较,反映金融机构的共性和个性。

四是健全非现场指标体系。在合理确定金融机构行业绿色风险的各类资产绿色风险权重和换算系数基础上,修改现有指标体系和指标值,如取消监管金融机构分支机构的资本充足率、资产流动性指标,建立一套适合我国国情的绿色金融科学监管指标。

加强现场检查,应以合规性检查为基础,绿色风险性检查为主导,拓展现场检查广度和深度,提高检查效率。要充分利用非现场检查资源,及时同非现场部门互相沟通,以便有效把握检查重点。同时,要充分发挥现场检查直接性、明了性、深入性的优势,检查内容要有针对性,取消重复检查和覆盖范围广、时间短的检查(如取消年检)。应根据金融机构绿色风险程度合理确定检查频率和检查内容,在现场检查工作的布置上要有计划性、节奏性,同时应考虑各地区的差别性,适当下放现场检查权限,让各分行、中心支行在深入调查研究本地现状的基础上,系统安排辖区内的现场检查工作。

1.3.3.4 建立有效的绿色信贷信息管理平台

要切实加强绿色贷款的贷前考察、信用调查、使用检查制度。目前的绿色贷款使用制度监管比较盲目,可能出现随意变更绿色贷款目的的行为,因此对客户风险集中度管理尤其重要。控制大额风险和风险集中是金融机构监管的重要内容,一旦这些过度集中的借款人或行业出现下滑,将导致大量大额不良绿色贷款的资产损失,金融机构将面临巨大的风险。监管当局如果无法及时掌握金融机构大额绿色贷款的信息,就无法及时对绿色贷款人贷款限额进行管理,因此对大额绿色贷款进行信息化管理是当前风险集中度管理的基础措施。

虽然目前还没有法律法规对大额绿色贷款进行明确定义和界限,也没有大额绿色贷款的监管规模,但建立这个平台的必要性是符合国际惯例的,这有助于金融机构监管当局及时发现和纠正大额绿色贷款的流向和风险集中形成。例如,在我国就很有必要对房地产绿色贷款的大额绿色贷款风险进行集中管理,以便金融机构更好地实施有效的绿色贷款,降低金融机构面临的风险。

1.3.3.5 完善动态绿色风险评估体系

为了适应外资金融机构即将进入和自身有序发展,国内金融机构的金融创新步伐需进一步加快,因而面临的绿色风险也会增加。我国尚未为绿色金融设置专业的中介服务机构,也没有建立绿色银行、环境风险和损害评估机构和体系。为了适应这种市场环境的变化,应按照现代金融机构的要求尽快建立一个能够实时监控绿色风险的动态绿色风险评估系统。

首先,要重视新业务的绿色风险评估。随着金融机构的业务范围不断拓宽,新的金融产品将不断出现。为了有效控制绿色风险,我们应高度重视新业务的绿色风险评估工作,绿色风险评估系统应对不断变化的环境及条件做出反应,绿色风险评估应涵盖所有的新业务领域和新业务品种,在新业务开展之前应设计相应

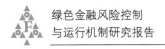

的绿色风险评估方法和程序。

其次,应完善绿色风险管理的组织机构。最高管理层必须高度重视绿色风险评估工作,只有最高管理层足够重视才可能做好这项工作,才可能指导全体工作人员加强绿色风险评估工作。为了适应国内外市场环境的变化,我国金融机构应设立专门的绿色风险管理部门,将信贷业务、同业拆借、外汇业务、私人金融机构业务、市场交易等业务的绿色风险管理统一由一个部门管理,这有利于金融机构整体的绿色风险评估和绿色风险控制。

最后,需建立动态的绿色风险评估模型。以前,我国利率、汇率是固定的,商业银行几乎不存在市场绿色风险。随着我国市场经济的进一步深化和对外开放步伐的加快,利率绿色风险、汇率绿色风险逐步显现。信用绿色风险、市场绿色风险的不确定性使得绿色风险评估的难度加大。我国金融机构应加强市场绿色风险管理,认真学习国外现代金融机构绿色风险评估的方法和技术,尽快建立起自己的市场绿色风险评估模型,以实现对市场绿色风险的实时动态监控。

1.3.4　我国绿色金融风险防范体系设计

绿色金融风险防范系统是指对绿色金融风险实行全过程控制的管理模式。按照这种管理模式,将绿色金融风险防范分解成若干个环节,科学设定各环节的管理内容、管理标准和管理要求;按照有效制衡的原则,把各环节的风险管理职责落实到具体的部门和岗位,通过对各节点的精细化管理,来实现绿色金融风险控制的目的。

1.3.4.1　构建全流程的绿色金融风险管理体系

全流程风险管理是指大规模收集和整理风险管理的初始信息、评估风险产生的原因和发展状况、制定合理的风险管理方针和策略、探寻最优的风险管理决策和解决方案,以及后续开展风险管理的最佳监督与改进工作的全过程,见图 1-17。全流程风险管理工作具有动态性、系统性、整体性、灵活性等特征,可实现动态循环的风险管理。

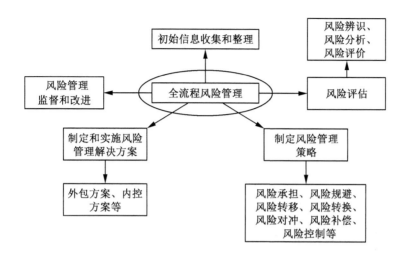

图 1-17 全流程风险管理过程

全流程风险管理的本质特征主要表现在 4 个方面:一是风险管理的范围具有全面性,能够从整体把握风险;二是风险管理的过程具有全程性,能够覆盖风险管理的整个流程,涵盖每一个环节和流程节点;三是风险管理的方法呈现全方位性,尽可能实现风险管理方法和渠道的多样化和多元化;四是风险管理的文化具有全员性,各部门人员的工作信息互通有无,实现风险信息共享。

专栏 1-1 邮储银行全流程环境风险管理促进客户绿色发展

中国邮政储蓄银行与中国金融学会绿色金融专业委员会理事单位公众环境研究中心开展合作,借鉴先进绿色供应链模式,以绿色金融推动客户持续关注自身环境行为、积极履行环境污染防治主体责任,助力客户实现绿色发展。据统计,截至 2020 年年中,邮储银行已成功服务并推动 125 家客户开展环境信用修复。

邮储银行携手公众环境研究中心积极探索建立全流程动态实时监控的环境风险跟踪评价模式,通过运用蔚蓝地图环境数据库和企业动态环境信用风险评价体系对企业环境风险进行动态监测与评估,测算信贷存量客户环境排放物和能源使用数据,推动客户公开环境信息,制定有效环保措施,促进节能减排和产业升级。

邮储银行将继续秉承可持续发展理念,积极发展绿色信贷,不断增加绿色金融供给,完善绿色金融服务,支持绿色产业和循环经济,让绿色金融理念成就绿色发展,从而进一步助力经济高质量发展。

资料来源:财经网,2020-07-21. http://d. drcnet. com. cn/eDRCNet. Common. Web/DocDetail. aspx? DocID=5913185&leafid=960&chnid=6768.

1.3.4.2 构建绿色风险管理八大模块

绿色金融风险管理八大模块的关系,见图1-18。

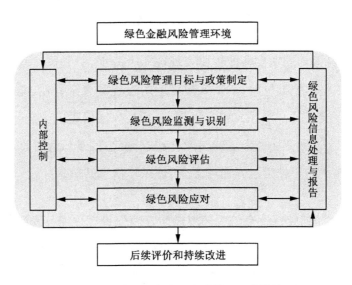

图 1-18 全面绿色金融风险管理八大模块

模块一,绿色金融风险管理环境。管理部门建立一套关于绿色风险管理的模块,并确定金融机构的绿色风险偏好。

模块二,绿色风险管理目标与政策制定。只有先确定目标,管理部门才能确定可能影响目标实现的可能发生的事件。

模块三,绿色风险监测与识别。必须识别可能对金融机构产生影响的所有潜在绿色风险。

模块四,绿色风险评估。确定绿色风险,以便为决定如何应对绿色风险打下基础。

模块五,绿色风险应对。管理部门选择一种方法或一系列行动,使已确定的绿色风险符合金融机构的绿色风险偏好。

模块六,内部控制。制定和实施一套政策和程序,以确定管理部门选定的绿色风险应对对策能有效地执行。

模块七,绿色风险信息处理与报告。相关的信息要以员工能够履行职责为目的,恰当并适时确认、捕捉和交流。

模块八,后续评价和持续改进。整个绿色风险管理应该被监控,必要时要做修正。

八个模块的主要内容和定位,见表1-5。

表1-5 全面绿色风险管理八大模块的主要内容及定位

模 块	内 容	定 位
绿色金融风险管理环境	包括绿色风险管理哲学与理念、绿色风险管理偏好、员工培训、绿色风险管理银行结构、各级绿色风险管理人员职责与权限、绿色风险经理管理制度等。	是全面绿色金融风险管理的基础和平台。其他管理模块都是基于绿色风险管理环境平台运行的。绿色风险管理的理念和偏好影响决定了绿色风险管理的政策制定。
绿色风险管理目标与政策制定	目标制定包括风险容忍确定,以及信用风险、市场风险、操作风险的管理政策。其中,信用风险的管理政策有:绿色授权政策、绿色不良资产管理政策、绿色抵押政策、绿色信用评级政策等。	是全面绿色金融风险管理的出发点,是绿色风险识别、绿色风险评估和绿色风险应对的前提。绿色风险管理战略和流程都要符合绿色风险管理政策的要求,以实现绿色风险管理的目标。
绿色风险监测与识别 绿色风险评估 绿色风险应对	包括绿色风险管理系统、具体绿色风险识别管理规定、绿色风险管理系统使用和维护规定、绿色风险限额处理等。	是绿色风险管理的具体实施流程,是对绿色风险管理政策的细化和执行。
内部控制	包括完善银行等金融机构内控结构及其运行,独立的内部审计,规范的操作程序。	是绿色金融分析管理目标实现和风险管理流程有效运行的保障。

模 块	内 容	定 位
绿色风险信息处理与报告	包括绿色风险信息的数据规范,绿色风险报告制度。	是保证银行等金融机构全面实施绿色风险管理的媒介。绿色风险管理的各项活动都要形成绿色风险信息,并通过绿色风险报告机制传递。
后续评价和持续改进	包括绿色风险管理体系评审制度,问责和责任追究制度,绿色风险管理的激励制约等。	是对绿色风险管理体系进行再控制和再完善,以保持绿色风险管理的有效性以及绿色风险管理的体系科学性和适应性。

1.3.5 我国绿色金融风险防范体系的功能

绿色金融风险防范系统的建设,应根植于对绿色金融领域的实践,实现对绿色金融业务识别认定、环境效益评估和赤道原则项目评审等绿色金融核心竞争能力的 IT 支持;通过大数据技术的运用,支持对绿色金融客户开展营销和存续期管理;通过流程梳理与服务集成,支持客户管理、业务管理、风险管理、运营管理和统计分析等方面的业务全流程办理。作为绿色金融业务全生命周期的服务和管理平台,应实现六大功能。

第一,绿色金融客户管理功能。实现绿色金融客户标识、重大环境风险客户名单制管理,在系统中实现对绿色金融客户的分级管理和重点沙盘客户的营销管理。

第二,绿色金融业务管理功能。在系统中实现绿色金融业务识别与判定、环境效益测算、集团绿色金融资产管理等功能。其中,环境效益测算可满足国际通行的可测量、可报告和可核查原则,为金融机构环境信息披露提供技术支撑。

第三,绿色金融风险管理功能。在系统中实现环境与社会风险管理、赤道原则项目评审和绿色金融资产质量管理等功能。例如,赤道原则评审模块可覆盖前期适用性审查和分类、环境与社会尽职调查、环境与社会风险审查、存续期环境与社会风险监测等项目评审全业务流程。

第四,绿色金融数据管理功能。实现基于大数据的绿色金融客户营销沙盘分析,实现业务报表、财务报表和风险监测报表的提取及监管报表的制作与提取等功能。

第五,绿色金融信息管理功能。建立环境和社会风险信息库,建立信息周报、信息月报、行业分析报告、产品信息、案例汇编、客户营销动态和品牌宣传素材等信息管理平台。

第六,绿色金融综合管理功能。包括总分行绿色金融岗位设置与人员管理,建立绿色金融专项业务资源、财务资源分配管理模块以及绿色金融业务考核评价模块。实现总分行绿色金融业务的业绩认定、分配、计量和考核,通过业绩计量和绩效分配来科学、有效地促进业务发展。

专栏 1-2　兴业银行绿色金融专业支撑系统

将绿色金融与金融科技深度融合,推出业内首个自主研发的绿色金融专业支持系统——"点绿成金",是兴业银行成功的关键之举。

该系统主要包括业务管理、风险管理、运营管理三大功能模块,通过将大数据、人工智能等前沿技术与绿色金融相融合,有效提升银行对绿色项目的识别精准度、增强环境与社会风险防控能力、提高专业决策水平和效率。

该系统还具有环境效益测算功能,可对污水处理、脱硫脱硝、水电、光伏、风电等 13 类典型节能减排项目的环境效益进行测算,系统保存测算依据和痕迹,切实做到绿色项目可测量、可报告、可核查。特别是,赤道原则的项目评审也纳入系统统一管理,对不合规项目执行"一票否决制"。

该系统融合了兴业银行深耕绿色金融十余年来所积累的专业运营体系、风控流程、业务经验与技术标准,通过分级管理、沙盘跟踪、数据分析等提升绿色金融服务水平,而且可复制、可推广,可以帮助其他金融机构建立符合自身特色的绿色金融业务管理模式。

值得一提的是,目前,兴业银行已向城商行、农商行等中小银行探索推出银银平台绿色金融同业合作模式,依托金融科技输出共同推进行业绿色金融发展,不仅成为提升自身"画功"的利器,也成为推动银行业加快绿色金融发展的助推器。

资料来源:中国金融新闻网,李岚,2019-12-03. http://d. drcnet. com. cn/eDRC-Net. Common. Web/DocDetail. aspx? DocID=5686801&leafid=954&chnid=278.

1.3.6 绿色金融风险控制对策

通过全面梳理,绿色金融风险主要来源于以下几个方面:一是凭空捏造绿色项目及相关支撑材料,以从银行骗取信贷资金;二是以小(单个的微绿色项目)博大(整个企业变成绿色企业)或者化整为零(将一个绿色项目分解成若干个小项目),多渠道获取银行信贷与发债资金;三是假绿色之名融资,但实际资金并未投入绿色项目;四是人为制造项目灾害,骗取保险赔偿;五是虚构财务数据获得 IPO 资格,或者隐瞒负面环境新闻与环保处罚信息误导投资者。除了以上行为外,在绿色金融的推进中,不排除可能出现绿色项目杠杆率过高、社会资本中途退出导致项目瘫痪,或资本空转的风险。针对以上问题,可从以下几个方面制定绿色金融风险的控制对策。

1.3.6.1 遵从绿色金融发展规律

首先,绿色金融风险防控必须依托实体经济。

绿水青山的公有属性,决定了绿色金融的发展需要和自然资源有偿使用体系和产权使用体系相吻合,使公有财产属性更加清晰且可明确度量价值,实现转让的目的。理解国家对处理环境问题和支持绿色金融体系发展的指导原则和思路,研究与分析绿色金融项目的现状与发展趋势。绿色金融业务的本质是金融机构开发绿色产品,助力绿色产业发展,这离不开明确的绿色产权体系、合适的绿色价格体系和具有合适流动性的绿色产品体系,防范绿色金融产品所产生的风险。

例如,目前围绕实体产业所创新产生的排污权抵押类绿色信贷产品、资源使用权抵押类绿色信贷产品、能效类绿色信贷产品、循环经济类绿色信贷产品等绿色金融衍生品,都是在尊重市场、遵循国家发展规律的框架下发展而来的。随着《生态文明体制改革总体方案》的实施,国民经济各部门的行为的变化会给绿色金融产品的创新与发展带来新的风险与挑战。所以,依托于实体经济发展起来的绿色金融,必须服务于实体经济的发展,才能应对实体经济的风险冲击,金融机构设计的绿色金融创新产品才更具有生命力和活力。

其次,绿色金融产品的风险防控要着眼于更广的维度。

绿色金融产品的风险不仅是普通金融产品的风险,还包括绿色项目认定不足风险、项目存续期管理风险、人才储备不足风险等。所以,相对于传统的金融产品,必须从更高的视角、更广的维度衡量风险,提高和完善相应的风险管控能力。

绿色项目的认定需要更强的专业性。正如央行副行长陈雨露多次提出,要有效制约污染性投资,严格防范"洗绿"风险。例如,水电能和太阳能站是产生绿色清洁能源的载体,但是如果设计和建设不合理,水电能生产泄露对流域的污染、用于太阳能生产的多晶硅的提炼产生的能耗和污染是不可估计的。再如,废弃物的回收属于绿色环保的范畴,但不合理的回收和处置,都将对土壤、空气、水资源等带来持久的污染。一旦绿色金融产品的认定不合适,将造成更严重的环境风险。

项目存续风险需要持久的关注度。绿色项目的存续期往往较长,存在的操作风险、气候变化风险、技术风险、工程项目风险等引发的风险点是难以预估的,这对绿色项目的风险预判提出了很高的要求。一旦绿色项目的风险点变成事实,将对金融机构的资金回笼、战略计划、声誉等产生一系列冲击。

1.3.6.2　完善绿色金融法律法规体系

一是加强绿色金融立法,健全、完善绿色金融全面法律体系。

绿色金融健康发展离不开相关法律法规的支撑,这是因为完善的法律法规不仅可以规范绿色金融市场参与主体的行为,也有利于提高市场的透明度,进而维护交易市场的公平与公正秩序。从国外发达国家绿色金融发展状况来看,绿色金融不仅涉及企业的社会责任,也需要环保法律法规方面的支持。以美国为例,从

20世纪70年代开始美国在推进环境保护法完善的同时,明确了环境保护利益相关人的法律责任,明确了金融机构在实施环境保护中应承担的责任和义务,进而有利于规范政府与市场的关系。鉴于此,我国可以借鉴美国绿色金融发展的成功经验,加强低碳领域的立法,从国家层面强化低碳经济领域的立法,以提高相应的法律层级,有利于形成低碳经济法律规制,进而提高规范低碳经济的法规层级。同时,我国加强低碳领域国家层面立法不仅有利于完善现有的低碳经济法制,也有利于完善绿色金融体系,这对提高低碳经济领域相关法律法规合法性具有重大意义。在此基础上,我国政府应针对低碳经济下的绿色金融业务制定相关规则,强化金融机构的环境保护意识,进而推进我国绿色金融有序的发展。最后,我国政府应该将环境问题与金融市场相融合并纳入立法的范畴,以引导绿色信贷的发展。

二是对绿色金融风险进行系统化总结及规划。

可以看到,无论是欧盟还是英国均在最近几年发布了一份具有纲领性质的文件,对过去实践经验进行总结,对未来发展路线进行规划。我们的绿色金融也有较长期的实践经验,各部委以及各地方部门也根据自身管理领域出台了各自的发展方案,其中于2016年8月由七部委印发的《指导意见》可以看作是我国绿色金融的纲领性文件,但当前我国还没有中央或国家层面纲领性文件出台。适时发布国家层面的战略规划有助于整合现有资源和经验,协同各部委和地方部门,更加有效地推动我国绿色金融的发展。

1.3.6.3 加快建立统一的绿色金融标准和体系

第一,建立绿色金融统一定义和分类标准。

我国目前对绿色金融有许多行业标准和地方标准,但还缺乏统一的定义和分类标准。例如,对于绿色债券,就有央行和发改委两套标准,并且银监会对于绿色信贷管理中定义的绿色标准又与绿色债券的标准并不完全一致。按逻辑来说,发展绿色金融应该首先明确绿色金融的分类标准,即哪些活动属于绿色领域、哪些金融活动属于绿色金融。

从世界范围绿色金融发展来看,诸多金融机构都有参与国际性绿色标准,包括汇丰银行、荷兰银行、花旗银行等知名金融机构。截至2017年,全球已有1 000多家金融机构参与ISO26000绿色发展标准的签订,美国银行、摩根大通公司、瑞士信贷集团等金融机构也签订了联合国环境署金融倡议。可见,全球范围内的金融机构均积极参与绿色标准的签订,在一定程度上推动了绿色金融的发展。为此,在低碳经济背景下,我国应从强化法律可操作性出发,加快制定绿色金融的标准,有效规范绿色金融的实施。此外,绿色金融标准应该在实施细则上做到可操作与具体化,以利于规范金融业内部的操作流程,进而建立一套适应我国基本国情的绿色金融管理标准,加快推动低碳经济背景下绿色金融的发展。

明确分类标准,从正面说,可以使未来政策及规划制定有明确的范围,使管理有的放矢;可以降低不同标准同时存在造成的管理成本;使得金融机构的业务开展有既定标准,能够更有效地进行绿色金融活动。从反面说,明确标准可以防止部分金融活动钻"绿色"的空子,造成资源的浪费。我们看到,欧盟在发布《行动计划》后首先就出台《分类方案》,这也说明明确标准的重要性。

2017年6月,央行、银监会、国家标准化管理委员会等部门就联合发布了《金融业标准化体系建设发展规划(2016—2020)》,将"绿色金融标准化建设"列入"十三五"时期金融业标准化重点工程中。目前,我国最接近全国性统一标准的是七部委于2019年发布的《绿色产业指导目录(2019年版)》(下称"指导目录")及其解释文件。后续工作应该是确立该指导目录的权威性,一方面对指导目录进行更新及修订,另一方面要着手将各类绿色金融的标准(如绿色信贷、绿色债券等标准,以及地方标准)与指导目录相统一。另外,除了分类标准,包括信息披露标准、信用评级标准等一系列衍生标准也应及时确立,共同成为绿色金融风险防控体系。

第二,建立绿色金融风险评价和控制体制。

我国目前尚未建立起低碳经济下环境风险的管理体系,因此必须要认识到绿色金融风险的存在,主动进行绿色金融风险应对和管控,尽快设立绿色金融风险管理体系,有效地对低碳经济下绿色金融风险进行识别、评估、控制、转移,使其提

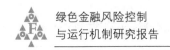
前预见所面临的风险在敞口最小时就得到处理和化解。

此外,我国商业银行在开展绿色信贷时所面临的风险更具有挑战性,迫使其自身不断提升绿色金融风险管控能力,制定包含发现、评价、控制、减缓以及监督各个环节的绿色金融风险管理方案,完善低碳经济下绿色金融风险的管理制度,有效降低绿色金融风险等级,为绿色信贷的成功实施做好铺垫。

1.3.6.4 加强绿色金融国际交流

对于加强同国际间的交流,可以从两点入手:一是加强国际间在绿色领域内的合作,二是与国际通行绿色金融标准体系逐渐接轨。

对于国际间合作,我国此前已经取得许多成果。2016 年,我国借 G20 杭州峰会的机会,与英国成立了中英绿色金融研究小组。2017 年 12 月,央行与监管机构绿色金融合作网络(NGFS)成立,并主持了气候风险监管工作组。最近几年,我国在"一带一路"平台下,同"一带一路"沿线各国进行绿色经验的双向交流。《"一带一路"绿色投资原则》(GIP)于 2018 年 11 月 30 日发布,目前,已有来自 14 个国家和地区的 35 个全球机构签署了该原则。中国生态环境部组织全球数十家机构发起了"一带一路"绿色发展国际联盟。

对于国际标准的接轨,我国目前已在部分领域取得积极进展。2020 年 1 月 14 日,中国金融学会绿色金融专业委员会主任马骏在亚洲金融论坛(AFF)上表示,中欧将启动绿色债券标准一致化的合作。一旦确立共同标准,中资机构可以在欧洲发行绿色债券,欧资机构也可以在中国发行绿色熊猫债。我国与全球主流标准间的主要差异在于化石能源高效清洁利用项目的认定,由于主要发达经济体对气候更加关注,所以考虑到化石能源产生的温室气体,主流标准基本不认为化石能源项目为绿色项目。但由于我国在短期还比较依赖化石能源,对化石能源高效清洁利用较为支持,这种差异或长期存在。对此,双方应采取"求同存异"等更为灵活的应对措施。

1.3.6.5 健全绿色金融发展下的市场主体

从金融体系来看,我国的商业银行、政策性银行、非银行类金融机构在低碳经济下的绿色金融中所承担的职责有所不同。因此,我国从政府层面出台了《关于构建绿色金融体系的指导意见》,将绿色金融体系覆盖范围扩大至证券、保险金融等金融领域,发挥不同类型金融机构的优势,形成互补。

第一,中央银行在促进绿色金融风险防控方面可采取的措施。

中央银行主要有维持物价稳定、维持金融稳定以及支持更广泛的经济三个政策目标。环境风险,尤其是全球变暖会影响经济增长,继而影响中央银行通货膨胀目标的设定和实现。有研究指出,气温持续上升会降低劳动生产率;环境物理风险导致资本积累速度下降,对资本和土地造成损害,这些都可能影响产出缺口和通货膨胀。例如,气候变化和环境受损会影响农作物产出,增大食品价格波动,导致核心通货膨胀率的更大波动。同时,为了减轻气候变化的影响,能源生产模式和能源价格也会受到影响。货币政策必须考虑食品和能源价格变化,虽然中央银行可能无法直接影响食品和能源价格,但导致食品和能源价格变化的因素应该包括在中央银行长期通货膨胀展望分析中。

金融危机后的一个普遍共识是中央银行需要同时盯住价格稳定和金融稳定。有研究指出,环境损害和气候变化对金融稳定会造成风险,虽然目前中央银行和监管者在考虑系统性风险时不会特别关注环境风险,但环境风险越来越有可能成为金融体系的系统性风险来源之一。因此,中央银行有必要开始思考货币政策操作对高碳和低碳投资可能造成的实质性影响,利用其可掌控的政策工具促进经济的可持续发展,避免环境风险或低碳转型对金融稳定带来的负面影响,承担起相应的环境责任。

作为公共部门,支持政府的总体经济政策是许多央行的次级目标。中央银行在影响投资决策、促进绿色投资方面有可供使用的政策工具。一些工具是传统货币政策工具的变形(如差别再贴现率和差别准备金要求),会影响货币乘数,可以用于鼓励绿色贷款;其他工具则归入非传统货币政策工具(如绿色量化宽松政策)。此外,中央银行可利用在金融业的影响力,鼓励金融机构将环境风险纳入其信贷或投资决策中,也可要求金融机构披露环境风险信息。

在传统工具方面,为鼓励商业银行以较低的利率对绿色项目或企业提供信贷,中央银行可以使用差别再贴现率,当商业银行向绿色项目或企业发放贷款后,可以以较低的利率向中央银行再贴现。也就是说,商业银行以补贴利率向绿色项目借款人发放贷款后,当向中央银行再贴现时,可以根据优惠条款获得部分、全部甚至超额补偿。此外,中央银行还可以使用绿色差别准备金工具,如将存款准备金要求和商业银行的资产结构结合起来,或与信贷的地域分布结合起来,对某些绿色资产确定较低的存款准备金要求以此促进绿色投资。2010 年,黎巴嫩中央银行(BDL)就采用了这项措施,对绿色贷款比例高的银行设定较低的存款准备金率,目标是"通过免除银行部分存款准备金要求来促进对特定经济领域的投资"(BDL,2009)。与此同时,黎巴嫩能源保护中心(LCEC,一家附属于黎巴嫩能源与水资源部的机构)执行了一项国家能源效率和可再生能源行动计划,目的是"为那些从事可再生能源生产和建筑节能相关项目的私人部门提供廉价信贷"。如果商业银行的客户能够提供 LCEC 颁发的证书,证明所融资项目具有节能潜力,黎巴嫩中央银行就会降低对商业银行的存款准备金要求。

在非传统货币政策工具方面,部分学者提出了绿色定量宽松政策。危机后,主要国家中央银行都执行了宽松的货币政策,即定量宽松(QE)。我们可以考虑将应对金融危机的定量宽松引导到支持环境可持续经济活动的融资方面。黎巴嫩中央银行通过其 7835 号立法支持对环境可持续项目的融资,包括绿色建筑和可再生能源项目。巴西联邦银行的经济学家鲁本斯(Rubens)认为,中央银行在对环境可持续经济行为进行金融支持时可以采取其他方法,如接受评级为 AAA 的"绿色债券"或资产支持证券作为提供流动性的抵押物。雅尼等(Yannis et al.,2016)认为,决定绿色 QE 计划有效性的关键是意愿绿色投资对绿色债券相对于传统债券收益率差额的敏感度,收益率差额越高,企业绿色投资对货币政策的反应越有效。央行的绿色 QE 计划会提高绿色债券价格,降低其收益率,继而降低企业的融资成本及企业对银行贷款的依赖性,增加企业对绿色技术的投资意愿。然而,仅凭绿色 QE 计划无法根本扭转气候变暖的趋势,许多其他类型的环境政策需要与之配合以控制全球变暖趋势,并阻止因此导致的金融不稳定。

除以上直接操作工具外,中央银行还可以利用其市场影响力、专业知识和研究能力,增强市场主体对环境风险的意识,加强社会大众和投资者教育,并通过国际合作等方式进一步促进绿色金融的发展。

第二,金融监管当局推动绿色金融体系建设可采取的措施。

金融机构做出的贷款决策可能会带来严重的环境负外部性。如果贷款资助的投资造成了大量的温室气体排放或其他类型的环境污染,这种负外部性就尤为明显,有文献认为这种信贷活动可被归入市场失灵,是商业银行追求合法私人利益对社会发展目标的一种偏离。从整个社会角度看,这种信贷配置是次优的。为了纠正这种市场失灵,金融监管当局就可以被授权使用政策工具来减轻市场失灵,绿色金融监管规则就成为一种次优选择。

金融监管当局可以使用的工具包括直接的信贷上限及针对环境风险的宏观审慎工具,如对高碳及相关行业(如交通、电力、采掘和能源等)设定更高的风险权重,或对这些行业中特定的碳密集及关联公司设定更高的风险权重;对碳密集及相关资产风险敞口集中度设定上限及进行气候压力测试等。

在信贷政策工具方面,对碳密集活动及其他环境污染活动设定信贷上限可以在不提高市场利率的情况下限制信贷扩张,促进资金流向绿色经济领域;但作为一种非市场化工具,现在并不流行。监管者可以要求银行等金融机构在做出贷款决策时评估借款人或借款项目对环境可能的影响。因为受市场对其收益预期的影响,金融机构在决策贷款时常常短视,在没有监管约束的情况下,过于注重短期利益,不考虑其行为对长期发展的影响。在这种情况下,鼓励绿色金融的监管政策就能抑制金融机构对"棕色"项目和企业的投融资,提高金融机构对绿色业务的积极性,鼓励新的绿色信贷产品和服务的发展。另一方面,支持绿色金融的监管政策能促进金融体系实现长期稳定发展。例如,银行在信贷筛选中考虑到环境因素,就能够更好的评估生态变化所造成的风险,避免环境风险的长期影响。

在宏观审慎工具方面,针对资本监管是否应考虑环境风险,有研究建议可对特定的碳密集资产赋予较高的风险权重,以反映这些资产未来不断增大的风险,降低金融机构对此类资产的融资意愿;同时对低碳资产给予较低风险权重。操作上,首先针对特定行业,依据其碳浓度确定或高或低的风险权重;未来随着企业层面碳业绩可得数据的增加和企业在减排方面的努力等,在企业层面对风险权重进行细化。但也有研究指出,审慎监管规则在处理气候相关外部性时是相对迟钝的工具。例如,对银行和保险公司的资本要求是为了减少审慎风险,如果用调整资本要求来反映环境外部性可能会削弱这些工具的主要目标,或会造成未预料的影响。另一方面,为了鼓励某些特定类型贷款而放松监管要求,如下调低碳资产风险权重,或会危及金融机构的安全和稳健。例如,专营此类贷款的私人机构由于可以享受较低的风险权重,可能缺乏足够的资本来维持企业的安全和稳健,较为可行的选择是由一个获得政府担保的机构发放此类贷款。此外,若收紧对碳密集企业融资敞口的监管,也可能造成非预期效果。例如,这些企业的融资成本提高,对减排技术投资的能力下降等。因此,有针对性的政策措施比采用审慎监管措施更有可能实现气候目标。

最后,金融监管者还可以通过合作以及制定相关规则,引导银行资金流向绿色领域。建立于 2012 年的可持续性银行网络(SBN),是一个包括银行监管者和银行业协会的知识共享网络,目的是支持金融机构的环境和社会风险管理并促进绿色和包容性贷款。截至 2017 年 1 月,已经有 37 个国家加入 SBN,13 个成员国已经公布绿色金融指引,其他国家也在制定此类指引。各种绿色金融指引并不完全相同,但都包括环境风险评估及促进绿色金融的激励计划。中国银监会于 2014 年引入绿色信贷监测和评估机制以及业绩指标清单来贯彻落实绿色信贷指引。孟加拉国银行于 2011 年颁布"绿色银行政策指引"和"环境风险管理指引",以鼓励银行在信贷评估时进行系统性环境风险分析。孟加拉国银行在发展绿色金融方面还进一步执行绿色再融资计划和强制性信贷配额两项政策。印度尼西亚也已经建立了绿色银行框架路线图,目的是培养环境风险评估的能力以及具有强制性因素的绿色贷款。

总之,面对不断恶化的环境风险,中央银行和金融监管当局有相应的工具帮助政府推动绿色经济转型,这种介入也是解决市场失灵、促进资源有效配置的一种手段。2015—2016 年,世界主要银行向化石燃料项目(主要是石油、煤炭开采和加工、天然气出口)提供了约 1 980 亿美元信贷。碳密集活动使得从事这些经济交易的金融家、生产商和消费者从中受益,但燃烧这些化石燃料的成本却由整个社会承担。由于中央银行和金融监管当局能够影响资金流动和银行信贷,为介入绿色金融提供强有力的依据。当然,我们还必须强调的是,央行或金融监管当局不应该承担起推动低碳经济转型的直接责任(这是各国政府的职责所在),但作为政策制定者和行业监管者,需要了解其他领域的发展变化(包括环境风险)对金融稳定可能产生的影响,并确保金融体系在面对这些风险及经济低碳转型时富有弹性,且能高效地为这种转型提供融资支持。

1.3.6.6　借助金融科技降低风险,推动中国绿色金融发展

金融科技手段在绿色金融中的运用可以为金融机构降低成本、提升效率、保障其安全性和数据真实性,也可以为金融监管在标准推广、统计、审计与反洗绿等方面提供更加精准、高效的服务。利用金融科技的手段,可以有效提高绿色识别的能力,降低绿色认证的成本,降低绿色小微企业和绿色消费的融资成本以及绿色资产的交易成本,因而具有十分广阔的市场前景。对于绿色金融的发展,监管部门和金融机构面临的重要挑战是如何识别和度量与金融相关的环境和气候风险以及绿色转型过程中的投资机遇,如何充分发挥绿色科技再度量和评估环境风险和识别投资机遇中的作用。

但对金融机构来说,将金融科技运用到绿色金融业务发展的过程中仍然面临着绿色标准不统一、小微企业的消费行为缺乏绿色标准、信息不对称、环境数据质量低、金融科技和绿色金融专业能力缺失、缺乏产品和产业聚集效益等情况。

为了支持金融科技在绿色金融可持续发展领域的运营,建议相关监管部门和行业协会提供配套政策和服务于行业的"公共产品":一是建立统一的环境信息共享平台,将散布在各个信息源头的企业环境处罚信息、绿色项目研究报告、企业排

污许可等信息整合在一个数据库中,以供金融机构共享使用,保障信息的对称性;二是参考欧盟的《通用数据保护条例》的相关经验,对公共环境数据和企业环境数据进行分类管理,建立数据授权机制;三是在有条件的绿色金融改革试验区和具有金融科技优势的城市开展绿色金融科技产业发展和服务创新的试点,采取沙盒监督的管理手段,确保绿色金融科技产品和服务的安全性。

专栏 1-3　绿色金融湖州样本:Fintech 如何"贷"动小微企业降本增效

湖州市是中国首批创建绿色金融改革创新试验区的城市之一。《金融科技推动中国绿色金融可持续发展》中称湖州市小微企业数量众多,据不完全统计,湖州市生产制造以及服务等各类小微企业的数量达 4 万～5 万家,企业数量占比 99% 以上。基于当地的资源禀赋和产业特点,扶持小微企业的绿色可持续发展是其绿色金融的重点工作之一。

具体到实施层面,湖州市绿色金融综合服务平台的"绿信通"是企业与项目的绿色评定系统。该系统主要是精准识别融资主体的"绿"与"非绿",将湖州市制定的中国首个地方绿色融资主体认定评价标准以打分卡的形式编入"绿信通",通过接入政务数据平台实现 50% 绿色评价指标数据的自动获得、判断和打分,破解小微企业"绿色识别难"的问题。

在此基础上,地方政府对平台上评价为"深绿、中绿、浅绿"的融资主体分别给予 12%、9%、6% 的绿色贷款贴息补助。

在监管对绿色信贷的考核层面,央行牵头建设的绿色金融信息管理系统率先在湖州市进行试点。该系统集绿色信贷统计分析、绿色信贷流程监管、绿色信贷政策实施效应评估为一体,通过运用大数据、人工智能、云计算等金融科技手段,打造数据可溯源、可比较、可计量的绿色信贷业务的信息管理平台,以期解决目前普遍存在的绿色金融数据报送滞后、信息数据不全面、监管考核难等问题。

截至目前,该系统实现了湖州市辖区内的全部 36 家银行与中国人民银行端(湖州市中心支行)的全量、准实时逐笔数据报送,中国人民银行湖州市中心支行实现了对辖区内所有银行绿色信贷的精准信息统计、全面信息管理和业绩评价。

从银行层面来看,湖州银行于 2019 年 7 月宣布采纳赤道原则,成为国内第三家赤道银行。湖州银行总行绿色金融部副总经理方夏莹介绍称,该行将赤道原则适用流程嵌入了绿色信贷管理系统中,半年以来,通过系统标准化操作,全行所有贷款中,触发赤道项目的条件、开展适用性管理的项目一共是 16 个。

绿色信贷管理系统的绿色信贷识别流程是:先根据国家或地方绿色标准对项目进行智能绿色贴标,再由专职人员对智能绿色贴标结果进行复核,最终做出绿色认定结果。按照金融监管部门的环境效益测算具体要求,建立专业的环境效益测算模型。依据项目环境效益测算公式及参数要求,测算项目环境效益指标,并动态跟踪项目环境效益。

有了上述理念、机制和设施基础,湖州市金融办牵头构建的湖州市绿色金融综合服务平台,将金融机构所需的资料和数据进行梳理整合、清晰归集。目前,已汇集了湖州市辖所有 36 家银行和 300 余款信贷产品,整合了湖州市工商、税务、环境等 31 个主管部门单位的企业信息,实现了跨部门信息共享,提高企业的融资效率。

资料来源:《21 世纪新闻报道》,2020-03-10. https://tech.sina.com.cn/roll/2020-03-10/doc-iimxxstf7911792.shtml.

2 绿色金融绩效评价体系

2.1 主要发达国家开展绿色金融绩效评价的经验借鉴

2.1.1 美国

1. 背景

1955 年纽约花旗银行与纽约第一银行合并,改名为纽约第一花旗银行,1962 年改名为第一花旗银行,1967 年改名为花旗公司,其总部设在纽约。1998 年与旅行者集团合并组建花旗集团,成为世界上最大的金融服务公司。花旗银行作为赤道原则的重要发起人、主要编写者和积极践行者,一直以来始终坚持可持续发展理念,为全球范围内的绿色金融发展做出了不可磨灭的贡献。

花旗银行根据赤道原则,将所涵盖的项目分为 A、B、C 三类。2019 年,花旗银行被赤道原则所涵盖的项目中,没有 A 类项目。

表 2-1　　　　　　　　　　　赤道原则:绿色金融项目分类标准

类　型	分类标准
A 类	项目可能具有对社会或环境潜在重大的不利影响,此影响为不可逆转或空前严重的。
B 类	项目对社会或环境的不利影响十分有限,通常针对特定地点,在很大程度上是可逆的,可以通过相应措施解决。
C 类	项目对社会或环境造成的不利影响很小,或没有不利影响。

2. 加速资产识别用于绿色金融

绿色金融业务的挑战之一是需要金融机构识别项目或公司的资产负债表是否符合绿色金融融资要求。这通常是一个缓慢的人为过程,可能会对金融机构绿色金融业务的快速发展产生障碍。

2019 年,花旗银行 D10X 团队与微软合作开发并试用了一个新平台,该平台使用机器学习自动化扫描被投资公司资产负债表,即快速扫描资产负债表数据,以确定潜在的绿色资产,并建议融资或再融资结构。这项基于云计算的服务,还可以帮助机构投资者和资产管理公司跟踪被投资公司的绿色债券投资,了解他们的投资组合,并提供影响报告。

3. 环境与社会风险管理

环境与社会风险管理(ESRM)主要是花旗银行用来管理与客户交易和其提供的金融产品及服务对环境和社会风险、影响的工具。花旗银行在全球范围内为各种各样的客户和项目融资数十亿美元,其中许多都有潜在的环境和社会影响。ESRM 政策有助于花旗银行把握不断变化的风险格局,以做出负责任的决策,更好地服务于客户的长期利益。ESRM 政策涵盖了广泛的金融产品和客户部门,并为评估客户对空气质量、水质、气候变化、生物多样性、当地社区、劳工和其他环境和社会问题的影响制定了标准。由花旗集团风险管理职能部门的专家组成 ESRM 团队,根据 ESRM 政策评估触发审查的交易。除此之外,花旗银行还为全球范围内的员工提供 ESRM 培训,使他们能够发现潜在的风险。ESRM 团队在每两个月一次的电话会议中进行协作、共享信息,以帮助支持和加强整个网络的建设。

ESRM 团队根据赤道原则对项目的分类标准将审核项目分为 A、B、C 三类,其中 A 类风险最高。对于 B 类项目,花旗银行将会评估客户的环境和社会绩效,及其管理环境和社会问题的承诺与能力。风险较高的项目,其相关交易会得到独立环境和社会顾问的深入审查,如果发现客户的环境和社会计划、政策或实践与国际标准之间存在差距,花旗银行将制定环境和社会行动计划(ESAP)来填补这

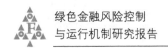

些差距。作为融资条件,花旗银行会提前要求客户承诺实施 ESAP,并随着时间的推移监控进度,将对环境和社会的不利影响降至最小。

花旗银行环境与社会风险管理主要在以下五个方面反映:

一是 ESRM 政策持续改进。例如,实施全球燃煤发电行业标准,拒绝为新增煤炭产能提供项目相关融资;根据煤矿行业标准更新和扩展 ESRM 尽职调查。

二是内部培训。通过课堂和虚拟培训相结合的方式,对 600 多名员工进行了 ESRM 政策和程序方面的培训,同时将气候风险信息纳入 ESRM 政策培训内容。

三是对高风险行业在投资组合层面进行分析。例如,对电力客户的温室气体报告、减排目标和低碳转型计划进行组合审查;要求碳密集型部门填写气候相关风险问卷;对农林综合企业进行投资组合审查并了解预防毁林情况发生的相关做法。

四是监测新出现的风险和趋势。通过与监管机构、客户和其他利益相关者的接触,跟踪气候风险发展趋势;就新兴的可持续金融产品,如绿色债券与可持续性挂钩的贷款,以及有关这些产品结构不断变化的市场标准和预期,向其他银行机构和客户提供咨询服务。

五是全球能力建设。在联合国环境规划署 FI-TCFD 试点项目第二阶段,与约 40 家银行合作,提出改进评估自然气候风险对银行贷款组合的潜在财务影响的方法、工具和设想;参与赤道原则(EP)协会生物多样性工作组的联合领导,提出了新的 EP 要求,以促进作为项目环境评估一部分的生物多样性数据共享。

4.1 000 亿美元的环境融资情况

2014—2019 年,花旗集团设立了 1 000 亿美元的环境融资目标。从表 2-2 可以看出,花旗集团主要投资于可再生能源与水质和保护领域,在可再生能源领域对混合可再生能源与风能融资占比达到 68%。

表 2-2 　　　　　　2014—2019 年花旗集团 1 000 亿美元融资领域 　　　单位:10 亿美元

环境标准	2014 年	2015 年	2016 年	2017 年	2018 年	2019 年	总额	占比(%)
可再生能源	4.9	11.6	9.6	10.9	24.3	60.8	122.1	74
太阳能	0.8	2.1	0.6	4.9	1.6	1.5	11.5	7
风能	3.0	7.9	8.6	4.4	7.4	1.1	32.5	20
混合可再生能源	1.1	1.6	0.4	1.6	15.3	58.1	78.1	48
能源效率	0.1	0.3	0.3	0.1	0.0	0.4	1.3	1
绿色建筑	0.4	0.6	0.7	0.3	2.2	0.4	4.6	3
可持续交通	0.5	1.8	1.6	1.2	1.6	1.7	8.4	5
水质和保护	0.4	1.2	2.8	1.4	5.3	2.0	13.1	8
清洁技术	0.1	0.1	0.1	0.0	0.0	0.0	0.4	0
多重标准	1.1	1.4	0.5	2.9	5.1	3.2	14.2	9
总　　额	7.5	16.9	15.6	16.9	38.6	68.6	164.0	100

资料来源:2019 年花旗集团 ESG 报告。

在表 2-3 的具体业务中,花旗银行投入可再生能源融资业务占比达 70%,其后依次为绿色债券、公共财政、大宗商品、消费者融资和商业融资业务。

表 2-3 　　　　　2014—2019 年花旗集团 1 000 亿美元的环境融资业务 　　　单位:10 亿美元

业　务	2014 年	2015 年	2016 年	2017 年	2018 年	2019 年	总额	占比(%)
可再生能源融资	4.2	11.0	9.0	9.2	24.1	56.7	114.3	70
绿色债券	1.8	1.8	1.4	4.4	7.0	7.9	24.3	15
公共财政	0.7	3.2	4.3	2.9	7.3	3.6	22.1	13
大宗商品	0.2	0.5	0.5	0.2	0.0	0.2	1.6	1
消费者融资和商业融资	0.6	0.5	0.4	0.2	0.1	0.1	1.8	1
总　　额	7.5	16.9	15.6	16.9	38.6	68.6	164.0	100

资料来源:2019 年花旗集团 ESG 报告。

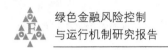

5. 环境影响绩效评价

为了计算环境影响,花旗银行运用数学模型方法计算其1 000亿美元的环境融资业务产生的环境影响,特别是可再生能源项目融资业务、能效融资业务对环境可持续发展所做出的贡献。六年间,花旗银行的绿色金融活动预计减少温室气体排放量为1 180万吨,相当于将超过250万辆汽车从道路上移除一年;此外,1 000亿美元的环境融资业务新增可再生能源6 869兆瓦。

表2-4 环境影响绩效评价表 单位:美元

环境影响	2014年	2015年	2016年	2017年	2018年	2019年	总量
减少GHG排放量(吨)	1 360 092	1 740 659	325 676	1 058 809	4 410 701	2 900 418	11 796 355
可再生能源项目融资	1 294 788	1 590 612	180 739	1 057 022	4 317 287	2 846 359	11 286 807
能效融资	60 061	145 524	140 149	—	91 199	51 735	488 667
公共财政	2 224	1 672	1 453	1 246	2 215	2 324	11 134
消费者融资和商业融资	3 019	2 851	3 335	541	—	—	9 746
新增可再生能源容量(兆瓦)	563	869	278	619	3 154	1 386	6 869

注:GHG(Greenhouse Gas),温室效应气体。

资料来源:2019年花旗集团ESG报告。

6. 社会影响绩效评价

就社会影响而言,花旗银行的主要衡量指标是由于其1 000亿美元的环境融资业务所创造的就业岗位数量。根据经济学家和公共政策专家使用的方法,花旗银行运用数学模型基于具体的投资和支出概况,计算了其对提升美国就业率的贡献。2014—2019年,花旗银行因向客户提供融资业务创造了约20万个直接、间接和诱导就业岗位,其中可再生能源项目融资业务创造就业岗位约4万个,公共财政融资业务创造就业岗位约17万个。2014—2019年,通过对水质和保护工程项目融资所服务的人群约1亿人,经济适用住房服务家庭达到6 792户,对公共交通系统项目融资促使其出行额达到182亿美元,见表2-5。

表 2-5   社会影响绩效评价表

社会影响	2014 年	2015 年	2016 年	2017 年	2018 年	2019 年	总数
创造就业岗位(个)	11 574	29 494	30 140	22 995	63 932	39 965	198 100
可再生能源项目融资(个)	4 870	8 069	4 378	4 357	9 603	5 528	36 805
公共财政(个)	6 704	21 425	25 762	18 638	54 330	34 437	161 296
水质和保护工程所服务的人(人)	211 346	6 916 113	28 831 321	7 617 037	12 363 540	39 476 656	95 416 013
经济适用住房服务家庭(户)	1 237	1 004	1 166	1 340	956	1 089	6 792
公共交通系统项目出行额(十亿美元)	—	3.5	3.1	4.2	3.2	4.2	18.2

资料来源:2019 年花旗集团 ESG 报告。

此外,花旗银行还计算了其直接、间接对美国国内生产总值(GDP)产生的影响,估计由于花旗银行 2018 年和 2019 年绿色融资活动对美国 GDP 总和贡献了约 157 亿美元。

2.1.2 英国

2.1.2.1 绿色投资集团

1. 背景

英国绿色投资银行(GIB)是世界上第一家绿色投资银行。该行在成立时就确立了私有化的目标,2017 年 8 月英国政府宣布,将该行出售给私人投资机构麦格理集团(Macquarie Group)。现为麦格理集团有限公司拥有的独立组织,即绿色投资集团(GIG)。绿色投资集团在成立时就向市场传递出要做绿色投资领域领导者的信号。在近几年的发展中,其投资理念和方式颇具特色,在拉动私人投资方面取得了显著的成就。在发展绿色金融业务方面,GIG 设立了"绿色效应"和"投资回报"双重底线标准。在投资方式上,有股权投资、商业贷款和为绿色项目提供担保等。

2. 方法

GIG 经过不断的实践制定出一套缜密的方法,用于对不同地理区域、不同投资对象进行评估,这就是《绿色投资手册》。GIG 认为绿色投资的五个宗旨分别是减少温室气体排放、提高利用自然资源效果、保护自然环境、保护生物多样性、促进环境可持续发展。GIG 的每项投资都会满足至少一项宗旨,并设置了绿色投资的七个原则,见表 2-6。

表 2-6   GIG 绿色投资的七个原则

	评估[①]	监测[②]	报告[③]
对绿色目标的贡献	√	√	
减少全球温室气体排放	√	√	
持久的绿色影响	√	√	
明确而严格的投资标准	√		
缜密的绿色影响评估	√		
行之有效的协议、监测和参与		√	√
透明的报告			√

注:①作为投资决策的一部分,开展项目绿色绩效与风险的评估和预测。

②财务交割后,根据预测结果进行过程监测。

③披露和报告项目绿色绩效数据。

资料来源:绿色投资集团《绿色投资手册》。

在评估时,投资对象与投资机构制定的投资政策、低碳标准对标,投资对象的管理团队要做出承诺,有实力应对在运营过程中发生的任何问题,能够提供绩效评估所要求的各项数据(如预计可再生能源的产热量、项目预计减少的能源需求量以及项目的生命周期)。投资机构在评估绿色影响时,可聘任外部绿色投资专家对项目进行评估,在评估时应考虑绿色风险,要有一份完整的关于投资对象绿色风险的框架协议,包括在无法达到预期绿色绩效内容时投资机构与投资对象管理层要做出改善的内容以及为改善需要花费的成本及预算,协议内容应该遵循SMART 原则,在满足评估的各项标准之后投资对象就进入监测环节。

在监测时,应评估投资对象预期绩效与实际绩效的情况,根据不同投资对象的行业、地区、规模,定期更新和出具环境和社会效益报告,在发生重大环境或社会事故时,应与投资机构商讨并给出缓解方案,投资机构组织环境和社会专家对投资对象的绿色风险、绿色绩效等进行监测,在年度终了时,将相关内容汇总,经独立咨询顾问核查之后,披露在利益相关者的外部报告中。

定期向利益相关者报告投资对象的绿色绩效十分关键,GIG 对绿色影响报告做出的承诺为卓越的透明度,报告密而不疏、始终如一、全球可比,以及对全球低碳经济转型的贡献。报告采用"反事实假设",即不实施该项目的结果和实施该项目的绿色影响的差额即为投资对象的净绿色绩效,相关数据从 GIG 专有参考资源、相关第三方提供的信息或者公开渠道获得,针对不同行业的绩效报告标准在机构层面向利益相关者公布,报告中所披露的绿色影响为该项目产生的 100% 的绿色影响而不是按比例归属于特定投资者的绿色影响。GIG 所采用的参考指南为国际组织规定的核算方法,例如对于能效投资,GIG 参考国际节能效果测量和认证规程(IPMVP)和国际金融机构能效项目温室气体核算方法。

GIG 绿色投资评级团队(Green Investment Ratings team,GIR)运用"反事实假设"创新发明了 GIG 碳得分,用于表示绿色信贷的净绿色绩效得分。与其他评估方法相比,这种方法考虑了项目整个生命周期的碳排放量而不仅仅是项目运营阶段的碳排放量,其将碳排放量分为七个等级,从低到高依次为 E、D、C、B、A、AA、AAA。在计算净绿色绩效得分时主要采用 Ecoinvent[①] 生态周期清单数据和国际能源署(IEA)2015 年版的世界能源统计与平衡数据集和二氧化碳排放燃烧数据集。在 2019 年绿色影响报告准则中,GIG 对 2018 年 7 月至 2019 年 3 月 5 亿英镑的绿色信贷进行影响评估,GIR 评估的碳排放量为 3 520AA,即绿色信贷年

---

① Ecoinvent 是世界领先的生命周期指数(LCI)数据库。

减少 GHG 排放量为 3 520ktCO$_2$e[①];其他空气排放物包括氮氧化物年减少 4 706 吨,硫氧化物年减少 10 880 吨,化石燃料消耗量年减少 1 328 kt oe[②]。除此之外,GIG 还对预测评估结果的准确性排序,称为绿色影响预测准确性(Green Impact Forecast Accuracy),用于表示对预测结果水平的信心,由 GIG 根据内部经验对数据质量、技术成熟度和开发阶段、本地治理三个维度分别进行加权计算得出,分为五级,依次为 1 级(低)、2 级(中度)、3 级(好)、4 级(高)、5 级(很高),2019 年的预测准确性为 3 级。

联合国可持续发展目标旨在指导全球 2015—2030 年的发展工作,由 17 个可持续发展目标组成,旨在彻底解决社会、经济和环境三个方面的发展问题。GIG 考虑了 5 亿英镑的绿色信贷直接和间接对联合国可持续发展目标的影响,在 2019 年绿色影响报告中,GIG 通过投资可再生能源和清洁能源,减少温室气体等的排放,对五项目标做出了贡献,分别是良好健康与福祉,廉价和清洁能源,工业、创新和基础设施,负责任的消费和生产,气候行动。

2.1.2.2 汇丰集团

1. 背景

汇丰集团(HSBC)是全球规模最大的银行及金融机构之一,总部设于伦敦,在欧洲、亚太地区、美洲、中东及非洲 76 个国家和地区拥有约 9 500 家附属机构,是 2018 年全球最大的可持续发展债券发行人和第二大绿色、社会及可持续发展债券发行人。

2. 绿色金融情况

汇丰集团致力于将时间、人力及资金资源集中用于协助全球向低碳经济转型,并承诺在 2025 年底前提供或促成 1 000 亿美元可持续发展融资及投资资金,其 2017—2019 年累计已完成 285 亿美元融资,见表 2-7。

---

① kt 为千吨,即 1 000 公斤。CO$_2$e 为二氧化碳当量,是比较不同温室气体排放的量度单位。
② oe 为油当量(oil equivalent),是按标准油的热值计算各种能源量的换算指标,又称标准油。

表 2-7 汇丰集团绿色金融实施情况

融　通	融　资	投　资
通过提供顾问服务促进资金流动及协助客户进入资本市场,服务范围包括可持续发展债券、债务资本市场及股票资本市场。	提供指定用途的贷款安排,产品包括项目融资(如可再生基建项目融资)及绿色贷款(如合格绿色产品融资)。	投资于对社会负责任及低碳发展的领域。
累计进展	累计进展	累计进展
214 亿美元	58 亿美元	13 亿美元
其中:	其中:	其中:
2018 年为 111 亿美元	2018 年为 53 亿美元	2018 年为 11 亿美元
2017 年为 103 亿美元	2017 年为 5 亿美元	2017 年为 2 亿美元

资料来源:汇丰集团 2019 年 ESG 报告。

　　以汇丰集团对英国商业建筑的第一笔绿色贷款为例,介绍汇丰集团的绿色贷款情况。英国建筑物直接排放的温室气体占全国排放总量的 19%,提高该领域的能源效率将是英国履行《巴黎协定》责任的关键。因此,绿色和翻新建筑对减少英国温室气体排放至关重要。对此问题,汇丰集团与英国物业开发商 Argent 合作。2018 年,英国汇丰银行为英国商业建筑的第一笔绿色贷款担任绿色协调行、授权牵头安排行以及对冲交易对手。这项价值 4 亿英镑的绿色贷款符合贷款市场协会以及亚太贷款市场协会的绿色贷款原则,并正协助 Argent 为两座办公室大楼的发展提供资金。这些办公室的设计具有可持续发展的特征,将碳排放量降低到英国同类写字楼的 50% 左右,可达到全球绿色建筑最高认证水平之一的 BREE-AM 所设定的目标。

　　表 2-8 为汇丰集团对非绿色行业贷款情况,从中可以看出,汇丰集团对非绿色行业贷款占比较低,总计约为 20%,其中对金属和采矿行业的贷款只有 2.8%。汇丰集团坚定践行可持续发展理念。

表 2-8   汇丰集团对非绿色行业贷款情况

行　业	2018 年占贷款总额
石油及天然气	≤3.9%
建造及建筑	≤3.8%
化工	≤3.9%
汽车	≤3.4%
电力及公共事业	≤3.0%
金属及采矿	≤2.8%
总计	≤20.8%

3. 绿色债券框架

作为全球第二大绿色债券发行人,汇丰集团制定了完整的绿色债券框架,具体包括四个方面的内容:一是债券发行范围。具体包括可再生能源、能源效率、可持续废弃物管理、土地可持续利用、绿色建筑、清洁运输、可持续水管理、气候变化。二是评估。评估债券发行方的资产是否符合可持续发展要求,发行方 ESG 因素的可持续性审查和绿色债券框架的合规性,绿色债券委员会确认资格。三是资金追踪。通过内部贷款管理系统进行追踪。四是报告。发行方每年提供一份绿色进度报告,此后,如果项目分配有重大更新,发行方也必须提供绿色进度报告。绿色债券委员会审查和批准每份绿色进度报告,包括对所资助的业务和项目的类型进行详细的说明,报告期末未分配绿色债券收益余额,确认发行的绿色债券收益的使用符合汇丰银行绿色债券框架。

2.1.3　日本

1. 背景

三菱东京 UFJ 银行(MUFG)是日本最大的商业银行。1995 年 4 月由日本外汇专业银行东京银行和日本大型都市银行之一的三菱银行合并而成,1996 年 4 月

1日开始运作,1997年资产总额为世界各大银行之首,总行在东京。作为金融机构,MUFG的使命是从长期角度与客户和社会建立合作关系,并在长期合作中共同实现可持续增长。2018年,MUFG制定了"MUFG环境政策"作为解决环境问题的基本政策,通过业务活动致力于积极解决全球环境问题。

截至2020年6月,MUFG已发行7只绿色债券、1只社会债券和1只可持续发展债券,总发行额为32亿美元。绿色、社会和可持续发展债券的发行是MUFG致力于通过资本市场为实现社会可持续发展目标做出努力的一部分。绿色、社会、可持续发展债券是根据MUFG建立的"绿色、社会、可持续发展债券框架"发行的,该框架已获得第三方评估机构的认证,并被认为符合国际资本市场协会发布的《绿色债券原则》《社会债券原则》和《可持续发展债券指南》的标准。

2. 环境绩效评价

MUFG承诺2019—2030年实现20万亿日元的可持续融资目标,其中包括在环境领域8万亿日元的融资目标,见表2-9。

表2-9 MUFG 2019—2030年可持续融资目标 单位:万亿日元

分 类		2019年情况	2030年目标
环境	建设可再生能源项目的融资	0.9	8.0
	承销绿色债券	0.5	
	其他	0.8	
社会	有助于公共基础设施设备、区域发展等的融资	0.9	12.0
其他	不包含环境和社会的其他领域融资	0.6	
总 额		3.7	20.0

资料来源:三菱东京UFJ银行官网。

2014年MUFG因对可再生能源领域贷款同比增加21.2%,导致当年经济效益同比增加40.1%;而同期对大型机械设备领域贷款同比增加52.1%,导致当年经济效益同比增加56.7%,对大型购物广场建设企业贷款同比增加26.7%,导致

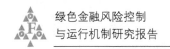

当年经济效益同比增加 3.3%。通过对比可知,MUFG 对可再生能源领域的贷款为其带来了近 2 倍的经济效益。

MUFG 以化石燃料(煤、石油、气)、火力发电及可再生能源发电项目为对象,计算在发电项目融资中每毫瓦时 CO_2 排放量。2018 年,发电项目融资中每毫瓦时 CO_2 排放量为 0.368 吨,融资效果较明显,单位 CO_2 排放量逐渐降低,见表 2-10。

表 2-10 发电项目融资中单位 CO_2 排放量 单位:$t\text{-}CO_2/MWh$

2017 年	2018 年	2019 年
0.410	0.368	0.394

资料来源:三菱东京 UFJ 银行官网。

此外,MUFG 还通过融资手段引进可再生能源发电设备,如太阳能和风能;引进节能设备,如工厂和办公楼的空调和照明设备;引进节能建筑及设施,如废物回收设施、废物处理设施、废物最终处置场等。图 2-1 为 2013—2018 年 MUFG 通过融资累计减少 CO_2 排放量以及相应带来的经济效益。从图中可以看出,MUFG 始终为客户的环保业务提供支持,并间接减轻了环境负担,2018 年对绿色项目共贷款 23 项,实现年减少 CO_2 排放量约 13 吨,相应带来的经济效果累计约 57 亿日元。

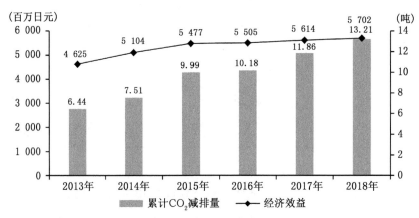

图 2-1 通过融资减少 CO_2 排放量和带来的经济效益

3. 评级方法

日本信用评级机构有限公司(JCR)是日本领先的评级公司,并且是信用风险分析方面的专家。MUFG 与 JCR 达成合作关系,在 JCR 专业能力支持下对投资对象进行评分,使得 ESG 问题反映在自身决策过程中。JCR 将投资对象的环境、社会表现由高至低分为 S、A、B＋、B－、C 五种等级。在这套评分体系中,主要考虑投资对象四个方面的内容:ESG(ESG 整体管理,ESG 愿景和政策,ESG 相关风险和机遇的管理,ESG 信息的披露);环境(环境愿景、环境活动的政策,目标和计划的规划和管理,对利益相关者在环境方面的影响以及为改善做出的努力,资产的环境绩效);社会(与当地社区建立关系,投资公司和资产管理公司为员工所做的努力,人权方面的考虑);治理(投资公司和资产管理公司的治理,结构的有效性,防腐败措施,薪酬制度和激励措施等)。JCR 不仅考虑投资对象的初始得分,还会反馈在融资过程中投资对象对环境和社会所做贡献的得分,评估结果的有效期为 3 年。

2.2 我国目前绿色金融绩效评价现状

2.2.1 我国概况

2.2.1.1 发展现状

近年来,我国绿色金融市场规模不断扩大,产品服务创新不断涌现。2018 年,我国共发行绿色债券超过 2 800 亿元,绿色债券存量规模接近 6 000 亿元,位居全球前列。据中国人民银行统计,截至 2018 年末,全国银行业金融机构绿色信贷余额为 8.23 万亿元,同比增长 16%;全年新增 1.13 万亿元,占同期企业和其他单位贷款增量的 14.2%。2018 年绿色企业上市融资和再融资合计 224.2 亿元,其中商业银行在绿色金融领域的发展突飞猛进。据统计,2019 年六大国有银行共投放绿色贷款突破 5 万亿元,共计 5.03 万亿元,同比增长 13.31%。从投放数量来看,工商银行绿色贷款投放最多,高达 1.35 万亿元,规模大于中国银行、交通银行和邮储银行投放总和;农业银行、建设银行分别位列第二位、第三位。除银行业金融机构外,证券公司、保险公司等非银行金融机构也积极涉足绿色金融业务,不断创新绿色金融产品和服务。随着绿色金融市场参与主体的不断扩大和多元化,绿色信贷、绿色债券、绿色基金、绿色保险、碳金融等绿色金融产品种类逐渐丰富,我国绿色金融的发展呈现参与主体多元化和业务产品多样化等特征。

在绿色信贷方面,通过多年的发展,政策指引和评价体系均已趋于成熟,我国已经成为全球仅有的通过正式绿色信贷统计的三个国家之一。近几年,国内六大行及全国性股份制商业银行的绿色信贷余额约占各项贷款的8%。根据中国人民银行发布的《中国绿色金融发展报告(2018)》数据显示,2018 年,绿色信贷投向公共交通运输项目以及可再生能源项目的贷款余额同比增长 18.1%和 12.7%,合计占绿色信贷总额的 71.6%,绿色信贷规模稳步增长。

在绿色债券方面,从 2015 年底中国人民银行发布公告启动中国绿色债券市场,到 2016 年初我国境内首批绿色债券成功发行,绿色债券市场短时间内实现了从制度框架到产品发行的实质性突破。2016 年以来,我国绿色债券市场势如破竹、发展迅猛,根据 2015 年《绿色债券支持目录》,发行绿色债券的项目涵盖节能、污染防治、清洁能源、清洁交通、资源节约与循环利用、生态环保和适应气候变化共计六大类 30 多个小类,发行量呈爆发式增长,约占全球总发行量的一半,这也使我国跃升成为世界上最大的绿色债券市场。2020 年 5 月 29 日,中国人民银行、国家发展和改革委员会以及中国证券监督管理委员会发布《关于印发〈绿色债券支持项目(2020 年版)〉的通知(征求意见稿)》,旨在对 2015 年《绿色债券支持目录》包含的六类项目进行完善与改进,进一步规范我国绿色债券市场的运行机制,统一绿色债券的支持项目与领域,为金融机构、公司企业等发行主体发行绿色债券营造良好的制度环境。

与此同时,绿色基金、绿色保险、绿色股票、碳金融等业务近年来迅速崛起,成为绿色金融领域的新生力量。

2.2.1.2　银行业存款类金融机构绿色信贷业绩评价情况

绿色信贷实施情况关键评价指标分为定性评价指标和定量评价指标两个部分。定性评价指标包括组织管理、政策制度及能力建设、流程管理、内控管理与信息披露、监督检查五个方面,定量评价指标包括支持及限制类贷款情况、机构的环境和社会表现、绿色信贷培育教育情况、与利益相关方的互动情况四个方面,见表2-11。

表 2-11　　　　　　　　　　　　绿色信贷实施情况关键评价指标

分类	一级指标	二级指标
定性评价指标	组织管理	董事会职责
		高级管理层职责
		归口管理
	政策制度及能力建设	制定政策
		分类管理
		绿色创新
		自身表现
		能力建设
	流程管理	尽职调查
		合规审查
		授信审批
		合同管理
		资金拨付管理
		贷后管理
		境外项目管理
	内控管理与信息披露	内控检查
		考核评价
		信息披露
	监督检查	自我评估
定量评价指标	支持及限制类贷款情况	
	机构的环境和社会表现	
	绿色信贷培训教育情况	
	与利益相关方的互动情况	

2.2.2 金融机构绩效评价现状

2.2.2.1 兴业银行

1. 背景

兴业银行股份有限公司成立于 1988 年 8 月,是经中华人民共和国国务院、中国人民银行联合批准成立的大陆首批股份制商业银行之一,2007 年 2 月 5 日在上海证券交易所成功挂牌上市(股票代码 601166)。2008 年 10 月,公开承诺采纳赤道原则,成为国内首家赤道银行。

兴业银行在可持续发展方面的优秀表现获得了市场的认可。2018 年,包括兴业银行在内的 234 只中国 A 股股票被正式纳入全球最大指数公司明晟(MSCI)新兴市场指数和全球基准指数。在 2019 年度 MCSI 的环境、社会及公司治理(ESG)评级中,兴业银行凭借在可持续金融实践、公司治理、信息披露等方面的优异表现由 2018 年的 BBB 级晋升为 A 级。MSCI-ESG 评估结果显示,兴业银行在绿色金融、利益相关方沟通、普惠金融以及公司治理等方面表现突出,处于行业领先水平。在绿色金融方面,MSCI 认为兴业银行不遗余力地发挥了绿色金融行业"领头羊"优势,特别强调了兴业银行作为国内为数不多的赤道银行代表,在信贷业务上开展了卓有成效的 ESG 尽职调查,形成了系统化、全流程的环境与社会风险管理体系。

2. 绿色金融

自成立以来,兴业银行始终积极保持与外部监管机构、股东、客户、员工、社区居民、合作伙伴等利益相关方的畅达沟通与交流,回应相关需求。将有关绿色金融业务的关键议题对照联合国可持续发展目标(SDGs),制定并采取相应的措施应对,同时通过多渠道进行主动披露,提升信息的透明度,见表 2-12 和表 2-13。

在环境与社会风险管理体系方面,作为顶层设计,兴业银行董事会提出了"寓义于利"的社会责任实践观,确立了可持续发展的公司治理理念,将审批兴业银行与可持续发展相关的社会责任战略、绿色信贷以及环境与社会政策等事项纳入董事会战略委员会职责,并成立赤道原则工作领导小组和集团绿色金融专项推动小组,在政策资源配套和体制机制上予以一系列支持,促进从开发单一绿色金融产品到建成集团化绿色金融产品体系,从绿色银行成长为综合化绿色金融集团的蜕变。

表 2-12 　　　　　　　　　　　　兴业银行与绿色金融有关的议题

利益相关方	关键议题	对应联合国可持续发展目标
兴业银行股东	将可持续发展作为银行的战略目标并加以实施	13 气候行动
兴业银行客户	银行发展绿色金融方面的创新产品和管理举措	11 可持续城市和社区 13 气候行动
政府或银行业监管机构工作人员、兴业银行客户、合作伙伴（金融同业、供应商、NGO等）	银行加强环境与社会风险管理方面的举措	6 清洁饮水和卫生设施 7 经济适用的清洁能源 12 负责任的消费和生产 13 气候行动

资料来源：2019 年兴业银行可持续发展报告。

表 2-13 　　　　　　　　　　　2019 年兴业银行绿色金融绩效概况

ESG 指标	环境和社会影响的识别和管理 环境风险政策与管理措施 温室气体排放 能源消耗及使用 管理供应链的环境及社会风险政策
SDGs 目标	3 良好健康与福祉 6 清洁饮水和卫生设施 7 经济适用的清洁能源 8 体面工作和经济增长 10 减少不平等 11 可持续城市和社区 12 负责任的消费和生产 13 气候行动 17 促进目标实现的伙伴关系
具体数据	2019 年
发布环境风险预警信息	36 026 条
"两高一剩"行业贷款余额占对公贷款比重	2019 年降低 1.17%
绿色金融累计投放金额	22 232 亿元
绿色金融累计客户数	19 454 家
绿色金融所支持项目的环境绩效	年节约标准煤 3 004 万吨，年减排二氧化碳 8 439 万吨，年节水量 41 006 万吨
"绿色按揭贷"贷款余额	220.07 亿元
低碳信用卡累计发卡量	73.35 万张，累计购买碳减排量 379 867 吨
总部办公场所碳排放量	39 853.60 吨
发布绿色供应链金融业务指引	国内第 1 份

兴业银行对与绿色金融有关的业务管理流程分为四步：第一步为环境与社会风险识别与分类，主要评估投资对象的资产业务是否符合可持续发展要求；第二步为评估与核实，即开展尽职调查，兴业银行部门或外部专业评级机构对投资对象进行合规性审查；第三步为控制与监测，在绿色金融融资期间始终对投资对象进行追踪，监测其开展业务是否符合初始目标；第四步为信息披露与绩效评价，每年对投资对象绿色金融业务产生的经济效益、环境效益、社会效益进行公开信息披露与评价。

在强化对"两高一剩"行业管理方面，2019 年，兴业银行积极拓展水、土、气等生态环境治理产业和节能服务产业，加大力度扶持运行模式成熟可靠的供水、供电、固废、污水、燃气、供热、通信网络等城市公用事业。例如，城市燃气行业优先支持京津冀鲁、长江经济带、粤港澳大湾区（珠三角）等重点区域；水资源行业优先支持"5＋1"区域，即京津冀鲁、长江经济带、粤港澳大湾区、成渝、福建和黄河流域等重点区域。对国家明令禁止、不符合环境保护规定的项目和企业，不得发放贷款，并收回已发放的贷款。

2019 年，兴业银行在产能过剩领域继续采取"控制增量、优化存量、调整结构"原则。对于钢铁、煤炭、有色金属等严重产能过剩行业，供给侧结构性改革以来产能快速出清，行业步入相对平稳的发展阶段，兴业银行将继续加强结构调整，区别对待，有保有压，并重点关注行业中的企业分化，通过提高业务准入、行业限额管理、名单制管理等措施，助力国家供给侧改革。对于气候、环境风险敏感的行业，兴业银行严格执行国家产业政策，并借鉴赤道原则理念和工具对产能严重过剩行业主动开展环境与社会风险评审工作，并严格控制钢铁、煤炭、有色金属冶炼等过剩行业授信。同时，针对环境风险较高的部分行业，兴业银行主动进行包括环境压力测试在内的风险量化体系、模型和方法的研究，并注重与国内行业发展特征和政策环境的结合。表 2-14 为兴业银行"两高一剩"行业业务数据。

表 2-14　　　　　　　　　　　兴业银行"两高一剩"行业业务数据

"两高一剩"行业	2017 年		2018 年		2019 年	
	余额(亿元)	占对公贷款比重(%)	余额(亿元)	占对公贷款比重(%)	余额(亿元)	占对公贷款比重(%)
纺织业、皮革加工、造纸业	24.21	0.17	26.61	0.16	19.10	0.11
化学原料及化学制品制造业	143.65	0.99	228.87	1.37	203.34	1.17
橡胶与塑料制品	15.46	0.11	12.06	0.07	8.72	0.05
炼焦	15.44	0.11	25.37	0.15	12.55	0.07
钢铁	152.39	1.05	158.48	0.95	77.14	0.44
水泥	60.78	0.42	68.59	0.41	35.96	0.21
平板玻璃	6.00	0.04	5.00	0.03	0.70	0.004
多晶硅	9.74	0.07	11.32	0.07	8.24	0.05
电解铝	58.63	0.40	114.59	0.68	108.72	0.62
船舶制造	2.22	0.02	1.93	0.01	1.00	0.01
小计	503.99	3.47	652.82	3.90	475.47	2.73

资料来源:2019 年兴业银行可持续发展报告。

在绿色金融业务成效方面,兴业银行从 2006 年率先开创绿色金融业务,到 2008 年自愿采纳赤道原则成为国内首家赤道银行,再到目前形成涵盖绿色融资、绿色租赁、绿色信托、绿色基金、绿色理财、绿色消费等多个业务种类的集团化绿色金融产品与服务体系,成为全球绿色金融债发行余额最大的商业金融机构,兴业银行始终践行绿色发展理念。

截至 2019 年末,兴业银行绿色金融融资余额达 10 109 亿元,绿色金融客户 14 764 家,累计为 19 454 家企业提供绿色融资 22 232 亿元,所支持的绿色项目可实现在我国境内每年节约标准煤 3 004 万吨,年减排二氧化碳 8 439 万吨,年节水量 41 006 万吨。表 2-15 为 2017—2019 年兴业银行绿色金融融资额。

表 2-15   2017—2019 年兴业银行绿色金融融资额

	2017 年	2018 年	2019 年
绿色金融融资余额(亿元)	6 806	8 449	10 109
绿色金融累计服务企业数(家)	14 395	16 862	19 454
绿色金融融资总额(亿元)	14 562	17 624	22 232

资料来源:2019 年兴业银行可持续发展报告。

截至 2019 年末,"绿色按揭贷"贷款余额 220.07 亿元,金融市场条线实现绿色金融融资余额 796.62 亿元,兴业金融租赁公司实现绿色租赁融资余额 380.59 亿元,兴业国际信托实现绿色金融融资余额 50.89 亿元,兴业基金实现绿色金融领域业务余额 112.90 亿元,低碳主题信用卡累计发卡量 73.35 万张,累计购买碳减排量 379 867 吨,相当于中和 273 万人乘坐飞机飞行 1 000 公里所产生的碳排放量。

截至 2019 年末,兴业银行累计发行 1 300 亿元绿色金融债,国内存量绿色金融债达 1 000 亿元,并在卢森堡发行了首只境外绿债,创股份制银行双币种发行、双交易所上市、跨时区定价等多项纪录,成为中资商业银行中首家完成境内境外两个市场绿色金融债发行的银行,也成为全球绿色金融债发行余额最大的商业金融机构。

在与绿色金融业务配套的激励机制方面,兴业银行配套并不断丰富一系列激励机制,全面支持绿色金融。具体包括:将绿色金融业务纳入分行综合经营计划考评;每年均安排绿色信贷风险资产或专项规模,如 2019 年安排了 400 亿元专项风险资产;每年均安排专项财务资源用于支持激励各分支机构在绿色金融客户建设、重点项目投放、创新产品落地、排放权平台建设等方面工作;有专业团队对绿色信贷项目进行专业审批,分行差异化授权,绿色信贷项目优先审批等。

2019 年,兴业银行安排专项信贷规模、专项风险资产、绿色金融债资源、专项财务费用等资源支持节能环保产业,针对重点企业与重大项目,进行独立的政策与市场研究,编写光伏、危废处置等节能环保重点领域,以及粤港澳大湾区、福建省、京津冀、长江经济带等国家重点发展区域的绿色金融服务指引,并加强能力建设,开展多场次专业培训。

2.2.2.2 中国工商银行

1. 背景

中国工商银行(ICBC)成立于 1984 年 1 月 1 日,是中央管理的大型国有银行。中国工商银行的基本任务是依据国家的法律和法规,通过国内外开展融资活动筹集社会资金,加强信贷资金管理,支持企业生产和技术改造,为我国经济建设服务。

中国工商银行对标全球最佳社会责任实践,不断探索企业可持续发展路径,持续完善集制度建设、战略规划、分工执行、信息披露、教育培训、指标评价、国际合作于一体的社会责任管理体系,不断强化董事会在 ESG 管理过程中的领导作用。2019 年,工商银行设立了董事会社会责任与消费者权益保护委员会,协助董事会开展相关工作。

2. 绿色金融

在战略与制度管理方面,工商银行将加强绿色金融建设作为长期坚持的重要战略,从政策制度、管理流程、业务创新、自身表现等各个方面全面推进绿色金融建设,积极支持绿色产业发展,加强环境和社会风险防控,持续推进低碳运营,实现经济效益、社会效益、生态效益同步提升。

工商银行积极践行绿色信贷发展战略。2007 年,率先提出"绿色信贷"发展理念,并大力推进绿色信贷建设。2015 年,董事会审定《中国工商银行绿色信贷发展战略》,明确了绿色信贷发展目标、组织管理及绿色信贷体系建设等内容。2018 年,印发《关于全面加强绿色金融建设的意见》,进一步明确绿色金融建设的基本原则工作主线及具体措施,全面深化提升绿色金融工作。

工商银行逐年修订印发行业(绿色)信贷政策。引导全行优先支持绿色经济领域信贷业务,将企业工艺技术、环保能耗等关键指标作为行业客户分类及项目准入标准,实施差异化信贷政策,有效引导全行投融资结构"绿色调整"。

工商银行积极完善绿色信贷分类管理。在借鉴赤道原则和 IFC 绩效标准与指南的基础上,按照贷款对环境的影响程度及其环境风险大小,将境内法人客户全部贷款分为四级十二类,对不同类别的客户和贷款实施动态分类及差异化管理。

工商银行积极完善绿色信贷保障机制,逐年开展绿色信贷专项审计。

工商银行不断强化投融资环境和社会风险管理。全面践行绿色信贷"一票否决制"。将绿色金融要求嵌入尽职调查、项目评估、评级授信、审查审批、合同签订、资金拨付以及贷(投)后管理等各环节,加强对环境风险的监测、识别、缓释与控制,全流程执行绿色金融"一票否决制"。对钢铁、煤炭等产能过剩行业实行客户分类管理,主要支持优质客户技术改造、转型升级等方面融资需求。截至 2019 年年末,5 个产能过剩行业贷款余额较年初下降 110.3 亿元。

在绿色金融实施情况方面,截至 2019 年年末,工商银行投向生态保护、清洁能源、节能环保、资源循环利用等节能环保项目与服务的绿色信贷余额为 13 508.38 亿元,较年初增长 1 130.80 亿元,增幅达 9.1%。表 2-16 为工商银行环境关键绩效,表 2-17 为绿色信贷节能减排情况。

表 2-16   环境关键绩效

	2017 年	2018 年	2019 年
境内绿色信贷余额(亿元)	10 991.99	12 377.58	13 508.38
境内电子银行业务量占比(%)	94.86	97.70	98.10
办公用纸量(百万张)	8.73	8.72	10.26
办公耗电量(千瓦时)	19 408 280	18 394 080	19 667 324
办公耗水量(吨)	170 196	172 377	177 550
公务车耗油量(升)	86 109	76 699	67 796

资料来源:2019 年中国工商银行社会责任报告。

表 2-17   绿色信贷节能减排情况   单位:万吨

	2017 年	2018 年	2019 年
折合减排标准煤	4 247.26	4 643.97	4 627.23
折合减排二氧化碳当量	7 561.87	8 958.79	8 985.96
折合节水	3 486.45	4 290.42	5 903.64
折合减排氨氮	1.61	3.93	4.91
折合减排二氧化硫	12.43	4.33	3.94
折合减排氮氧化物	6.15	3.72	3.34
折合减排 COD	15.83	23.31	26.85

资料来源:2019 年中国工商银行社会责任报告。

    2019 年工商银行累计主承销各类绿色债券 6 只,募集资金总量 344 亿元,主承销规模达 78 亿元。2019 年末工商银行账户投资人民币绿色债券 29.4 亿元,期末余额 264.2 亿元;投资外币绿色债券 1.69 亿美元,期末余额 2.44 亿美元,其中投资中资发行体发行的绿色债券共计 1.09 亿美元。面向柜台市场投资者组织发售 8 亿元绿色金融债券。

    2019 年 4 月 16 日,工商银行通过新加坡分行发行首只绿色"一带一路"银行间常态化合作债券。该笔债券在新加坡交易所挂牌上市,最终发行金额等值 22 亿美元,币种包含美元、人民币、欧元。募集资金全部用于支持"一带一路"沿线可再生能源低碳及低排放交通、可持续的水资源管理等绿色资产项目。2019 年 9 月 9 日,工商银行通过香港分行发行首只"粤港澳大湾区"绿色债券,最终发行金额等值 31.5 亿美元,币种包含美元、港币、人民币。该笔债券获得香港品质保证局(HKQAA)颁发的发行前阶段绿色金融认证证书,募集资金全部用于支持"粤港澳大湾区"可再生能源、低碳及低排放交通等绿色资产项目。

    在绿色运营方面,工商银行积极倡导绿色环保理念,着力推广绿色办公,推动节能技术改造,加大节能减排力度;坚持开展绿化环保活动,切实改善生态环境。

积极推广无纸化会议和培训,2019年22家境内机构已启用无纸化会议系统,工商银行总行本部专业会议全部采用手持PAD"掌上办公",全年节约用纸近百万张。2019年,境内电子银行业务量占比98.1%,其中"三融平台"客户数为67 275万户,而2017年为48 325万户、2018年为58 566万户。

2.2.2.3 中国农业银行

1. 背景

中国农业银行(ABC)成立于1951年,是中央管理的大型国有银行。中国农业银行是中国金融体系的重要组成部分,提供各种公司银行和零售银行产品和服务,同时开展金融市场业务及资产管理业务,业务范围涵盖投资银行、基金管理、金融租赁、人寿保险等领域。

中国农业银行始终坚持"绿水青山就是金山银山"的理念,坚决落实国家绿色发展要求,厚植生态文明,构建涵盖多领域的多元化产品和服务体系,支持节能环保、清洁生产、清洁能源等绿色产业发展,推动产业结构向资源节约型和环境友好型转变,矢志不移耕耘美丽中国。

2. 绿色金融

在绿色信贷方面,农业银行认真贯彻落实国家产业、环保政策和金融监管要求,积极践行绿色发展理念,明确发展目标,细化创新举措,持续推动绿色信贷业务与行业信贷政策深度融合,实行环保"一票否决制",引导金融资源向绿色、循环、低碳方向倾斜,支持污染防控和环境保护,为绿色产业发展注入金融活水。

截至2019年底,绿色信贷业务贷款余额为11 910亿元,折合节约标准煤3 367万吨,减排二氧化碳当量7 494万吨,减排化学需氧量42万吨,减排氨氮4万吨,减排二氧化硫89万吨,减排氮氧化物162万吨,节水3 179万吨。

具体的工作举措包括以下四方面。

一是加强绿色信贷政策指导,引导信贷资金流向绿色项目和绿色产业,加大绿色信贷业务支持力度,对"两高一剩"行业基本实现行业信贷政策和客户名单制管理全覆盖。制定生物质能发电行业信贷政策,引导新能源行业信贷业务健康发展,将效率、效益、环保、资源消耗、社会管理五大类绿色信贷指标纳入行业信贷政策。

二是创新区域信贷产品。支持浙江湖州分行推出专属金融服务产品"绿色金融制造贷"。

三是加强环境社会风险管理。根据全行客户环境和社会风险状况实施差异化分类管理,将环境和社会风险管理要求贯穿于信贷业务各环节,实施全流程管控,严格执行环境和社会风险"一票否决制",与存在较大环境和社会风险的客户签责任承诺书,通过合同方式防范环境和社会风险。

四是夯实业务管理基础。举办绿色信贷专题培训,讲解国家绿色信贷监管政策、绿色产业形势、绿色信贷管理体系等内容。加强绿色信贷数据管理,提升数据质量。

在创新绿色产品方面,农业银行将绿色发展理念融入业务发展、信贷管理和产品设计全过程,不断完善绿色金融服务和管理体系,创新绿色金融产品,积极支持技术水平先进,具有资源节约、生态环境保护、清洁生产特点的企业信贷需求,助力实现"天更蓝、山更绿、水更清、环境更优美"目标。具体的绿色产品有绿色资产证券化、绿色 ESG 主题产品、绿色债券等。

农业银行高度重视绿色金融工具研发,积极开展绿色资产证券化创新,开创利用绿色资产证券化产品推动绿色产业发展,加快生态文明建设新模式。2019年,农业银行发行绿色资产证券化产品两期,涉及金额 27.1 亿元。

农业银行将社会责任纳入投资决策,优先投资于清洁能源、节能环保以及生态保护等绿色环保产业,兼顾金融扶贫、乡村振兴、小微企业支持、民企纾困等领域,在为客户提供投资回报的同时,践行 ESG 可持续发展理念,支持绿色环保产业发展。2019 年,农业银行绿色 ESG 主题产品规模达 40 亿元。

通过承销、发行绿色债券,为低碳环保、资源节约、清洁能源等绿色项目融资提供支持。2019 年,发行绿色债券 7 期,筹集资金 390 亿元,农业银行份额 49

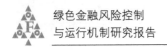
亿元。

在绿色采购方面,农业银行倡导绿色采购理念,积极落实国家绿色采购政策,牢牢抓住绿色环保主线,引导供应商树立绿色发展理念,优先选择生产过程中对环境影响小的供应商,同时不断完善采购管理系统,借助电商平台,通过电子化管理减少人力和纸张使用率,推动社会可持续发展。供应商提供的产品与服务应尽量符合相应的国家绿色认证标准,充分考虑人体健康安全、资源节约和循环利用,减少环境影响等因素。在同等条件下,对于采用清洁生产模式、物流模式,提供环保产品与服务,倡导绿色企业文化的供应商优先考虑。与供应商一起推动绿色采购,通过集中采购绿色产品及服务,引导供应商进行绿色产品及服务技术创新,节约能源,减少环境污染,共同履行绿色发展社会责任。

2.3 金融机构开展绿色金融相关指标

2.3.1 金融机构开展绿色金融情况的考核指标设计

本考核指标设计参考中国工商银行《2018 年绿色金融专题报告》与《绿色债券框架》的相关内容。

2.3.1.1 宏观层面建设

金融机构应将可持续发展理念以及大力支持绿色金融发展观融入其战略设定、经营宗旨、文化建设以及金融机构各业务条线内容。在发展过程中,金融机构应做到履行经济责任和社会责任的统一,积极响应国家生态文明建设政策,倡导发展绿色金融以及在内部积极宣传绿色运营的重要性,致力于经济效益、生态效益、社会效益的有机统一。

在治理方面,从董事会、管理层、业务层分别进行细化与职责归类,由上至下、由下至上双向互动,确保每个人、每个部门在职责范围内积极开展绿色金融工作,推动金融机构绿色金融业务有条不紊地开展。表 2-18 为战略与治理指标。

表 2-18　　　　　　　　　　　　　战略与治理指标

分　类	指　标
意识形态	战略设定
	经营宗旨
	文化建设
	金融机构各业务条线内容

分　类	对　象	指　标	内　容
治理	董事会	战略委员会	负责审定并监督金融机构绿色金融发展战略
		审计委员会	审计金融机构环境、社会风险
		薪酬委员会	考核高管人员绿色金融实施情况,并在绩效考核中得以体现
	管理层	高管层	制定金融机构绿色金融发展战略及中长期目标
		信用风险委员会	金融机构绿色信贷政策制定及风险管理
	业务层	专业绿色业务工作小组	金融机构绿色业务相关工作
		各相关业务部门	在部门职责范围内贯彻落实绿色金融相关工作

2.3.1.2　政策与流程

金融机构是否对绿色金融服务制定专门的政策制度与流程管理内容,是衡量其是否积极开展绿色金融业务的指标之一。金融机构应分别对绿色信贷、绿色债券、碳金融业务制定专项政策,针对不同业务的特点,有针对性地进行管理。其中,对绿色信贷业务可以进行分类管理,将环保项目按照各自特征分为大类,再将每一大类环保项目按照环保领域分为小类,进行系统管理。金融机构应建立专项绿色资金账目,对绿色资金投资对象情况或发行情况进行记录,并且对绿色信贷融资分配情况与绿色债券发行情况实时记录。对"两高一剩"行业可以按照赤道原则分类为 A、B 两类,对 A 类项目应及时收回贷款;对响应国家号召进行技术革新与结构调整的企业,仍应继续贷款,但要进行实时监测与评估,争取将对环境的不利影响降到最低。同时,对绿色项目融资与"两高一剩"行业融资都要进行风险量化分析,分为事前、事中、事后三个阶段,在有条件的情况下,可以周期性开展现场审核工作,增强风险量化的准确性。最后,应聘请有权威性独立第三方机构出具意见与认证情况说明,增强可信度。

在流程管理方面,应对申请贷款企业与绿色债券发行方事前调查,审核其是否符合国际准则要求以及金融机构内部框架,同时可以与第三方专业评估机构合作,运用其专业能力完成前期审核环节。然后,由内部具有环保经验和知识的专业团队对投资对象资产进行"绿色"识别,运用"一票否决制"将不符合要求的投资对象在前期排除,完成合规性评估内容,在这一过程中,可以借助云计算功能加速进展。在流程后期管理过程中,应定期对投资对象业务内容实时跟踪与监测以确保投资对象符合绿色要求,对于无法达到预期成果之处,要及时进行完善,并且定期报告资金配置情况与对环境和社会的影响情况,保证全过程透明化。表 2-19 为政策制度与流程管理指标。

表 2-19 政策制度与流程管理指标

分　类	指　标
政策制度	分类专项政策
	按项目特点分类管理
	专项绿色资金账目
	对"两高一剩"行业的控制管理制度
	"一票否决制"
	风险量化制度
	独立第三方报告制度
流程管理	尽职调查环节
	合规性评估环节
	定期监测环节
	定期报告与绩效评价环节

2.3.1.3 绿色产品

金融机构在发展绿色金融业务时应遵循多样化原则,对绿色信贷、绿色债券、碳金融业务给予同样的重视。对绿色信贷贷款行业应有重点、多层次开展。例如,不同的金融机构可对可再生能源、能源效率、新能源汽车领域贷款政策各有倾斜,全方位支持我国节能环保企业形成百花齐放格局。

在绿色债券方面,应有针对大型机构投资者和中小机构投资者以及广大散户的债券类型。金融机构应该尽可能涉足不同的债券业务,如债券发行、债券承销、债券投资等。同时,对绿色债券产品种类进行创新,可以与外国金融机构进行合作,共同推出绿色债券产品,增强国际影响力。表 2-20 为绿色产品指标。

表 2-20 绿色产品指标

分　类	指　标
绿色信贷	绿色信贷规模
	投融资结构绿色调整
	绿色信贷产品创新
绿色债券	绿色债券发行规模与数量
	绿色债券承销
	绿色债券投资
	绿色债券交易
	绿色债券产品创新
碳金融	—

2.3.1.4 绿色研究

金融机构可以针对绿色金融发展的不同阶段开展前瞻性研究,创新绿色金融工具和方法,以及研究量化和管理环境风险工具;也可以与国内或国外领先金融机构合作,共同开展绿色金融业务研究,并开展试点项目,扩大中国绿色金融业务影响力。

2.3.1.5 国际准则与倡议

金融机构应积极参与全球环境治理,与联合国环境规划署、世界银行、世界自然基金会、国际金融公司等机构保持密切合作,可加入赤道原则、联合国环境署金融行动机构(UNEP FI)、联合国环境署气候相关财务信息披露工作组(TCFD),与多机构合作,将自身绿色金融业务影响力发挥至最大。

2.3.1.6　荣誉与奖项

可以将国际权威组织、环保部以及国内权威机构对金融机构颁布的荣誉与奖项,作为衡量金融机构是否积极开展绿色金融业务的指标之一。

2.3.2　绿色资本投资效益与效率的评价方法与指标体系

2.3.2.1　效益

绿色资本经济效益指标体系主要分为绿色信贷、绿色债券两方面。

在绿色信贷方面,绿色信贷周转率是一个静态指标,可以反映金融机构某一年绿色信贷管理水平的高低,该指标越高,说明金融机构绿色信贷在一年中周转次数越多;绿色信贷周转加快率是一个动态指标,可以连续反映金融机构周转率是否呈现上升趋势,这两个指标与经济效益呈正相关关系。绿色不良贷款率可以反映金融机构对绿色信贷监督检查的力度,在一定程度上也可以反映金融机构事前评估和尽职调查的情况,有助于进一步查找评估流程漏洞并进行完善,与经济效益成反比;绿色信贷逾期降低率作为动态指标,可以反映绿色信贷逾期还款的动态变化。绿色信贷收益率是金融机构按照贷款利率计算的到期收益,但由于受绿色产业项目运营状况的影响,与实际利息收入存在一定的差距,可与绿色信贷利息收回率相结合说明利息回收情况;绿色信贷本年利息增长率既可以反映金融机构投资绿色产业项目的获益情况,也可以和绿色信贷余额同比增速结合进一步反映金融机构是否积极支持绿色产业项目的发展。

在绿色债券方面,我国绿色债券种类有绿色金融债、绿色公司债、绿色企业债、绿色债务融资工具、绿色熊猫债、绿色资产支持证券、绿色地方债、境内主体境外发行绿债八种。除金融机构之外的发行主体发行绿色债券投资绿色产业项目,可以资产负债率、债务结构、融资成本、市场占有率反映绿色资本的经济效益,若绿色资本投资有效,则可以有效优化发行主体的债务结构,合理配置长短期债务,降低负债,减少融资成本,降低资产负债率,甚至可以获得利益相关者的青睐与消费者的关注,扩大市场占有率,提升企业利润。金融机构发行绿色债券,可以增加银行资本,促使银行存款份额增加,增加对外贷款,有利于提升银行利润,树立良好声誉。

表 2-21 是绿色资本经济效益指标体系。

表 2-21   **绿色资本经济效益指标体系**

分 类	维 度	指 标	说 明
绿色信贷	管理效益	绿色信贷周转率	报告期绿色信贷累计回收额/报告期绿色信贷平均余额
		绿色不良贷款率	绿色不良贷款平均余额/各项绿色信贷平均余额
		绿色信贷周转加快率	(本年度绿色信贷周转次数－上年度绿色信贷周转次数)/上年度绿色信贷周转次数
		绿色信贷逾期降低率	(上年度绿色信贷逾期率－本年度绿色信贷逾期率)/上年度绿色信贷逾期率
	经济效益	绿色信贷收益率	绿色信贷利息收入总额/绿色信贷平均余额
		绿色信贷利息收回率	实际利息总额/应收利息总额
		绿色信贷本年利息增长率	(本年度绿色信贷利息收入－上年度绿色信贷利息收入)/上年度绿色信贷利息收入
	发展效益	绿色信贷余额同比增速	(本年度绿色信贷余额－上年度绿色信贷余额)/上年度绿色信贷余额
		绿色信贷客户同比增速	(本年度绿色信贷客户数－上年度绿色信贷客户数)/上年度绿色信贷客户数

续表

分　类	维　度	指　标	说　明
绿色债券	除金融机构之外的发行主体	资产负债率	
		债务结构	
		融资成本	
		市场占有率	
	金融机构	资本充足率	
		绿色债券余额同比增速	(本年度绿色债券余额－上年度绿色债券余额)/上年度绿色债券余额

在环境效益方面,绿色资本投资主要集中于可再生能源、低碳及低排放交通、绿色建筑等领域。运用联合国设立的 17 个可持续发展目标完成数,可以衡量绿色资本环境效益完成情况。我国可再生能源主要发展方向为风力发电、太阳能发电、水力发电以及生物质能发电,改变以化石燃料等不可再生能源的发电方式,不仅可以节约能源,而且可以有效减少对环境的危害,四种可再生能源发电方式可用总装机容量、年发电量以及年减少二氧化碳排放量来衡量环境效益。随着人民生活水平的提高,我国私家车出行数大幅增加,应大力推广公共、绿色出行方式(如铁路、水路、地铁或新能源汽车方式)来减少汽车尾气排放、改善空气污染状况。大力倡导绿色建筑也是新时代的议题之一,绿色建筑是指在其全生命周期内,可以有效节约资源,减少污染,为人们提供健康、舒适居住环境的高质量建筑,与以往建筑相比,更加强调回归自然的理念。此外,绿色资本还强调对水资源、土壤、污染物排放、生物多样性以及供应链等方面的投资,全方位、多角度对人们生活的方方面面进行"绿色"改造,响应国家环境管理政策和习近平总书记提出的"绿水青山就是金山银山"理念。

表 2-22 是绿色资本环境效益指标体系。

表 2-22　　　　　　　　　　　绿色资本环境效益指标体系

维　度	指　标	说　明
联合国可持续发展目标	完成 SDGs 目标数	
可再生能源	风力发电	总装机容量（MW）
		年发电量（MWh）
		减少二氧化碳排放量（吨）
	太阳能发电	总装机容量（MW）
		年发电量（MWh）
		减少二氧化碳排放量（吨）
	水力发电	总装机容量（MW）
		年发电量（MWh）
		减少二氧化碳排放量（吨）
	生物质能发电	总装机容量（MW）
		年发电量（MWh）
		减少二氧化碳排放量（吨）
低碳及低排放交通	铁路运输	修建的轨道公里数
		年运送旅客数量（万人次）
		年运送货物数量（万吨）
		减少二氧化碳排放量（吨）
	地铁	减少二氧化碳排放量（吨）
	水路运输	年运送旅客数量（万人次）
		年运送货物数量（万吨）
		减少二氧化碳排放量（吨）
	新能源汽车	新增新能源汽车情况
		减少二氧化碳排放量（吨）
绿色建筑	节能量	
	碳减排量	
	替代化石能源量	
合计：减少二氧化碳排放量（吨）		

续表

维 度	指 标	说 明
水资源管理	节省的水量	
	废水处理量	
土壤污染防治	节水量	滴水灌溉等科学灌溉法的节水量
	农药、化肥用量	合理施用农药与有机肥
生物多样性保护	保护物种及栖息地情况	项目建设、维护、运营对生物多样性的冲击减少及改善
供应链管理改进	供应链绿色化改进程度	物料获取、加工、包装、仓储、运输、使用到报废处理等各环节的绿色化程度的改进，涉及上游供货商服务企业及下游客户等
污染物排放减少	气体排放减少	主要气体污染物排放减少，如氮氧化物（NOx）、硫氧化物（SOx），破坏臭氧层物质（ODS）的排放，及其他气体排放减少
	废弃物减少及管理	减少有害废弃物总量；减少非有害废弃物总量；废弃物处置过程改善

2.3.2.2 效率

绿色资本投资效率指标可以用每亿元绿色资本投资对环境有利影响来衡量，分别统计绿色资本对不同项目的投资总额以及所投项目对环境造成的有利影响，二者相除作为绿色资本投资效率指标，反映每单位资本量所产生的环境效益，辨别薄弱之处，找出原因，进一步加以改进。除此之外，还要对绿色资本投资效率指标动态统计，反映连年来的变化，促使绿色资本投资效率不断提升，增加资金利用率。表2-23是绿色资本投资效率指标。

表 2-23　　　　　　　　　　　　　绿色资本投资效率指标

分　类	指　标
可再生能源	每亿元绿色资本投资节约化石能源消耗量
	每亿元绿色资本投资节约二氧化碳当量
	每亿元绿色资本投资发电量
低碳及低排放交通	每亿元绿色资本投资节约二氧化碳当量
	每亿元绿色资本投资新增新能源汽车
绿色建筑	每亿元绿色资本投资节约化石能源消耗量
	每亿元绿色资本投资碳减排量
水资源管理	每亿元绿色资本投资节水量
	每亿元绿色资本投资废水处理量
	每亿元绿色资本投资氨氮削减量
	每亿元绿色资本投资总磷削减量
土壤污染防治	每亿元绿色资本投资节水量
污染物排放减少	每亿元绿色资本投资节约二氧化硫
	每亿元绿色资本投资节约氮氧化物
	每亿元绿色资本投资节约硫氧化物
	每亿元绿色资本投资废物利用量

2.4　具体绿色金融产品的绩效评价

2.4.1　绿色信贷绩效评价

表 2-24 为我国工商银行、农业银行、建设银行、中国银行、招商银行、中信银行、光大银行、平安银行、浦发银行、华夏银行十大银行 2013—2019 年的绿色信贷数据。从中可以发现：不论是国有银行还是股份制银行，绿色信贷数据都在连年增长，金融机构都在积极响应国家政策，降低"两高一剩"行业贷款额，增加绿色信贷额。

表 2-24　　　　　　　　　　　十大银行 2013—2019 年绿色信贷情况　　　　　　　　单位:亿元

	2013 年	2014 年	2015 年	2016 年	2017 年	2018 年	2019 年
工商银行	5 923.74	6 552.81	7 028.43	9 785.6	10 991.99	12 377.58	13 508.38
农业银行	3 304.21	4 724.47	5 431	6 494.32	7 476.25	10 504	11 910
建设银行	4 883.9	4 870.77	7 335.63	8 892.21	10 025.21	10 422.6	11 758.02
中国银行	2 587.59	3 010.43	4 123.15	4 673.42	5 387.99	6 326.67	7 375.7
招商银行	1 163.72	1 509.47	1 565.03	1 436.64	1 571.03	1 660.33	1 767.73
中信银行	207.64	251.73	236.96	396.7	603.58	629.37	651.48
光大银行	326.77	347.61	387	493.76	749	784	906.99
平安银行	224.74	267.62	401.49	590.34	808.39	626.93	572
浦发银行	1 521.04	1 563.74	1 717.85	1 738.12	1 813.69	2 175.15	2 260.53
华夏银行	346.6	394.4	399.6	453.5	532.48	566.99	798.44

资料来源:社会责任报告。

以绿色信贷比这一相对数反映绿色信贷在贷款总额中的变化。工商银行、农业银行、建设银行、中国银行四大国有银行绿色信贷比连年增长,其中工商银行、建设银行和农业银行的绿色信贷比从 2013 年的约 5％增长至 2019 年的约 8％;农业银行绿色信贷比在 2019 年最高,为 8.37％;中国银行绿色信贷比在四大国有银行中最低,2019 年只有 5.71％,见图 2-2。

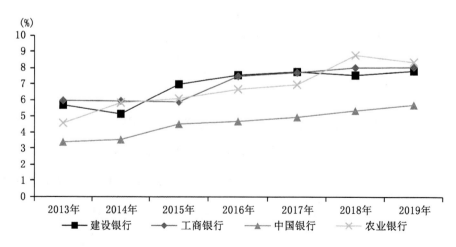

图 2-2　2013—2019 年国有银行绿色信贷占比趋势

从股份制银行来看,招商银行和浦发银行从 2013 年开始绿色信贷比呈逐渐下降趋势,两家银行分别从 2013 年的 5.3％和 8.61％下降到 2019 年的 3.92％和 5.69％;另外四家股份制银行中信银行、光大银行、平安银行、华夏银行的绿色信贷比则呈缓慢上升趋势,见图 2-3。

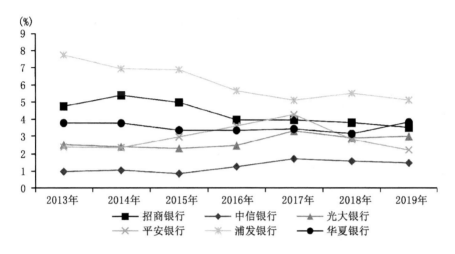

图 2-3　2013—2019 年股份制银行绿色信贷占比趋势

以我国 2013—2019 年十大银行作为研究对象,选取净资产收益率、绿色信贷比、营业收入增长率、资产负债率、资本充足率、不良贷款率六大指标(见表 2-25),数据来自 CSMAR 数据库、东方财富网、巨潮资讯网,运用 Stata15.1 统计软件进行处理和检验。

表 2-25　　　　　　　　　　　　变量定义表

变量类型	变量名称	变量符号	变量说明
因变量	净资产收益率	roe	$roe=$净利润/净资产
自变量	绿色信贷比	grr	$grr=$绿色信贷余额/贷款总额
控制变量	营业收入增长率	$growth$	$growth=$(本年营业收入－上年营业收入)/上年营业收入
	资产负债率	alr	$alr=$负债总额/资产总额
	资本充足率	car	$car=$资本总额/加权风险资产总额
	不良贷款率	nlr	$nlr=$不良贷款额/贷款总额

表 2-26 为各变量描述性统计分析,从中可以看出,十家银行净资产收益率均值为 13.96%,最小值为 8.19%,最大值为 20.61%,这表明国有银行与股份制银行之间、国有银行内部、股份制银行内部净资产收益率存在较大差距;绿色信贷比均值为 4.86%,最小值为 0.94%,最大值为 8.80%,差异较大,其中国有银行履行绿色信贷政策情况良好,绿色信贷比连年增长,而股份制银行略逊,绿色信贷比增长缓慢或持续下降。

表 2-26 各变量描述性统计分析

变量名	样本数	均值	标准差	最小值	最大值
roe	70	13.96	3.09	8.19	20.61
grr	70	4.86	2.07	0.94	8.80
$growth$	70	10.73	8.60	-5.62	40.66
alr	70	92.79	0.91	91.06	94.86
car	70	13.11	1.80	8.49	17.52
nlr	70	1.49	0.34	0.74	2.39

运用面板数据进行回归分析,通过 Chow 检验与 Hausman 检验确定选用时间个体固定效应模型,模型回归结果为 $roe=-57.361+0.401grr-0.052growth+0.741alr+0.203car-1.064nlr+\varepsilon$。由表 2-27 可知,模型拟合优度为 0.429,绿色信贷比对金融机构经济效益 roe 在 1% 的水平上显著,t 值为 5.13,这表明绿色信贷比对金融机构经济效益有显著的正向作用。实证结果表明:金融机构经济效益与绿色信贷比、资产负债率、资本充足率呈正相关关系,而与营业收入增长率、不良贷款率呈负相关关系,其中绿色信贷比每增加 1%,金融机构净资产收益率增加 0.401%。

表 2-27   绿色信贷比对金融机构经济效益影响的回归结果

变 量	模 型
绿色信贷比(grr)	0.401*** (5.13)
营业收入增长率($growth$)	−0.052* (−1.25)
资产负债率(alr)	0.741** (2.34)
资本充足率(car)	0.203* (0.87)
不良贷款率(nlr)	−1.064* (−1.18)
常数项	−57.361* (−1.77)
拟合优度(R^2)	0.429
样本数	70

注：$^*p<0.1$，$^{**}p<0.05$，$^{***}p<0.01$。

2.4.2　绿色基金绩效评价

绿色基金是专门针对节能减排战略、低碳经济发展、环境优化改造项目而建立的专项投资基金,其目的旨在通过资本投入促进节能减排事业发展。本部分选取了基金名称、投资目标或招募说明书中含有"绿色""环保""新能源"或"可持续""低碳"等关键词的八只基金,基金成立日期在 2011 年至 2015 年之间,其管理费率与托管费率之和约为 1.75%,见表 2-28。

以这八只基金作为研究对象,选取基金公司净利润、基金资产总额、基金负债总额、基金总收入、基金投资收益、基金经营业绩六大指标,数据来自 CSMAR 数据库、天天基金网、锐思数据库,相关数据运用 Stata15.1 统计软件进行处理和检验。表 2-29 为变量定义。

表 2-28   部分绿色基金情况

基金简称	基金代码	基金规模（亿元）	基金管理人	基金托管人	费率＝管理费率＋托管费率(%/年)
财通可持续混合	000017	1.4	财通基金	工商银行	1.75
富国低碳环保混合	100056	31.51	富国基金	招商银行	1.75
汇添富环保行业股票	000696	14.12	汇添富基金	建设银行	1.75
建信环保产业股票	001166	17.39	建信基金	中信银行	1.75
申万菱信中证环保产业指数分级	163114	2.77	申万菱信基金	农业银行	1.22
鹏华环保分级	160634	0.76	鹏华基金	建设银行	1.22
兴全绿色投资混合	163409	5.41	兴证全球基金	工商银行	1.75
诺安低碳经济股票	001208	4.85	诺安基金	工商银行	1.75

资料来源：天天基金网。

表 2-29   变量定义

变量类型	变量名称	变量符号	单　位
因变量	基金公司净利润	rp	亿元
自变量	基金资产总额	ta	亿元
控制变量	基金负债总额	tl	亿元
	基金总收入	gi	亿元
	基金投资收益	ii	亿元
	基金经营业绩	bp	亿元

　　表 2-30 为各变量描述性统计分析，从中可以看出，八只绿色基金公司净利润均值为 5.83 亿元，最小值为－0.24 亿元，最大值为 12.49 亿元，这表明不同公司、不同年份基金公司盈利能力存在较大差距；基金资产总额均值为 19.73 亿元，最小值为 0.80 亿元，最大值为 92.55 亿元，差异也很大。

表 2-30　　　　　　　　　　　　各变量描述性统计分析

变量名	样本数	均值	标准差	最小值	最大值
rp	40	5.83	3.68	-0.24	12.49
ta	40	19.73	21.91	0.80	92.55
tl	40	0.34	0.75	0.01	3.79
gi	40	0.91	6.83	-20.60	22.28
ii	40	0.17	0.17	0.00	0.79
bp	40	0.55	9.88	-28.12	31.53

运用面板数据进行回归分析,通过 Chow 检验与 Hausman 检验确定选用个体固定效应模型,模型回归结果为 $rp = 4.166 + 0.051ta + 0.783tl - 0.014gi + 2.379ii - 0.014bp + \varepsilon$。由表 2-31 可知,模型拟合优度为 0.221,绿色基金资产规模对基金公司经济效益 rp 在 10% 的水平上显著,t 值为 1.11,这表明绿色基金资产规模对基金公司经济效益有显著的正向作用。

表 2-31　　　　　　绿色基金资产规模对基金公司经济效益影响的回归结果

变　量	模　型
基金资产总额(ta)	0.051* (1.11)
基金负债总额(tl)	0.783* (0.77)
基金总收入(gi)	-0.014 (-0.06)
基金投资收益(ii)	2.379 (0.47)
基金经营业绩(bp)	-0.014 (-0.08)
常数项	4.166*** (4.85)
拟合优度 R^2	0.221
样本数	40

注:* $p < 0.1$,** $p < 0.05$,*** $p < 0.01$。

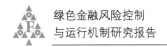

2.4.3 绿色债券绩效评价

我国绿色债券种类有绿色金融债、绿色公司债、绿色企业债、绿色债务融资工具、绿色熊猫债、绿色资产支持证券、绿色地方债、境内主体境外发行绿债八种。本部分以绿色金融债为研究对象,研究金融机构发行绿色债券对金融机构经济效益的影响。

表 2-32 是部分绿色金融债的发行情况,从中可以看出,兴业银行作为赤道银行积极履行赤道原则,于 2016 年 1 月 28 日发行了其国内第一只绿色金融债券,发行规模达 100 亿元,这标志着国内绿色金融债正式落地。截至 2016 年末,兴业银行总计发行三只绿色金融债券,发行规模达到 500 亿元,资金全部投放于《绿色债券支持项目目录》所界定的绿色金融项目(如节能、清洁交通、清洁能源、资源节约与循环利用、污染防治等),并且对节约标煤、二氧化碳减排类项目要求至少减排 10% 以上;对其他主要污染物减排类项目,排放指标要求至少达到行业先进值以上。2018 年,兴业银行在国内发行第二轮绿色金融债,发行规模达到 600 亿元,累计国内存量绿色金融债达 1 100 亿元,成为全球绿色金融债发行余额最大的商业金融机构。2019 年 7 月 16 日,兴业银行再次发行绿色金融债券,发行规模达到 200 亿元。至此,兴业银行已累计在国内发行绿色金融债券达 1 300 亿元,位居国内绿色金融债发行首位。

表 2-32　　　　　　　　部分绿色金融债发行情况

发行方	发行时间	债券简称	发行规模(亿元)
浦发银行	2016 年	16 浦发绿色金融债 01	500
		16 浦发绿色金融债 02	
		16 浦发绿色金融债 03	
交通银行	2016 年	16 交行绿色金融债 01	300
		16 交行绿色金融债 02	
	2017 年	17 交通银行绿色金融债	200

续表

发行方	发行时间	债券简称	发行规模（亿元）
兴业银行	2016 年	16 兴业绿色金融债 01	500
		16 兴业绿色金融债 02	
		16 兴业绿色金融债 03	
	2018 年	18 兴业绿色金融 01	600
		18 兴业绿色金融 02	
	2019 年	19 兴业绿色金融 01	200
青岛银行	2016 年	16 青岛银行绿色金融 01	80
		16 青岛银行绿色金融 02	
		16 青岛银行绿色金融 03	
		16 青岛银行绿色金融 04	
北京银行	2017 年	17 北京银行绿色金融 01	300
		17 北京银行绿色金融 02	
		17 北京银行绿色金融债	
南京银行	2017 年	17 南京银行绿色金融 01	50
		17 南京银行绿色金融 02	
郑州银行	2017 年	17 郑州银行绿色金融 01	30
	2019 年	19 郑州银行绿色金融 01	20
江苏银行	2019 年	19 江苏银行绿色金融 01	6
宁波银行	2018 年	18 宁波银行绿色金融债	30
长沙银行	2017 年	17 长沙银行绿色金融 01	40
		17 长沙银行绿色金融 02	

资料来源：中国金融信息网。

　　以我国 2013—2019 年十大银行作为研究对象，选取净利润、绿色金融债发行规模、存款余额、贷款余额、营业收入、资产总计、负债总计七大指标，数据来自 CSMAR 数据库、东方财富网、巨潮资讯网，相关数据运用 Stata15.1 统计软件进行处理和检验。表 2-33 为变量定义表。

表 2-33 　　　　　　　　　　　　变量定义表

变量类型	变量名称	变量符号	单位
因变量	净利润	rp	亿元
自变量	绿色金融债发行规模	gb	亿元
控制变量	存款余额	td	亿元
	贷款余额	tl	亿元
	营业收入	or	亿元
	资产总计	ta	亿元
	负债总计	ti	亿元

运用面板数据进行回归分析,通过 Chow 检验与 Hausman 检验确定选用时间个体固定效应模型,模型回归结果为 $rp = -4.170 + 0.070gb + 0.008td - 0.007tl + 0.348or - 0.007ta + 0.006ti + \varepsilon$。由表 2-34 可知,模型拟合优度为 0.996,绿色金融债发行规模对金融机构经济效益 rp 在 1% 的水平上显著,t 值为 3.47,这表明绿色金融债发行规模对金融机构经济效益有显著的正向作用。

表 2-34 　　　　　绿色金融债发行规模对金融机构经济效益影响的回归结果

变　量	模　型
绿色金融债发行规模(gb)	0.070^{***} (3.47)
存款余额(td)	0.008^{***} (4.69)
贷款余额(tl)	-0.007^{***} (−4.05)
营业收入(or)	0.348^{***} (8.00)
资产总计(ta)	-0.007^{*} (−0.82)
负债总计(ti)	0.006^{*} (0.83)
常数项	-4.170^{*} (−0.94)
拟合优度 R^2	0.996
样本数	70

注: * $p < 0.1$, ** $p < 0.05$, *** $p < 0.01$。

商业银行通过发行绿色金融债券,可以有效减轻金融体系期限错配问题。商业银行的平均负债期限为 6 个月,对于绿色信贷投向的绿色产业项目来说,其所需周期长,回款较慢,与商业银行的平均负债期限不相匹配。而绿色金融债券的发行期限则大多集中在 3～5 年,商业银行可以将绿色金融债资金通过绿色信贷业务融资到绿色产业项目,减轻金融机构期限错配问题。商业银行主要是吸收存款作为资金的主要来源进而发展贷款业务,但是这种"被动负债"业务常受到存款人意愿和宏观经济环境的影响,而绿色金融债券作为商业银行的"主动负债"业务,不仅可以提升商业银行的主动负债能力,改善资产负债结构,而且相比于其他融资工具,绿色金融债券的利息具有抵税作用,可以有效降低商业银行融资成本,进而增加商业银行盈利能力。

2.5 商业银行绿色业务经营风险与财务绩效①

金融系统风险防范体系的建设十分必要,项目立项前端开始设置风险防范规则与风险系数,需要进行金融风险防范体系的制度设计、组织安排、技术指标改进等,这些风险防范措施通常会影响金融企业的财务绩效,其中经营风险影响最直接。随着绿色金融政策的推进,我国绿色金融顶层设计已逐步建立,绿色金融市场不断繁荣,据 Wind 金融数据可知,2018 年全国发行的绿色债券数量已达 144 只,发行规模超 2 675.93 亿元,同比增长 8.02%。但是绿色产业的外部溢出效益明显会影响企业的直接财务绩效,因此商业银行开展绿色金融项目的风险更加突出。目前,商业银行是绿色金融市场不可或缺的主力军、绿色金融产品的设计发行方,开展绿色金融项目对企业经营风险影响是显而易见的。那么,绿色业务的发展对商业银行经营风险与财务绩效的关系产生怎样的影响呢? 影响大小是否会反制绿色金融业务的发展? 目前很少学者研究绿色金融对经营风险与绩效的

---

① 本节内容已公开发表在《金融论坛》2020 年第 8 期。

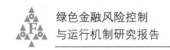
调节关系,大多集中研究绿色业务在风险管理中的重要性。因此,有必要将绿色业务开展、经营风险与财务绩效集合作为研究对象,在研究绿色业务与经营风险的关系、经营风险与财务绩效的关系的基础上,研究绿色业务的开展情况对商业银行经营风险和绩效关系的影响。

2.5.1　基于文献综述的理论分析与假设提出

2.5.1.1　金融风险与绿色项目

金融风险本质上就是引起损失的可能性,具体是指金融企业在投融资中遭受损失的可能性。在早期金融风险的研究中,没有考虑到生态环境问题对于金融项目发展的影响,但随着经济市场的高速发展,过分追逐经济利益而使得环境污染愈加严重,为了实现经济发展与环境保护的和谐,必须在促进环境保护方面寻求经济发展,这就是绿色金融。马俊(2018)认为当前我国改变经济结构是必要的,并对建立绿色金融政策体系提出详细建议,由于国内绿色金融项目起步较晚,我国绿色金融产品目前主要以商业银行发放的绿色信贷为主,相应的衍生品还在创新、研究中。张明喜(2018)认为绿色金融产品与服务是全方位的,除了上述产品外,还包括碳基金、环境产权交易、融资担保等,鼓励探索发展新兴衍生品。杨庆虹(2017)通过研究国外金融市场的发展,将金融产品分成商业银行产品、投资银行产品、资管产品和保险产品,鼓励推出个人绿色信用卡。近年来一系列政策改革措施推动了债券市场大力发展,为绿色债券市场提供了发展良机(王遥、徐楠,2016);对于绿色产品、服务的开发可以为绿色金融提供重要动力,也可以防止化解很多金融风险。

2.5.1.2　开展绿色业务对企业财务绩效的影响

绿色信贷作为银行承担社会责任的重要手段,对其经营绩效具有重大的影响。随着国内对生态环境保护的愈发重视,对于开展绿色业务对财务绩效的影响方面,越来越多的学者开始使用实证的办法进行探究。风险与绩效向来都是学者们广泛研究的对象,特别是,企业在当前业务流程中面临的不确定性正在增加,业务风险也在增加,影响企业市值与绩效。Jeucken(2003)认为商业银行对绿色金融态度呈现四个阶段,从最初的抵制、规避逐渐变换为主动、可持续发展;Tripathy和 Aneil(2017)的研究发现,绿色信贷业务从稳定现金流量和提升投资收益率两方面对商业银行绩效产生作用。有学者从成本收益角度进行考虑,认为绿色信贷在短期内会提高营业成本,给商业银行绩效带来不利影响,而扩大信贷规模可以抵消绿色信贷带来的利润损失(马萍等,2009)。李程等(2016)运用 DID 模型认为目前的绿色信贷政策对商业银行绩效有一定的负向影响。张颖和吴桐(2018)运用 DID 模型研究绿色信贷是否会对信贷融资成本产生影响,结果显示"两高"企业融资成本仍然较低,绿色政策效果不显著。因此,提出第一个假设:

H1:商业银行开展绿色业务在一定程度上会降低企业绩效。

2.5.1.3　开展绿色业务对经营风险的影响

张宇和钱水土(2018)从宏观、中观、微观三个层面区分出十类风险,包括宏观上的体系机制设计风险、政策调整风险,中观上的产业风险、资金错配风险、生态环境风险,还有微观层次的信用风险、绿色项目识别风险和信息不对称风险等。开展绿色业务有助于其管控环境及社会风险、摆脱坏账危机、实现可持续发展(何德旭等,2007)。采纳赤道原则意味着商业银行主动承担对公众及环境的责任、出具项目的环境风险评估报告、贷中实时审查项目实施过程对环境的影响、贷后出具项目的反馈报告等一系列操作有利于银行完善风险管理,降低项目违约产生的信贷风险、市场风险、环境风险等经营风险(徐枫、马佳伟,2019)。绿色信贷业务不仅可以调节银行金融产品固有的期限错配风险,而且还可以向信誉良好的环保公司发放贷款,孙光林等(2017)研究发现绿色信贷对商业银行信贷风险具有显著负向影响,增大商业银行绿色信贷规模能够有效抑制不良贷款率攀升。基于此,提出第二个假设:

H2:商业银行开展绿色业务可以降低企业的经营风险。

2.5.1.4　经营风险与财务绩效

Bowman E 使用美国 85 个产业面板数据实证后得出无论绩效好坏,风险与绩效之间有显著负相关关系,经营良好的企业能够在增加收益的同时减少风险。经营风险特别是环境风险已成为影响商业银行日常经营的重要因素,银行应提升银行体系持续支持绿色经济和抵御环境风险的能力。此外,蔡艳辉和冯友孝(2016)提到经营风险影响企业财务绩效的方式也是多种多样的,负债是衡量经营风险的重要标志,资产负债率控制在合理范围内的企业财务状况良好,有效分散风险。基于此,提出第三个假设:

H3:经营风险负向影响财务绩效。

2.5.1.5 开展绿色业务对经营风险与绩效关系的影响

绿色金融相关文献的研究都有一个共同的缺陷,即绿色金融在全国范围内开展的时间尚短,国家政策还没有成熟,实证得到的结果有时并不显著甚至与理论相悖。周朝晋(2019)基于2011—2018年12家上市银行面板数据,发现开展绿色信贷业务虽然对银行财务绩效有正向的影响,但得到的结果显示影响是非常小的。李苏等(2017)分析了16家上市商业银行的面板数据,将绿色信贷作为解释变量,经营风险作为调节变量去研究绿色信贷对银行绩效的影响,得到的结果虽然证明正相关的假设,但回归系数非常小,非常容易受外部因素的影响。虽然人们深刻地明白开展绿色业务对于环境保护的重要性,但是许多金融企业出于自身利益考虑不愿意开展绿色项目,因为在短期内并不能为企业得到应有的回报,但胡荣才和张文琼(2016)认为,尽管银行的绿色项目在初期会降低其盈利能力,但从长远来看,它们会增加。

目前学者对绿色金融对银行绩效的影响研究通常是正相关的,但是相关系数很不显著,并且从实际情况得知,由于目前国内绿色金融业务在近几年才开展,仍处于发展初期,本身对银行绩效的影响就很小,再加上企业结构、人员波动和外部宏观市场条件等方面如果发生变化,很容易掩盖绿色业务对绩效的影响,得到负相关也是很正常的。所以,仅仅研究绿色业务的开展情况对银行绩效的影响通常是不清晰的,绿色金融业务会在影响银行绩效的其他因素中体现出来。例如,开展绿色业务对贷款企业进行严格审查会降低企业的坏账风险,绿色产品可以调整产品固有的期限错配问题,即降低流动性风险。卢秀锋(2013)研究认为企业社会责任表现能通过降低财务风险来提高公司绩效,提供了从绿色业务调节视角出发考虑对绩效的影响的可行路径。被披露社会责任缺失的企业,其产品会遭到整个社会严厉抵制,大大增加了经营风险,降低了销售收入。相反,那些积极承担社会责任并披露环保数据的企业,会获得更多的大众认可,使企业在更稳定的环境下运行,降低企业经营风险。企业社会责任表现较好,可以降低经营风险,企业在较低的经营风险下运营更有助于提高财务绩效,因此企业社会责任在经营风险和财务绩效之间起到部分调节作用(朱永明、赵少霞,2017)。刘霞(2015)认为虽然短期看,风险管理措施的实施确实增加了成本,对企业财务业绩具有一定的负面作用,但是这些成本并不是沉没成本;商业银行应该将环境与社会风险纳入整个业务流程中,从而增强自身风险管理能力,全面提高经营效率。因此,从绿色信贷视角出发,分别以资产负债率和不良贷款率指标衡量银行在对外经营过程中产生的经营风险,引入银行开展绿色信贷情况作为调节因素来体现绿色信贷对商业银行经营风险的内在影响。因此,提出第四个假设:

H4:商业银行积极开展绿色业务可以调节经营风险对财务绩效的影响。

2.5.2 研究设计

2.5.2.1 数据来源与样本选取

考虑到2007年国家绿色信贷政策实施后仍有不少商业银行虽对绿色信贷业务情况进行详细披露,但未披露当年绿色信贷余额。因此,对于使用DID模型的假设1,以2005—2018年我国24家开展绿色业务的上市商业银行数据为样本,以是否详细披露绿色信贷业务为标准分为对照组与处理组进行DID模型估计。对于假设2～假设4,以我国开展绿色信贷业务并在当年披露绿色信贷余额的16家上市商业银行的绿色信贷项目相关的数据为样本进行估计。考虑到由于我国开展绿色金融时间尚短,商业银行对于绿色信贷项目数据披露不充分,因此为保证数据的准确性,剔除了缺失、无法收集的样本年度,统计数据限于2010～2018年。

数据均来自商业银行年报、社会责任报告、银监会官网、Bankscope 数据库、锐思数据库等,运用 stata15、Eview10.0 对所收集的样本数据进行分析。

2.5.2.2　变量选取与度量

1. 被解释变量

净资产收益率 *roe*、总资产收益率 *roa* 用于衡量公司自有资本和总资产的利用效率并反映股东资本的使用,*eps* 反映企业经营成果。因此,选用 *roe*、*roa* 作为被解释变量,用 *eps* 施行稳定性检验。

2. 解释变量

企业经营风险主要包括因未来资金而导致公司无法及时追回的坏账风险、未来现金流量不确定的流动性风险以及营业收入波动的风险。经营风险有资产负债率、不良贷款率、应收账款比以及成本收入率等代理指标。外国学者在 Modigliani 和 Miller(1958)的理论基础上,认为采取负债融资方式可以有效提高企业市值,可使用负债比例衡量经营风险。姬彬(2016)认为在一定范围内的资产负债率可以降低风险从而提高银行的财务绩效,但是始终保持较高的资产负债率会加重企业的营运负担。石金宁(2019)认为不良贷款率反映资产质量和控制经营风险能力,信用较差的贷款占总贷款的比例越大,会降低银行的资产质量。因此,选取资产负债率与不良贷款率衡量经营风险。

3. 调节变量

关于信用风险、绿色信贷与银行绩效关系的研究文献有很多,但实际上由于绿色信贷业务在银行开展时间晚,规模不大,因此对银行整体财务绩效的间接影响不显著,而更直接地影响企业的经营风险。因此本文把绿色业务开展情况作为调节变量进行研究,探究其对经营风险与绩效关系的调节作用。

4. 控制变量

商业银行绩效还受银行规模、资本结构、外部宏观环境等方面的影响。其中银行规模的大小会直接影响到银行绩效。如果银行规模较小,无法达到规模效应,使得银行在业务开展过程中的固定成本增加,影响经营业绩;若银行的规模较大,管理层设置较为复杂,银行除了日常经营外还要花费额外的时间和成本处理管理问题。股权结构用第一大股东持股比例表示,第一大股东通常是银行实际持有人或创始人,由于公司绩效直接关系到其自身利益,股权越集中,大股东越有意愿去参与管理企业绩效。借鉴霍晓萍等(2019)观点认为,高管薪酬差距与绩效之间的重要关系在国企更为明显,差距越大绩效越好。因此,将前三个高管薪酬对数作为高管薪酬指标。

综上所述,变量描述如表 2-35 所示。

表 2-35 变量的选取与定义

变量类型	变量含义	变量定义	表示
被解释变量	财务绩效	净资产收益率	roe
		总资产收益率	roa
解释变量	经营风险	资产负债率	dar
		不良贷款率	nplr
调节变量	绿色业务开展情况	绿色信贷余额/总贷款余额	green
控制变量	银行规模	总资产对数	asset
	股权结构	第一大股东持股比例	share
	高管薪酬	前三名高管薪酬的对数	salary
	银行年龄	(当期年份－成立年份＋1)对数	age
	经济环境	GDP 增长率	gdp
	资本充足率	资本/加权风险资产总额	car
	成本收入率	各项支出/各项收入	cr
	股东权益比	期末权益总额/期末总资产	er
	产权性质	国有＝1,非国有＝0	soe

2.5.2.3 模型构建

公共政策研究与一般研究不同。为了研究外源政策实施的影响,计量经济学提供了双重差分(DID)模型,根据从自然实验获得的数据,可以通过建模有效分离政策影响的真实结果,并估算政策对目标的净影响。将选取的调查样本分为处理

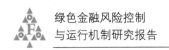
组和对照组,一方面是政策实施与未实施对象的比较(横向比较),另一方面是政策实施前后的比较(纵向比较),双重差分估计量将二者结合起来,得到如下公式:

$$d_{ID} = \Delta\overline{Y}_{treatment} - \Delta\overline{Y}_{control} = (\overline{Y}_{treatment,t_1} - \overline{Y}_{treatment,t_0}) - (\overline{Y}_{control,t_1} - \overline{Y}_{control,t_0}) \quad (1)$$

其中,d_{ID} 为双重差分估计量,$\overline{Y}$ 为被解释变量,$\overline{Y}_{treatment}$ 为处理组,$\overline{Y}_{control}$ 为对照组,t_0 为政策实施前,t_1 为政策实施后。

运用 DID 模型的估计方法,衡量绿色信贷政策的效果。借鉴李程(2016)、张颖(2018)分组方法将全部样本分为两组:详细公布绿色信贷数据与非详细数据公布组,对应于自然试验中的处理组与对照组,反映出商业银行对绿色信贷政策的态度及对绿色信贷政策的执行情况。这样处理的逻辑在于绿色信贷是体现商业银行承担社会责任的重要一环,对于商业银行自身而言,倘若商业银行发放绿色信贷,其可能会出于对企业社会责任的正外部性考虑积极披露绿色信贷数据。此外,商业银行承担社会责任也会受到相关政策的要求,需要定期披露《社会责任报告》,虽然可能具有内生性,但这种行为是受到了外部政策影响下的行为,可近似地用双重差分法进行检验。

我国绿色信贷源于 2007 年 7 月银监会发布的《关于贯彻环境保护政策和法规防范信贷风险的意见》,因此以 2008 年为分界点划分绿色政策实施的两阶段。构建模型:

$$roa_{i,t} = \alpha_0 + \beta_1 treated_i + \beta_2 time_t + \beta_3 did_{i,t} + \delta controls + \varepsilon_{i,t} \quad (2)$$

被解释变量用 roa 表示,虚拟变量 $treated$ 为 1 表示银行详细披露绿色信贷数据,0 为没有详细披露;$time$ 反映企业是否受绿色信贷政策影响,2008 年及之后的值为 1,2008 年之前为 0。交互项为 $did_{i,t} = treated_i \times time_t$,在执行策略后,处理组的值为 1,之前的值为 0;$controls$ 是其他控制变量,i 表示银行,t 表示年份。模型的关注重点是 β_3,它衡量绿色信贷政策对财务绩效的影响。如果绿色信贷政策提高了银行绩效,那么 β_3 的系数显著为正,反之亦然。

绿色业务与经营风险的关系模型为:

$$dar_{i,t} = \alpha_0 + \beta_1 green_{i,t} + \delta controls + \varepsilon_{i,t} \quad (3)$$

$$nplr_{i,t} = \alpha_0 + \beta_1 green_{i,t} + \delta controls + \varepsilon_{i,t} \tag{4}$$

经营风险与财务绩效的关系模型为：

$$roe_{i,t} = \alpha_0 + \beta_1 dar_{i,t} + \beta_2 green_{i,t} + \delta controls + \varepsilon_{i,t} \tag{5}$$

$$roe_{i,t} = \alpha_0 + \beta_1 nplr_{i,t} + \beta_2 green_{i,t} + \delta controls + \varepsilon_{i,t} \tag{6}$$

绿色业务对经营风险与财务绩效关系的调节模型为：

$$roe_{i,t} = \alpha_0 + \beta_1 dar_{i,t} + \beta_2 green_{i,t} + \beta_3 dar_{i,t} \times green_{i,t} + \delta controls + \varepsilon_{i,t} \tag{7}$$

$$roe_{i,t} = \alpha_0 + \beta_1 nplr_{i,t} + \beta_2 green_{i,t} + \beta_3 nplr_{i,t} \times green_{i,t} + \delta controls + \varepsilon_{i,t} \tag{8}$$

其中，i 为银行，t 为年份，α 表示方程截距项，β 表示方程待估参数，$controls$ 表示控制变量，ε 表示随机扰动项。

2.5.3　实证分析

2.5.3.1　描述性统计

变量描述性统计结果如表 2-36 所示。从样本均值来看，净资产收益率均值为 0.131 2，近两年整体呈下降的趋势；代表绿色业务开展情况的绿色贷款比重最大值与最小值差距比较明显，说明近几年商业银行绿色业务开展正处于迅猛上升的起步阶段，各个银行发展程度差异也较大，如兴业银行由于较早开展绿色金融业务，虽然银行规模和资产等绝对值与其他商业银行相比有小的差距，但是其绿色信贷余额占总贷款比重较高，绿色信贷业务发展在样本银行中领先；银行规模可以看出即使做了对数化处理差距也较为明显。

表 2-36　　　　　　　　　　　　　变量描述性统计

变量	平均值	中位数	最大值	最小值	标准差
roe	0.131 2	0.134 5	0.244 0	0.080 2	0.032 2
roa	0.010 6	0.011 0	0.014 7	0.000 5	0.002 2
dar	0.936 0	0.935 1	0.966 2	0.917 0	0.009 5
$nplr$	0.013 2	0.012 1	0.109	0.003 8	0.009 1
$green$	0.052 5	0.038 7	0.33	0.002 0	0.058 4

续表

变量	平均值	中位数	最大值	最小值	标准差
asset	29.047 1	29.058 3	30.952 4	25.402 3	1.173 9
soe	0.375	0	1	0	0.485 8
car	0.122 7	0.12	0.171 9	0.078 7	0.017 3
cr	0.316 4	0.312 5	0.434 1	0.215 9	0.045 7
er	0.064 9	0.648	0.085 8	0.034 1	0.009 8
gdp	0.078 0	0.073 0	0.106 0	0.066 0	0.013 3
salary	15.662 1	15.767 9	16.932 1	14.304 7	0.685 9
share	0.349 6	0.265 3	0.677 2	0.101 9	0.179 4

2.5.3.2　相关性分析

各变量的 *Pearson* 相关系数检验结果见表 2-37,绿色业务水平对 *roe* 呈负相关且不显著,对 *roa* 在 0.05 水平上显著负相关;代表经营风险的资产负债率 *dar* 与 *roe* 在 0.01 水平上显著正相关,不良贷款率 *nplr* 与 *roe* 相关性虽然不显著,但仍呈负相关,假设 1 与假设 2 得到初步验证。

表 2-37　　　　　　　　　　　　　主要变量相关系数表

变量	*roe*	*roa*	*eps*	*dar*	*nplr*	*green*	*asset*	*gdp*	*age*	*soe*
roe	1									
roa	0.722 9 ***	1								
eps	−0.002 3	−0.140 7	1							
dar	0.458 9 ***	−0.646	0.236 3 ***	1						
nplr	−0.059 6	−0.186 6 ***	−0.114 8	−0.111 7	1					
green	−0.059 6	−0.171 1 ***	0.321 2 ***	0.152 3 *	0.023 1	1				
asset	−0.284 2 ***	0.207 7 ***	−0.212 4 ***	−0.405 4 ***	−0.086 8	0.042 9	1			
gdp	0.514 6 ***	0.231 4 ***	−0.155 6 *	0.638 6 ***	−0.154 3 *	−0.004 4	−0.269 7 ***	1		
age	−0.225 3 ***	0.098 9	−0.370 1 ***	−0.397 5 ***	0.013 7	−0.012 4	0.705 3 ***	−0.177 8 ***	1	
soe	0.134 6	0.324 8 ***	−0.593 6 ***	−0.395 1 ***	0.169 0 **	0.034 0	0.324 8 ***	0	0.570 1 ***	1

注:* $p<0.1$, ** $p<0.05$, *** $p<0.01$。

2.5.3.3　回归分析

在进行回归之前,首先根据 F 检验与 Hausman 检验对各回归模型进行效应设定。不同检验结果在回归分析结果表中列示。

1. 假设 1 回归分析结果

双重差分结果如表 2-38 所示，表中(1)列未加入其他控制变量，(2)列加入其他控制变量。无论是否加入控制变量，在 0.01 的置信水平上，实施绿色信贷政策的效果将显著为负。这表明绿色业务尚在发展完善阶段，初期回报性未能完全显现，银行实施绿色金融政策仍存在规模不足、效率不高等问题，难以提高业绩水平及绿色金融配置效率，而实施绿色金融政策、推行绿色金融产品、构建绿色金融体系的成本较高，虽未显著提升银行的营利能力，但为了更好的未来回报并最终改善财务业绩，银行不能为了短期获取私利与相关机构、企业勾结，而应使企业利益驱动与社会责任紧密联系，增加公司的贷款意愿。很明显，这种社会声誉很难在短期内形成，因此银行的绩效会受到负面影响。

表 2-38　　　　　　　　　　　DID 模型回归

roa	(1)	(2)
did	−0.002 374 7***	−0.002 044 7***
time	0.004 856 6***	0.007 213 2***
treated	0.003 015 6***	0.001 954 1***
dar		0.021 817
nplr		−0.001 568 6
car		0.000 458 9
cr		−0.015 291 8***
er		0.084 396 3
asset		−0.000 582
soe		0.000 823 9**
gdp		0.096 924 7***
_cons	0.005 577 8***	−0.025 391 2
R^2	0.280 5	0.574 5
F-value	29.70	44.17

注：* $p<0.1$，** $p<0.05$，*** $p<0.01$。

2. 假设 2 回归分析结果

如表 2-39 所示，当被解释变量为 dar 时，解释变量开展绿色业务情况(green)

回归系数 0.026 03 在 0.1 水平上显著为正,说明绿色业务开展情况越好,资产负债率会提升,经营风险越降低;当被解释变量为 $nplr$ 时,解释变量开展绿色业务情况($green$)回归系数－0.020 31 在 0.1 水平上显著为负,说明绿色业务开展情况越好,不良贷款率会降低,经营风险越降低,即绿色信贷对银行经营风险有负向影响。

表 2-39　　　　　　　　　　开展绿色业务对经营风险的影响

假设 1	dar	$nplr$
$green$	0.026 03[*]	－0.020 31[*]
_cons	1.030 98[***]	－4.933 22[*]
controls	Yes	Yes
Year	Yes	Yes
FE OR RE	FE	FE
R^2	0.168 6	0.420 1
F-value	24.06	27.84
Prob	0.00	0.00

注:[*] $p < 0.1$,[**] $p < 0.05$,[***] $p < 0.01$。

3. 假设 3 回归分析结果

如表 2-40 的(1)、(2)列示,资产负债率(dar)为解释变量时,系数 1.623 1 在 0.01 水平上显著为正,说明偿债能力较强时企业经营风险较低,可以增强财务绩效;不良贷款率($nplr$)为解释变量时,系数－0.285 84 在 0.1 水平上显著为负,符合银行实际经营情况,不良贷款造成银行资源的浪费,所以银行的不良资产率升高会导致银行绩效降低,支持假设 3。绿色业务开展情况与财务绩效呈显著负相关,且回归系数很小,原因是我国绿色金融制度起步较晚,政策不够健全,仍处于不完善的发展阶段,任何新兴产业在初期,都需要投入大量资源,使商业银行的成本加大,增加其营运负担,这也是目前金融企业没有积极开展绿色金融项目的原因。

表 2-40 加入绿色业务影响后回归分析结果

variable	roe			
	H2		H3	
	(1)	(2)	(3)	(4)
dar	1.623 1***	—	0.008 03***	—
dar×green	—	—	0.100 07***	—
nplr	—	−0.285 84*	—	0.626 396**
nplr×green	—	—	—	−17.966 84***
green	−0.086 80**	−0.090 72**	−9.331 94***	0.193 470 3**
_cons	−0.042 74	0.413 60***	0.745 28	1.524 34
controls	Yes	Yes	Yes	Yes
Year	Yes	Yes	Yes	Yes
FE OR RE	FE	FE	FE	FE
R^2	0.769 0	0.616 0	0.896 9	0.720 6
F-value	95.39	26.87	50.78	96.89
Prob	0.00	0.00	0.00	0.00

注:* $p<0.1$,** $p<0.05$,*** $p<0.01$。

4. 假设 4 回归分析结果

分别在表 2-40 模型(1)、(2)的基础上加入解释变量与绿色信贷余额的交互项,得到表 6 的(3)、(4)列,当经营风险用资产负债率(dar)表示时,其系数 0.008 03 在 0.01 水平上显著,偿债能力高时经营风险降低,财务绩效变好;当风险用不良贷款率($nplr$)表示时系数为负,说明不良贷款高时经营风险也高,企业的财务绩效会变差,再次验证了假设 H3。交互项 $dar×green$ 的相关系数为 0.100 07,在 0.01 水平下显著为正,说明绿色业务在 dar 对财务绩效的影响中起到了促进作用,强化了 dar 对于绩效的正相关性,由于 dar 越高反映的是经营风险降低,另一方面说明绿色业务削弱了经营风险对财务绩效的负相关作用。交互项 $nplr×green$ 的相关系数 −17.966 84 也在 0.01 水平下显著,这同样表明绿色业务的发展削弱了经营风险与财务绩效之间的负相关性,该结果支持 H3,积极承担社会责任并披露绿色信贷数据的银行,会获得更多的大众认可,使银行在更稳定的环境下运行,降低银行经营风险,银行在较低的经营风险下运营更有助于提高财务绩效。加入交互项后,调整后 R^2 增大,方差拟合更好。

2.5.3.4 稳健性检验

1. 平行趋势假定检验

首先,对于假设 1 利用双重差分模型的必要条件是满足平行趋势假定。$Before2$ 表示绿色信贷政策实施前两年,$Before1$ 表示绿色信贷政策实施前一年,$Current$ 表示绿色信贷政策实施当年,$After1$、$After2$、$After3$ 分别表示绿色信贷政策实施后的 1、2、3 年。如表 2-41 所示,(1)列显示在未加入控制变量时的检验结果,(2)列显示在加入控制变量后的检验结果。在政策实施前两年 did 均不显著,即实施绿色业务没有影响商业银行财务绩效,则说明银行绩效的变化来自其他因素。而政策实施之后三年的 did 系数是显著的,说明政策实施确实对银行绩效产生了显著影响,模型满足平行趋势假定。

表 2-41　　　　　　　　　　　　平行趋势假定检验

roa	(1)	(2)
$Before2$	$-0.000\ 602\ 2$	$-0.000\ 756\ 9$
$Before1$	$-0.000\ 375\ 6$	$-0.001\ 311\ 8$
$Current$	$-0.002\ 342\ 2$	$-0.003\ 169\ 7^{*}$
$After1$	$-0.002\ 242\ 2^{*}$	$-0.003\ 095\ 1^{**}$
$After2$	$-0.002\ 364\ 4^{**}$	$-0.002\ 782^{**}$
$After3$	$-0.002\ 793\ 9^{**}$	$-0.002\ 796\ 8^{**}$
$controls$	No	Yes
$\_cons$	$0.006\ 187\ 5^{***}$	$-0.071\ 836\ 4$
R^2	$0.608\ 6$	$0.736\ 9$

注:$^{*}\ p<0.1$,$^{**}\ p<0.05$,$^{***}\ p<0.01$。

2. 动态 did 检验

为检验政策是否存在提前反应,假设政策于 2005 年、2006 年实施,此时 did

的系数不再显著;2012 年银监会发布《印发绿色信贷指引》,为检验该政策对研究是否存在显著影响,以 2012 年为新政策发生时点对数据进行双重差分法,此时 did 系数并不显著。估计结果表明,设定 2008 年政策发生时点是合适的,没有明显的提前政策反应以及后续政策的影响,结果见表 2-42。

表 2-42 动态 did 检验

roa	2005 年	2006 年	2012 年
did	$-0.000\ 378\ 6$	$-0.000\ 650\ 8$	$-0.000\ 575\ 5$

注:$^{*}\ p<0.1$,$^{**}\ p<0.05$,$^{***}\ p<0.01$。

3. 模糊断点回归检验

使用二阶段最小二乘法(2SLS)重新对模型(1),即双重差分模型进行模糊断点回归,以年份作为工具变量,fit 表示回归的拟合估计值,结果见表 2-43。回归结果的 F 值大于 10,P 值趋近于 0,fit 均在 0.01 水平上显著为负,表明绿色信贷政策的实施显著地降低了企业绩效,与结论一致。

表 2-43 2SLS 回归

解释变量	被解释变量	
	roa	roe
fit	$-0.068\ 18^{***}$	$-0.838\ 15^{***}$
$\_cons$	$-0.067\ 71^{*}$	$-0.808\ 52$
$controls$	Yes	Yes
R^2	0.747 8	0.801 1
$F\text{-}value$	21.17	37.76
$Prob$	0.00	0.00

注:$^{*}\ p<0.1$,$^{**}\ p<0.05$,$^{***}\ p<0.01$。

4. 替换变量检验

表 2-44 的(2)列为使用固定效应来检验假设 1,即开展绿色业务对企业财务绩效的影响,结果与 DID 模型一致。用每股收益 eps 替代 roe 对当被解释变量为 $nplr$ 时的假设 2、假设 3 结果进行检验,$nplr$ 与财务绩效显著负相关,绿色业务开

展情况与 eps 呈显著正相关。加入交互项后,交互项系数-189.6928在1%水平上显著为负,结果一致。当被解释变量不变,添加控制变量 gdp 时,无论解释变量为 dar 还是 $nplr$,均与财务绩效 roe 显著相关,与上文对H2的结论一致。加入交互项之后,交互项与 roe 的相关性也是显著的,即绿色业务的开展能够增强 dar 对财务绩效的正向影响作用,能够削弱 $nplr$ 对财务绩效的负相关作用,与之前对H3的结论一致。以上的稳健性检验说明研究结果可靠。

表 2-44　　　　　　　　　　　　　　　　替换变量检验

variable	roa	eps		roe			
	H1	H2	H3	H2	H3	H2	H3
dar	−0.034 40	—	—	0.019 849***	0.015 064***	—	—
$dar \times green$	—	—	—	—	0.083 721*	—	—
$nplr$	−0.033 71***	−0.028 69**	−11.172 43	—	—	−3.939 027***	−3.061 064***
$nplr \times green$	—	—	−189.692 8**	—	—	—	−12.731 96*
$green$	−0.009 16***	−0.008 85***	8.627 604***	−0.000 443	−7.844 420*	−0.006 524	0.200 061*
gdp	—	—	—	1.489 200***	1.514 810***	0.457 133**	0.532 182**
_cons	0.060 76	−0.059 20***	−6.997 152 1***	−2.632 575***	−2.193 631***	0.201 976	0.237 597
controls	Yes	Yes	Yes	Yes	Yes	Yes	Yes
Year	Yes	Yes	Yes	Yes	Yes	Yes	Yes
FE OR RE	FE	FE	FE	FE	FE	RE	RE
R^2	0.467 4	0.432 8	0.726 3	0.60	0.60	0.69	0.70
Prob	0.00	0.00	0.00	0.00	0.00	0.00	0.00

注:$^*p<0.1$,$^{**}p<0.05$,$^{***}p<0.01$。

2.5.4　结论与建议

2.5.4.1　结论

运用双重差分模型分析绿色信贷政策对上市银行财务绩效的影响,从实证结果看,绿色信贷政策效果显著为负,说明现阶段银行实施绿色信贷政策无法对经营绩效起到积极的促进作用,原因主要是商业银行为维持自身盈利,仍会对高污染企业发放大量的贷款,从而增加信贷项目的环境风险。

商业银行开展绿色业务可以降低企业的经营风险。对环保方面加以重视的企业,会赢得公众对企业的信心与声誉,建立健全的监管和信用审查机制,降低产品的坏账风险,并且能够提高产品流动性,减少银行业金融产品固有的期限错配风险,进而降低企业经营风险。

经营风险与财务绩效存在负向影响作用。发展绿色金融业务能削弱经营风险对财务绩效的负向影响作用。商业银行开展绿色业务可以通过降低经营风险来间接提高财务绩效。

2.5.4.2　建议

第一,健全绿色金融激励引导制度。

从研究中可以发现,虽然绿色业务的开展能够明显地改善商业银行的经营风险,但是对于银行整体财务绩效而言,目前规模尚小的绿色业务无法对企业整体业绩产生明显的影响,尤其在初期发展阶段,需要投入大量的资源,加大商业银行的成本,增加其营运负担。因此,政府应当健全激励制度,在财政上提供资金支持,提高金融企业参与绿色金融的积极性;规范行业行为,完善金融政策支持体系。虽然目前发展绿色金融无法给企业带来直接的显著收益,但因为企业对于承担社会责任的正外部性需要一个长的周期才能显现,商业银行都应具有长远眼光,履行社会义务,主动实施绿色金融政策,推动完善绿色金融机制,助力可持续发展。统一绿色金融标准体系,出台依靠强制力保证实施的严格的绿色金融相关法律法规,加大追责力度,使企业利益驱动与社会责任紧密联系。增强参与绿色金融各方的绿色环保意识,充分利用各种渠道、媒体宣传绿色金融知识,培育民众的金融素养与思维模式;对公民进行针对性的教育,注重培养绿色向上的企业文化和制定优秀人才开发培养计划,注重对跨学科综合型人才的培养,金融机构应该建立专门的绿色金融项目组,培养专业的具有金融、环保方面综合素质的人才;进行投融资的企业也应在员工引进时进行综合素质考察,注重考核员工的绿色环保意识和知识。

第二,积极创新研发绿色新产品降低金融企业经营风险。

积极研究开发绿色金融新型产品和融资模式创新,满足中长期绿色项目的投融资需求,来规避绿色资金期限过长和银行资金结构错配出现的流动性等风险。同时,完善商业银行的信用评级制度。在初期的项目考察中进行全面的风险环节评估,建立完善的绿色金融市场准入机制,严格监管项目的批准、审核工作;判断该项目是否具有绿色环保的性质,并调查企业的信用资质和背景,建立专门的环境风险评估部门,对项目进行专业化识别、分类、评估、决策,综合评估以防止出现环境污染、融资风险过高,确保金融企业资金能够及时收回。

第三,健全绿色项目实施过程中的风险防控机制。

商业银行在开展业务活动的过程中对项目进展实施监督审核,对环保问题的审查不能流于形式,应建立专门独立的绿色项目工作小组,加强内控工作质量,防止内部人员为自身利益与污染企业相互勾结,出现洗绿现象;建立信息披露平台,解决信息不对称问题;强化贷后监控工作审查,建立绿色金融风险监测预警机制和风险统计监测指标的评估方法,在项目后期根据设立的各个指标进行绩效、质量评估,总结绿色项目整个流程中各个节点出现的问题,以此完善绿色金融风险防控机制。同时,应提前制定绿色金融风险预案,建立风险转移和补偿机制,规范各类风险的应对措施,按重要性等级依次对风险问题实施解决措施,使风险造成的损失最小化。

完善银行内部控制,一方面,银行要建立信息披露平台,及时对投融资企业的相关信息进行披露,保证环保信息录入的动力,重视披露的时效性和完整性;另一方面,应提前制定绿色金融风险预案,建立风险转移和补偿机制,规范各类风险的应对措施,按重要性等级依次对风险问题实施解决措施,使风险造成的损失最小化。商业银行还要定期检查内部控制整体流程的完整性,必要时利用情景模拟、压力测试等方法进行极端金融事件检测,完善相关内部体系,为整个金融机构绿色金融风险防控体系的完善提供必要的制度支持。

完善商业银行的信用评级制度,在初期的项目考察中进行全面的风险环节评估,建立完善的绿色金融市场准入机制,严格监管项目的批准、审核工作;判断该项目是否具有绿色环保的性质,并调查企业的信用资质和背景,建立专门的环境风险评估部门,对项目进行专业化识别、分类、评估、决策,综合评估以防止出现环境污染、融资风险过高,确保金融企业资金能够及时收回。

3　绿色金融的平台建设

绿色金融体系建设过程中需要一个基础平台来对基层数据(包括绿色产品信息、绿色产业信息等)进行收集、处理和整合,并为绿色金融体系参与者提供相关咨询和中介服务。绿色金融平台集政策、中介、咨询、产品、信息服务等综合性金融服务于一体,涉及政府、金融机构、第三方认证机构、绿色技术企业及绿色技术需求方等多方参与主体。因此,构建一个适应绿色产业发展和绿色金融市场需求的由政府引导、市场化运营的综合平台,有助于降低绿色金融风险,促进绿色金融体系进一步完善。

3.1　国际绿色金融平台设置的现状

3.1.1　联合国环境规划署金融倡议[①]

联合国人类环境会议(1972 年,斯德哥尔摩)成立了联合国环境规划署(UN-EP),将其作为环保意识联合国(UN)系统。自成立以来,环境署的任务是鼓励与环境保护相适应的经济增长,于 1991 年启动了"环境署金融倡议"的概念,该倡议在联合国环境规划署的主持下运作,与包括商业银行、投资银行、风险资本家、资产管理人以及多边开发银行和机构在内的广泛金融机构进行了有关经济发展、环境保护和可持续发展之间的联系。该计划促进了将环境因素纳入金融部门运营

---

① 　https://www.unepfi.org。

和服务的各个方面。该倡议的次要目标是促进私营部门对无害环境技术和服务的投资。1995年,环境署与一些领先的保险和再保险公司合作,启动了环境署声明保险业对环境的承诺,1997年,保险业计划(III)成立以资助研究活动,并赞助该计划的议事会议和讲习班以及年度例会,同年重新起草了《环境署关于环境与可持续发展的银行声明》,以扩大其对更广泛的金融服务部门的吸引力。在这一阶段,银行倡议被更名为金融机构倡议(FII)。在2003年年度会员大会(日内瓦)上,环境署金融机构倡议(FII)和环境署保险业倡议(III)同意合并,形成一项倡议,即联合国环境规划署金融倡议。在过去的几年中,这两个小组一直通过该倡议的工作计划和区域活动紧密合作,这种正式化是该过程的最后一步,并将使秘书处和指导委员会能够制定一项综合工作计划。为所有签署机构带来附加值。该倡议通过环境署理事会、可持续发展委员会以及各种环境公约,例如《生物多样性公约》和《联合国气候变化框架公约》,继续获得政府的认可。目前,联合国环境规划署金融倡议拥有来自40多个国家的260多个成员机构。

联合国环境融资计划(United Nations Environment Programme Finance Initiative,UNEP FI)是位于瑞士日内瓦的联合国环境资源与市场部门的一个部门,该部门本身是联合国环境规划署八个核心部门之一的经济部门。作为联合国环境署与金融部门之间的全球伙伴关系,环境署金融情报工作计划由一个由成员机构和联合国环境署代表组成的全球指导委员会决定,而更广泛的战略决策则在该倡议的年度股东大会范围内做出。年度股东大会是由所有会员组成的大会,对UNEP FI具有最终决策权。全球指导委员会负责监督该计划的战略方向,由来自成员核心选区的代表组成。行业委员会(银行、投资和保险),以及主题顾问委员会(气候变化、生态系统管理、积极影响、社会问题)和区域顾问委员会(非洲和中东、亚太地区、欧洲、拉丁美洲和北美),构成该计划治理的执行部分。UNEP FI的日常活动由位于日内瓦的小型秘书处负责。

联合国环境规划署金融机构与300多家成员(银行、保险公司和投资者)以及100多家支持机构合作,帮助创建一个为人民和地球服务,同时产生积极影响的金

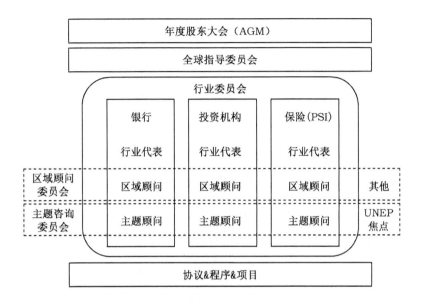

图 3-1 UNEP FI 的管理主体

融部门。该平台旨在激发、告知并帮助金融机构改善人们的生活质量,而又不损害未来后代的生活质量。通过发挥联合国的作用,联合国环境规划署金融机构加快了可持续金融的发展。环境署金融机构建立或共同创建的框架包括:负责任银行原则(PRB)于 2019 年 9 月 22 日启动,共有 130 多家银行共同持有 47 万亿美元的资产,占全球银行业的三分之一。可持续保险原则(PSI),由联合国环境规划署金融机构于 2012 年制定,如今已被全球四分之一的保险公司采用(占全球保费的25%)。负责任的投资原则(PRI)由环境署金融机构和联合国全球契约于 2006 年建立,目前已被全球一半的机构投资者(83 万亿美元)采用。这些框架建立了可持续金融准则,为制定标准提供了基础,并帮助确保私人金融发挥其潜在作用,为实现 2015 年世界各国政府商定的《2030 年可持续发展议程》和《巴黎气候变化协定》做出贡献。

该平台旨在建立最有效的交流知识和最佳实践的网络,并在政策辩论中扩大金融部门的集体声音,使决策者、监管者以及监管者参与的金融部门在促进可持续发展中的作用。通过与银行、保险和投资行业的成员、技术专家和主要利益相

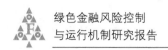

关者合作,促进共同学习并共同开发实用资源,以使金融机构具备将可持续性纳入其战略的知识和专长的操作。该平台的成立通过技术开发方法、信息平台和协作方案等方式,促进可持续性合作项目的开发和良好绿色实践活动的开展,并支持领导决策层加快推动可持续金融机构的数量和质量的双效增长。

目前 UNEP FI 主要包含 6 大模块,活动项目子模块作为主体内容共包含以下内容:银行业、保险业、投资业的行业准则信息、方案建议以及具体应用等;生态系统和气候变化风险监控、信息披露和资源利用等信息;社会效益和生态影响相关数据、分析和资讯。资源模块包括出版刊物以及相关工具类产品和服务;大事记模块包括 2019 年和 2020 年的圆桌会议议程、安排及内容;网络研讨会模块则是向公众提供了一个关于可持续发展话题探讨和研究的交流平台。此外,UNEP FI还提供了可持续金融培训课程以及供相关技术机构、金融机构、绿色项目公司等加入的会员机制,便于更多提供绿色资金、技术和项目的国家和团体组织的加入。

3.1.2　绿色金融 LAC 平台①

绿色金融 LAC 平台(Green Finance LAC Platform,GFL)是由美洲开发银行(IDB)的发展机构部门(IFD)、市场和金融部(CMF)与拉丁美洲发展融资机构协会(ALIDE)通过技术合作项目共同开发的知识信息交流平台,用以支持该地区国家开发银行在绿色金融开发、实行与发展方面的经验交流。2009 年美洲开发银行(IDB)加大了对绿色金融方面的关注,建立了气候变化和可持续发展部门(CSD),在 2013 年获得德国和丹麦政府的捐赠投资,于 2016 年正式创建 GFL 平台,2020年更新平台后加入了一些新的倡议和运行功能。

绿色金融 LAC 平台(GFL)的定位是一种信息沟通的工具,响应国家开发银行(NDB)、私营部门的金融机构和金融市场参与者对共享绿色融资信息和知识的需求,通过制定和促进绿色金融战略和创新风险分担机制的最新趋势和信息,进

---

①　https://www.greenfinancelac.org。

一步扩大私人和公共部门对生态环境保护行动的投资,以及在《巴黎协定》和可持续发展目标的框架内国家层面的资源分配情况,从而加大各主体参与者之间的绿色金融知识交流,进而促进经济、金融以及生态等的可持续发展。

GFL 平台提供的数据和服务面向的市场包括能源、制造业、服务业、农业、房屋、交通、森林资源等。针对不同的环保经济领域开设不同的子模块,各子模块分别包含了相应的数据和项目信息、政策和新闻、研究刊物和案例等。目前开设的子模块包括:生态经济(围绕生物资源和生态系统服务)、蓝色经济(针对海洋资源保护和生态物种多样性)、可持续能源的财务机制(通过金融工具鼓励更有效地利用能源)、绿色金融(包括设计和推广绿色金融工具、制定绿色融资战略、创新金融解决方案、促进跨部门交流协作)、绿色债券(为解决气候变化并促进环境和社会解决方案而发行的固定收益金融工具)、绿色债券透明度平台(提高绿色债券交易透明度和可比性)、实验室(多方机构合作,构建并推广创新的可持续发展金融工具和实践方法)、可持续发展监管者网络(适当解决市场失灵、提高金融市场的稳定性和效率)、私营部门(为使私营部门朝着低碳和气候适应型经济发展做好准备提供咨询、资源服务)。

3.1.3 绿色银行网络①

2015 年 12 月的巴黎 COP21 会议上,澳大利亚清洁能源金融公司、日本绿色基金、马来西亚绿色技术和气候变化中心(前称马来西亚绿色技术公司)、康涅狄格州绿色银行、纽约州绿色银行和绿色投资集团(前身为英国绿色投资银行)宣布成立绿色银行网络(Green Bank Network,GBN)。这些绿色银行通过与两个非营利组织自然资源保护委员会(NRDC)和绿色资本联盟(CGC)合作,在 Climate-Works 的资助下建立了这个绿色银行网络。绿色银行网络(GBN)是一个会员组织,旨在促进现有绿色银行之间的协作和知识交流,使它们能够分享最佳的实践

---

① https://greenbanknetwork.org。

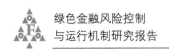

方式和经验教训,还旨在为寻求建立绿色银行的司法管辖区提供知识来源和网络平台。

绿色银行网络(GBN)将通过虚拟和面对面的平台收集、组织和共享绿色银行的专有技术,进而促进绿色产业、金融等信息的交流。GBN旨在通过帮助私营部门投资者和开发商进一步与绿色银行合作,推动交易结构、合同和指标的标准化,增加绿色银行的知名度和透明度,并跟踪绿色产品和项目关键指标的进度,最终达到流向可持续发展基础设施的资金增长的目的。绿色银行和类似绿色银行的实体在帮助"主流"LCR投资方面处于独特的位置,通过与私营部门密切合作,使用市场响应策略(例如增强信贷和其他风险缓解措施、项目信息汇总、合同标准化和示范性投资等)来为LCR的私人投资提供机会,从而建立良好的记录并增强私人投资者的信心。绿色银行还能够利用有限的公共资源将项目与资本市场联系起来,并释放新的资金池,例如机构投资者和绿色债券市场。

绿色银行网络(GBN)共设有三个信息交流板块,数据库用于展示绿色交易产品和绿色投资项目的相关信息,其中包含的信息是由绿色银行网络秘书处根据可公开获得的信息汇编而成的,根据不同的绿色银行、年份、国家地区、目标行业、绿色技术、交易方式(如担保、租赁、证券化等)分类列示,主要用于提供非商业目的的信息参考。知识中心是一个中央仓库,用于存储有关绿色银行交易、金融产品、组织和计划结构以及相关影响的信息,具体包括研究报告和白皮书、幻灯片、在线研讨会和视频。它包含了从全球绿色银行收集的信息,可以帮助其他绿色银行和相关金融机构了解实际绿色银行投资的目的、机制和影响。新闻和事件板块收集了相关绿色银行的新闻报道以及组织的相关活动信息,包括已经发生的活动记录和即将开展的活动预告,还包含了GBN的年度公报。

3.1.4 绿色气候基金①

绿色气候基金(Green Climate Fund,GCF)是世界上最大的专门基金,旨在帮

---

① https://www.greenclimate.fund。

助发展中国家减少温室气体排放并增强其应对气候变化的能力。它是由《联合国气候变化框架公约》(UNFCCC)于 2010 年设立的,总部设在韩国仁川市松岛,于 2013 年 12 月运营。GCF 旨在促进气候资金的流动,以投资于低排放和具有气候适应力的发展,从而推动全球应对气候变化的方式发生转变。应对气候挑战要求所有国家,包括公共部门和私营部门,采取集体行动。并且该项基金特别关注极易受到气候变化影响的社会的需求,尤其是最不发达国家、小岛屿发展中国家和非洲国家。GCF 于 2014 年启动了初始资源筹集工作,并迅速筹集了 103 亿美元的资金,这些资金主要来自发达国家,也有部分来自一些发展中国家、地区和城市。GCF 的活动通过国家所有权原则与发展中国家的优先事项保持一致,并且基金建立了直接获取方式,因此国家和次国家组织可以直接获得资金,无需通过其他的国际中介机构。该平台设立的创新性在于利用公共投资来刺激私人融资,释放气候友好型投资的力量,从而实现低排放、适应气候变化的绿色发展。

绿色气候基金(GCF)董事会负责对基金管理层的治理和监督,由《联合国气候变化框架公约》(UNFCCC)的 194 个主权政府缔约方建立,由《公约》的缔约方会议(COP)领导并保持独立。GCF 有一个由执行主任领导的独立秘书处,执行主任由董事会任命并向董事会负责。秘书处的高级管理团队领导秘书处的各个部门,提供管理能力以执行基金的日常运作。GCF 秘书处由以下几个部门和办公室组成:执行主任办公室(OED)负责秘书处的总体管理,包括在政策和规划中制定战略领导和方向;监督运营,计划和发展伙伴关系;协调知识管理;以及对实体认证的支持。总法律顾问办公室(OGC)为董事会、秘书处和基金独立部门提供最优质的法律服务,支持与维护基金管理文书中规定的任务以及所采用的政策和程序。事务治理办公室(OGA)为 GCF 的整个治理结构提供支持,包括支持董事会的决策过程;管理绿色气候基金对《联合国气候变化框架公约》缔约方会议指导的反应;协调与其他基金和相关多边治理机制的行动;制定和实施信息公开和观察员参与的政策。风险管理与合规办公室(ORMC)的任务是创建和管理一个综合的风险、合规和 ESS 框架,使用最佳实践来执行平台机构的受托责任,并预测、识别、优先排序、管理和监控影响 GCF 的业务风险组合。建立和实施政策,运用适应性技术指导和促进上述框架的实施、责任的履行。对外事务部(DEA)的目标是推动绿色气候基金的战略定位,使其成为气候融资的首选伙伴,进而推动全球气候行动。DEA 的工作内容包括推动基金的投融资吸引力,支持资金的补充和资源的调动,并保持和拓展伙伴关系、扩大外部参与度。内部审计办公室(OIA)通过引入一种系统、有纪律的方法来测度、评估和改进风险管理、控制和治理过程的有效性,从而帮助该基金实现其目标、改善其运作。人力资源处(OHR)提供项目和活动,从而吸引、培养、保持和部署世界级的人才,进而使得 GCF 能够有效地管理其全球投资组合。国家规划司(DCP)的任务是支持发展中国家计划、确定、设计和实施由国家驱动的气候投资转型。私营部门设备部(DPSF)的任务是让当地和国际私营部门参与支持发展中国家减缓和适应气候变化的项目,通过资助具有高度变革性的项目,动员私人和机构投资,从而支持气候变化行动、降低绿色金融风险。缓解与适应司(DMA)在所有八个缓解和适应成果领域(农业、林业和其他土地利用;建筑物、城市、工业和电器;生态系统和生态系统服务;能源;卫生、粮食和水安全;基础设施;弱势社区的生计;运输)为公共和私营部门的中心机构和资助提案提供专门的技术和知识,该部门还要负责筹备和检讨公营部门的中央系统及拨款建议等。投资组合管理办公室(OPM)确保项目或计划的及时交付,并从中学习和积累经验,通过自适应的管理方法来交付可持续项目的进展和结果,这些方法能够识别问题并按照 GCF 的目标改进项目的执行。支持服务部(DSS)主要提供一系列企业服务,使 GCF 能够顺利开展和实施日常活动,确保团体的运作效率以及金融的完整性,具体包括财务管理、差旅管理、行政、信息通信技术、采购和财政等功能。

在平台内容设置上,GCF 主要为绿色投资项目提供信息和技术共享平台,共分为三大板块:项目与计划、新闻与活动、出版物和文件。项目与计划板块是主要的信息模块,GCF 通过国家指定机构(NDA)或联络点(FP)与受气候变化影响的国家开展合作,为 100 多个国家或地区的气候危机提供了创新的解决方案,这些

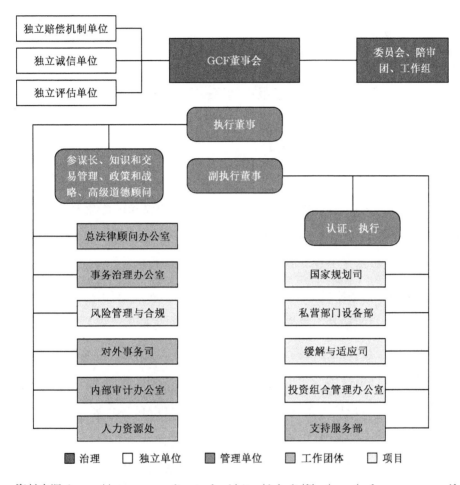

图 3-2　GCF 的管理结构

方案按照国别、主题（包括缓解气候变化、气候变化适应、跨领域项目）、资金来源
（目前有102个公共部门项目和27个私营部门项目）进行了分类，并详细记录了国
家或实体参与者的各项绿色投资方案的一系列流程和推进信息，包括前期计划
（项目的申请和认证、行动计划、可用资金、技术支持、文件资料等）、项目准备（项
目的评定、审核、保障和补救措施、申请流程范例等）、项目批准与实施（相关新闻
报道、具体交易总额和项目后续进展情况等）。新闻与活动板块列示了重大事件

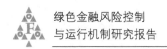

和活动的报道、GCF 项目和计划的详细信息以及 GCF 与利益相关者的互动；即将举办的交流会议和活动预告、已经召开的会议记录和成果；定期发布的官方公告和影片。出版物和文件板块包含了为平台的直接和间接利益相关者发行的各种出版物、GCF 及其合作伙伴编写了报告、提案、协议以及董事会相关文件。

3.1.5　卢森堡绿色交易平台①

卢森堡绿色交易平台(Luxembourg Green Exchange,LGX)是全球第一个专门致力于可持续金融工具的网络平台。在 COP 21 协议和可持续发展目标的引导和支持下,努力解决气候变化和其他可持续发展问题已成为全球热门话题,在此背景下也极大地提高了对可持续金融的需求。为了帮助和促进可持续金融的发展,卢森堡证券交易集团(Luxembourg Stock Exchange,LuxSE)在 2016 年启动了专门针对绿色证券的证券交易平台——卢森堡绿色交易平台(LGX),这是一个专门用于绿色、社会和可持续证券的交易和信息共享的平台。LGX 旨在为发行人、资产管理人和投资者提供绿色、社会、可持续或 ESG(环境、社会、治理)重点关注的债券和基金环境,并且为了保证相关交易的透明度,该平台要求发行人和资产管理人能够提供全面的信息披露并履行其报告义务。

卢森堡证券交易集团(LuxSE)是一家由卢森堡国家银行控股的证券交易机构,设有董事会、审计与合规委员会和薪酬与提名委员会。董事会将其多种权力下放给各个机构,公司的日常管理由执行委员会执行,并由各个业务和运营部门协助其执行任务。首席执行官和副首席执行官负责集团的大部分业务和管理部门,包括秘书长的工作内容、日常事务监管、内部审计、法律等,其中副首席执行官还要负责业务发展与市场营销、国际事务与绿色交易平台的运营,并将相关内容通过董事会秘书报告给董事会。另派设首席财务总监和首席信息官分别负责企业战略发展、市场监管、财务管理和信息技术以及运营风险。

---

①　https://www.bourse.lu/green。

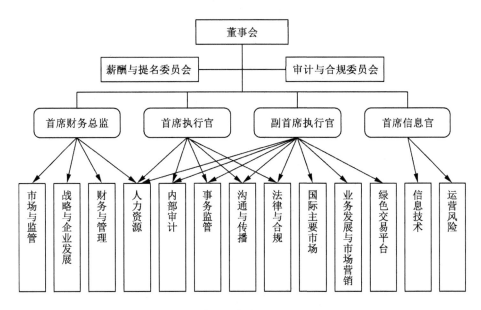

图 3-3　卢森堡证券交易集团组织架构

卢森堡绿色交易平台(LGX)是世界上最大的专门致力于可持续金融的平台。通过在 LGX 上展示证券,发行者可以提高对其项目和投资组合的认识。该平台还为可持续和负责任的投资者提供全面和不受限制的可持续工具信息在线数据库,以满足他们的需求。LGX 是一个展示许多致力于可持续金融的工具的平台,并通过结合四条业务线(上市、交易、传播数据和报告)为发行人和投资者提供一个统一的全方位的服务,其中包括债券、基金、指数和其他金融工具,这些金融工具的发行都必须与公认的国际标准、框架、分类法或标签保持一致,并且符合 LGX 资格审查标准。为此,该平台提供了申请和审核机制,并利用在可持续金融市场中心积累的实践经验编写了《ESG 指南》,在确定 ESG 活动和定义 ESG 策略时,这些 ESG 指南可作为用户的相关指南针,该指南还涵盖了数据收集和处理的过程,并就如何建立最合适的报告格式、沟通渠道和报告期限提供了建议。该平台还通过与上海证券交易所和中国银行的交流与合作,开通了中国国内绿色证券分板块,可查询到在上海证券交易所(SSE)上市和交易或在中国银行间债券市场(CIBM)交易的中国国内绿色证券的数据和信息。此外,还开设了由卢森堡绿色

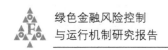

交易所的行业专家开发的 LGX 学院,旨在填补当前可持续金融教育领域的空白,主要是为已经从事绿色发展相关行业的人员以及希望在未来经济中得到职业发展的人员提供量身定制的现场讲座和研讨会,使参与者能够丰富其可持续发展知识,并对市场实践有更深入的了解,从而创建可持续发展投资并提供建议。

3.2　绿色金融的平台设置

金融平台实际上是指企业进行资金获得的一个结构上的安排,比如许多企业获得国内或者海外股票市场上市交易的机会,那么这个上市公司就可以是该公司的融资/金融平台。借助这个概念往绿色金融方面的延伸,绿色金融平台可以定义为为了实现绿色投融资、绿色技术和项目转化与实施等绿色金融活动而搭建的一种交流渠道。

目前国内也开发了几个绿色金融平台,主要是基于政府机构推动、科技企业提供技术支持而设立的信息公开、数据分享和服务平台。国务院发展研究中心信息网于 2016 年特别推出了"全球绿色金融大数据平台",包括 10 大栏目、5 大聚合标签、4 大信息子库,附加若干价值增值服务,希望通过对多维度、多层次的绿色信息、数据进行全面系统地整合与分析,为我国绿色金融参与各方提供业务辅助、研究参考及决策支持。[①] 绿蜂丨绿色金融信息平台是由马鞍山农商银行发起,旨在建立中国综合性绿色金融平台网站,为绿色金融各参与方(行业智库、金融机构和企业等)搭建一个开放、共享、专业的绿色金融信息平台。[②] 密云绿色金融综合服务平台是由区金融办主导搭建的政金企服务平台,于 2019 年 5 月正式发布上线,致力于打造政、金、企沟通的桥梁,全面提升政府部门及金融机构的服务效率和水平,设有"新闻中心、政策指南、金融产品、融资案例、金融机构、政策申请、风险举

---

① http://greene.drcnet.com.cn/web。
② http://www.green-fin.com/pages/index.jsp。

报、联系我们"八个模块。① 四川联合环境交易所研发了具有绿色企业（项目）申报、融资信息对接、金融产品宣传等基本功能的"绿蓉融"绿色金融超市平台②,包括了"一平台、二系统、三入口、四支撑、五个数据库"。中国金融信息网设有专门的绿色金融模块③,用于提供绿色政策、绿色产业、绿色债券的相关信息、数据和项目库信息、新闻以及分析报告等。

3.2.1 绿色金融平台的构建原则

3.2.1.1 政府主导、多方参与原则

绿色金融发展过程中存在着外部性、公共物品和信息不对称等市场失灵问题,需要政府发挥其"看得见的手"的调控作用。政府的行动往往能够反映一个地区或国家的发展侧重点,因而能够通过多种方式（例如税收优惠政策、政府补助等）来调动其他相关参与主体的积极性,包括银行、证券公司、投资机构、担保公司、行业协会、企业等,从而充分发挥了政府在绿色金融平台开发、建设与实施过程中的主导作用。

从国际上以及国内现有的绿色金融或可持续金融平台的构建也可以看出,这些平台的建立都是依靠国家机关来发起意向,联合其他金融机构、绿色经营主体、技术企业等共同开发成立。例如,邢台市依托其政务数据平台,整合散落在市直单位的企业信息,通过数据归集、数据清洗、数据共享及数据应用,最终将建成7×24 面向企业和金融机构的综合金融服务平台,并实现为银行贷前审查、贷后管理提供数据支持,为市直单位进行宏观经济分析提供数据参考等功能④。湖州市绿色金融服务中心作为政府直属机构,其成立任务包括开展地方金融事业发展研究工作,为区域金融合作交流提供相关服务;金融指标的统计、监测和分析工作,

---

① https://myjr. smeservice. com/html/jrkhtml/index. html。
② https://gfm. sceex. com. cn。
③ http://greenfinance. xinhua08. com。
④ http://www. xingtai. gov. cn/ywdt/jrxt/xtyw/202004/t20200416_562306. html。

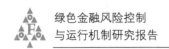
定期发布绿色金融统计数据;绿色金融综合服务平台建设、运营工作等①。

3.2.1.2 政策引导原则

政策的发布是国家机关执行其领导功能的一种重要方式,通过广泛征集意见制定的有效政策能够明确一个行业的发展方向和路径。绿色金融政策在绿色金融平台构建过程中的引导作用显而易见,政策的支持能够突出绿色金融发展的核心价值,一方面,在现有政策的引导基础上抓准绿色金融平台的建设重点,比如关注绿色信贷、绿色基金、绿色保险等绿色金融产品的创新;完善碳排放交易体系等,为这些重点领域提供相关的数据与信息服务。另一方面,通过在平台的不断建设和完善中积累经验,探索和制定与未来绿色金融发展更相适应的制度体系和管理机制,从而推出更有效的引导政策,形成"理论指导实践,实践优化理论"的良性循环。

表 3-1 我国的绿色金融政策

政　策	时　间	发布机关	具体内容
《关于落实环境保护政策法规防范信贷风险的意见》	2007 年 7 月	环保总局、中国人民银行、银监会	对不符合产业政策和环境违法的企业和项目进行信贷控制,各商业银行要将企业环保守法情况作为审批贷款的必备条件之一
《绿色信贷指引》	2012 年 2 月	银监会	从战略高度推进绿色信贷,加大对绿色经济、低碳经济、循环经济的支持,防范环境和社会风险,提升自身的环境和社会表现,并以此优化信贷结构,提高服务水平,促进发展方式转变
《关于加快推进生态文明建设的意见》	2015 年 5 月	中共中央、国务院	推广绿色信贷,支持符合条件的项目通过资本市场融资;建立节能量、碳排放权交易制度,深化交易试点,推动建立全国碳排放权交易市场

---

① http://www.huzhou.gov.cn/hzgov/front/s70/xxgk/jggk/zsjg/20180704/i868954.html。

政　策	时　间	发布机关	具体内容
《生态文明体制改革总体方案》	2015 年 9 月	中共中央、国务院	推行用能权和碳排放权交易制度；建立绿色金融体系；建立统一的绿色产品体系
《关于构建绿色金融体系的指导意见》	2016 年 8 月	中国人民银行、财政部、国家发展改革委、环境保护部、银监会、证监会、保监会	大力发展绿色信贷；推动证券市场支持绿色投资；设立绿色发展基金；发展绿色保险；完善环境权益交易市场、丰富融资工具
《关于构建现代环境治理体系的指导意见》	2020 年 3 月	中共中央、国务院	完善金融扶持；设立国家绿色发展基金；推动环境污染责任保险发展；开展排污权交易；统一国内绿色债券标准

3.2.1.3　市场化运作原则

绿色金融平台的建设需要社会各界的多方支持，包括绿色资金的需求方、绿色资金的供给方、绿色产业协会、网络技术服务公司等，绿色金融是金融资源与绿色资源根据双方的需求进行合作的市场行为，因此市场化运作也是绿色金融平台的内在动力，政府在建立绿色金融平台的过程中起到一种主导或者说发起并管控的作用，具体平台的运行仍然要坚持市场交易原则，为投融资双方提供资源和交流机会，让位于市场，从而有效提高绿色金融平台的运行效率。

3.2.1.4　共建共享原则

绿色金融平台建立的初衷之一就是实现政府、金融机构以及企业三方之间的资源共享，将原本各部门之间相对分散化的数据、信息、资金等进行整合，提高社会存量资本和增量资本的运转和利用效率。绿色金融平台的建立将绿色金融市场中的信息进行收集、整理和公开，大大降低了绿色金融供需双方之间信息不对称的风险，通过建立政策和信息服务平台，可以在各个实体之间共享相关的政策信息、绿色产业信息和金融信息等。因此，绿色金融平台的建设应当是以资源共享为核心，将原先较为分散、封闭、垄断的资源重新整合、归类，积极探索新的管理体制和运行机制，通过制定和颁布相关的法律法规、规章和标准、应用指南等，积极探索社会资本合作

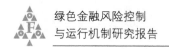

共享的激励机制和良性发展的运行机制,从而形成有效的资源共享和互动机制。

3.2.2 功能定位

3.2.2.1 引导

绿色金融平台是在政府主导、政策引导的基础上建立的,可以通过提供各项优惠或奖励制度等方式,鼓励金融机构、各类投资服务机构以及私人投资者选择平台上优先推荐、支持或合作过的环保企业、绿色技术和项目等,以此鼓励绿色产业中的萌芽期及成长期的早期项目吸引投资、绿色金融产品的创新等。平台通过提供给资金供需双方的交易平台,加入信用审查、担保公司等其他中介机构,共同构建绿色金融信用体系,将金融机构的投资风险向前端转移。同时,风险投资机构、担保公司等一系列中介机构通过绿色金融服务平台,可以优先选择更有信用度、更优质的投资项目,增加资金的流动性,充分发挥自有资金的优势。通过完善的绿色产品和项目的审查、评估、担保、交易流程,为处于初期和发展期的环保企业提供融资机会,并且引导金融机构将重点放在绿色可持续发展上,放大金融融资平台的作用,更好地促进行业发展。

3.2.2.2 绿色投资与融资服务

根据国家发展要求,按照可持续发展目标和绿色金融政策,了解节能环保型企业的实际发展状况、基本情况、信用等级、企业盈亏产出、绿色技术创新水平等信息,并向风险投资机构、银行等金融机构推荐具有发展前景的绿色环保企业,从而寻找更优质、更有发展前景的绿色投资项目;根据实际情况,推荐融资服务、存款、贷款和担保等,并保证适合企业可持续发展的项目,最终实现高效对接。庞大的信息和数据库系统将成为吸引银行、风险投资、保险、担保等金融资源的核心优势,利用中小环保企业丰富的信息,吸引渴望拓展客户资源的金融机构,并且平台的建立由政府主导、多方利益相关者参与,而政府的公信力保证了信息的真实性。随着金融资源的滚动积累和企业信用信息的不断积累和共享,绿色金融服务平台整合资源的能力不断提高,进而形成了绿色与金融的合力。

3.2.2.3　资源收集与共享

绿色金融平台由政府、金融机构、行业协会、环保企业等多方参与主体共同搭建,其数据及信息覆盖了绿色可持续发展的方方面面,包括绿色金融政策、绿色金融工具、绿色投融资项目等。通过绿色金融平台,企业可以申请和公布有关绿色环保技术、项目的信息,通过信用审查、风险评估等,纳入绿色项目信息库;金融机构、投资机构等可以通过此平台发布相关的绿色金融产品信息,并且匹配到绿色项目信息库中,通过产品和项目信息库做到信息的共享,从而将合适的金融产品和绿色资金与绿色项目或资金需求方进行匹配,降低金融机构对投资项目的研判偏差风险的同时提升资金运转效率;政府、银行、监管机构通过平台发布相关法规、政策,为绿色产业发展提供指引。

3.2.2.4　综合服务

绿色金融平台的设立表明了环境友好型经济发展的重要性,通过绿色金融平台,政府、银行、监管机构、风险投资机构、中介机构、担保机构等金融机构相结合,为企业提供全面的金融服务,同时有利于市场中各主体间的相互合作与发展。绿色金融服务平台可以通过整合各种金融机构的综合服务功能,促进中国金融业的全面融合,为提高所有绿色金融机构的运作水平服务。平台同样为绿色环保型中小企业提供风险投资对接、政策咨询、辅导培训、会议和活动等其他增值服务,并通过对相关绿色金融数据的统计分析,发布各类研究报告、专题报告和指南,从而为政府、企业、金融机构及其他利益相关者提供参考。

3.2.2.5　平台设置

金融机构、投资机构等以绿色金融提供者的身份输出资本,以环境友好型企业为代表的绿色金融需求者进行绿色技术和项目创新,双方相互协调、相互监督,在政府的引导和支持下,共同搭建绿色金融平台。而在中介服务机构、行业协会等相关实体的参与下,绿色金融平台作为绿色金融发展体系中的润滑剂,环保企业可以更顺利地获得融资,提高绿色产业发展规模和效率,金融机构也能够充分利用现有资金达到投资目的。

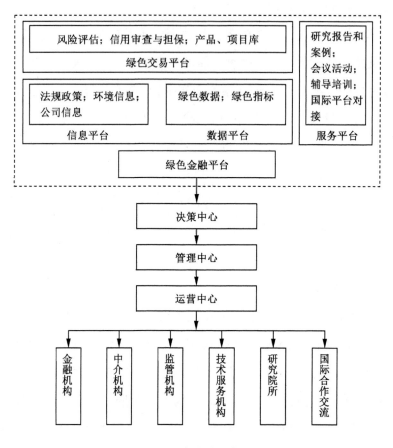

图 3-4　绿色金融平台设置

1. 绿色交易平台

绿色金融平台搭建的主要目标之一是推动我国绿色交易市场的完善,为绿色资金的供需双方提供一个信息交流的综合服务平台,在绿色金融体系中充当了一种中介角色。作为绿色金融体系中的"纽带",绿色金融平台为政府、金融机构、企业和其他相关实体搭建了一个可供信息和数据沟通的平台,在风险共担、求真务实的机制调控下,提供满足绿色金融需求方与供给方的资源,一方面,帮助节能环保企业降低融资风险、提升信用状况、满足绿色项目运转和绿色技术转化所需的资金需求,能够快速有效地解决融资难问题;另一方面,解决金融机构、投资机构的投资选择难问题,加快资金向可持续发展领域流动。

绿色金融交易需要建立在双方的信用达标的基础上,绿色交易平台将绿色金融体系中的需求方、供给方以及中介金融机构紧密联系,通过信用审核制度、第三方信用评估机构等对交易双方进行评估,通过风险评估机构对绿色交易项目、绿色金融产品进行测评,对于风险较高的项目可通过担保机构提供担保,从而展开一系列的交易与合作。通过平台的建立,能够有效降低信息不对称风险、信用风险等,融贷款的企业信息更加透明化,信用度也更加可靠,降低金融机构的审批考察成本,最终降低企业的融资时间成本。

2. 信息平台

资本市场的运行需要大量的信息,而现实情况中普遍存在着信息不对称问题,绿色金融平台旨在为绿色资金运动提供一个信息共享平台,从而提高资金运作的透明度,也有助于加快绿色金融的运行效率。

信息平台建设涉及环保企业发展状况、投融资需求、人才和绿色项目等数据信息,涉及行政部门、企业、金融机构等多个利益相关者。信息、数据的收集和管理对安全性要求很高,为了防止信息扩散和不当使用,需要有科研管理服务背景的专业机构支持建设和管理,为信息安全提供保障。通过平台管理机构在绿色项目管理和绿色产品创新战略与政策研究方面的业务积累,利用其在信息收集、验证与改进、分析与挖掘等方面的经验优势,梳理国内节能环保企业和绿色项目的基本情况。通过与企业、金融机构等建立长期的合作关系,确保信息资源的集中和数据采集的可持续性,为环保企业、金融机构、监管机构和政府管理部门提供规范化的信息服务。通过积极引进环保公司和金融机构,探索建立对接机制,打破各类信息资源分散封闭的状态,形成资源共享、互联互通、互动的良性发展运行机制,避免信息资源的空缺,减少市场参与者之间的信息壁垒,提高数据资源的利用率和数据共享的充分性。

3. 数据平台

在互联网和大数据时代,各项历史交易或项目的数据资料能够传递出更多的有用信息,绿色金融数据平台通过收集与整理关于绿色金融产品、绿色金融项目等相关交易数据,并对这些历史数据进行分析或预测,整合成各项绿色指标等,便于政府、金融机构、企业、监管机构及其他利益相关者的决策与评估,提高绿色金融体系的运行效率。

通过绿色金融平台构建体系内部共享的信息资源数据库,将企业的基本信息、信用评级、信贷额度以及发展状况导入数据库中,尤其针对有融资需求的环保企业,自发地完善企业信息以及历次的评级证明报告等;对于风险评估机构、担保公司及其他中介机构的基本信息以及历次评级结果与报告同时也需要构建相关联的数据库。以上通过数据库的构建,数据信息的共享,使得各方信息的沟通能够更加高效,通过相关机制的管理与配合,不断提高数据库的利用率以及重要性,如对于高信用企业建立免评级审核等方式,大大提高融资效率,多方位降低融资的风险与实践成本,更好地促进绿色金融环境的良好发展趋势。相应的绿色金融产品、交易的历史数据也将被储存在绿色金融数据库中,便于提取进行指标分析和研究报告等。同时,平台通过与金融机构、交易所进行数据连接,实时监控绿色金融的市场运行状况,包括绿色证券、碳交易等的存量、流量和增量。此外,通过与国际绿色金融平台的合作与对接,建立全球绿色金融数据库,便于绿色资金在全球范围内的高效流动。

4. 服务平台

绿色金融服务平台作为一个需求协调平台,必须有效地发挥系统中介的作用。通过嵌入知识生态系统和商业生态系统,同时具备创新生态系统多元化、开放性、互惠性的基本特征,能够有效发挥信息服务、对接服务、交易服务、支持服务等功能。

绿色金融服务平台为前述绿色交易平台、信息平台和数据平台提供辅助与延伸服务,一方面,利用绿色交易平台和数据平台的历史数据,联合其他监管与分析机构对数据和绿色交易项目等进行研究、案例与经验总结,对绿色金融产品等进行创新性设想与开发等;另一方面,通过与国际绿色金融组织、研究机构和平台推进交流与合作,进而为绿色交易平台和数据平台提供更多的基础数据和信息,便于数据库和项目库的扩充与经验积累。此外,服务平台根据绿色金融体系运行积累的信息和经验,为客户及潜在客户提供咨询服务,编撰相关的应用指南;组建专家小组等为绿色金融体系初入者提供辅导及培训;联合其他相关机构组织或参与促进绿色金融发展的会议与活动等。

3.3 平台管理

3.3.1 平台参与主体

3.3.1.1 政府

政府是绿色金融体系的特殊参与者,也是绿色金融平台的主推者和助推者,掌握着许多政策的制定权与决策权,引导与推动着绿色金融的发展,为绿色金融提供相应的政策资源;同时,绿色金融带来的经济发展与环境优化的客观结果又是政府的社会职责。因此,政府既充当供给者,也充当需求者的角色,而公平、公开、公正、有效的政府行为能够降低绿色金融供给与需求方之间的信息不对称与市场失灵风险。

3.3.1.2 资金需求方

主要包括中小型绿色技术创新企业、私人或社会自创型科技研发机构、亟待发展的节能环保企业等。这类企业或机构主要从事绿色技术的研究开发并逐步实现技术成果转化,以此开展经营活动。在符合国家产业政策的条件下,仍需获得其他融资途径。

3.3.1.3 绿色金融供给主体

主要包括金融机构和个体投资者。根据融资方式的不同,可包括各类信贷服务银行、投资管理公司等投资机构、企业债券的合格投资者与公共投资者等。此外,政府也可直接通过绿色技术基金、财政拨款的方式作为绿色金融供给方。

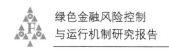

3.3.1.4 中介机构

主要包括担保机构、资产评估机构、信用评级机构、风险评估机构以及会计师事务所等营利性机构与相关行业金融协会等非营利性组织。中介机构能提供绿色金融发展的配套专业服务,使得整个体系运行效率更高。

3.3.2 平台管理单位

绿色金融平台的建设基于政府主导、多方参与和市场化运作的原则,在平台的日常管理运作中也应当体现上述原则。目前,国内外现有的绿色金融平台都是以国家机关、国际性环保组织或者地方政府牵头,各方相关实体共同参与组建的,例如 2019 年 10 月 18 日国际货币基金组织(IMF)/世界银行在华盛顿举行的年度会议期间,启动了国际可持续金融平台(IPSF)①,该平台旨在加强国际合作,并酌情就资本市场的方法和举措(例如分类法、披露、标准和标签)进行协调,其最终目标是扩大私人资本对环境可持续投资的动员;绿色增长知识合作伙伴联盟(GGKP)②于 2012 年 1 月成立,由全球绿色增长研究所(GGGI)、经济合作与发展组织(OECD)、联合国环境规划署(UN Environment)、联合国工业发展组织(UNI-DO)和世界银行高级代表组成的委员会领导,致力于为政策、商业和金融社区提供知识、指南、数据和工具,从而实现经济转型向包容性绿色经济的过渡;"金服云"平台是由福建省金融监管局、数字办牵头推动,兴业银行负责建设和运营的线上综合金融服务平台,分为四个板块:推荐产品板块、政策解读板块、新闻发布板块和金融知识板块,该平台的设立致力于为企业提供一站式全方位金融服务③。

政府主导、市场化运作的绿色金融平台相较于市场中主体建设的绿色金融平台而言,一方面更具有公信力,更有利于平台的初期建设与推广;另一方面,通过市场化运作使得平台对于绿色金融供需双方及行业协会、中介机构等相关参与主

---

① https://ec.europa.eu/info/business-economy-euro/banking-and-finance/sustainable-finance/international-platform-sustainable-finance_en。

② https://greenfinanceplatform.org。

③ http://www.sm.gov.cn/zw/zwxx/sjdt/202008/t20200803_1555875.htm。

体的需求和关注点更加敏感,提高平台的运作效率。通过设立专门的营运中心或管理团队,决策中心负责平台的战略规划和发展方向;管理中心下设各部,负责平台的维护和日常工作等,例如信息技术运营部主要负责平台的基本功能及网络安全问题;国际事务部主要负责平台与国外绿色金融组织、机构等的沟通与合作,拓展业务对象,建立双向互利的信息连通网络;运营中心涉及与绿色金融体系各相关主体之间的工作配合,包括金融机构、中介机构、监管机构、高校研究院所等,并通过设立会员注册机制,对平台的用户进行分类与管理。

3.4 平台运行

绿色金融平台主要分为四大子模块,其中绿色交易模块是主体平台,信息模块和数据模块为平台的运行和发展提供引导和支撑,另设服务模块为绿色金融提供辅助信息及工具,也包括与国际绿色金融之间的对接和业务的拓展。绿色金融平台的设立不仅助力绿色金融的发展,也为绿色金融体系的建设提供素材和基础性功能。

3.4.1 绿色交易平台——主体

绿色金融平台通过将政府部门、各类金融机构、节能环保企业、担保公司、资信评估机构等紧密联系起来,从而实现各类信息的透明化、信息传递的高效化、政策推广及信贷审批的便捷化,在一定程度上改善节能环保企业信用环境,为优质的、有潜力的节能环保企业提供良好的融资发展环境,提升金融机构自有资金的运转效率。信用审查是平台提供绿色交易便利的基础和起始点,通过对申请项目进行审查和评估,对于某些风险较高或首次提出申请的企业或项目还需要担保公司提供一定担保,最后通过平台联合的银行、投资机构等进行项目匹配和对接,完成交易后的信用评级将计入平台的信用管理信息库,便于下次项目审核和评测。拟申请、已申请、正在进行中以及完成的投融资项目也都将作为产品与项目信息库的组成内容。

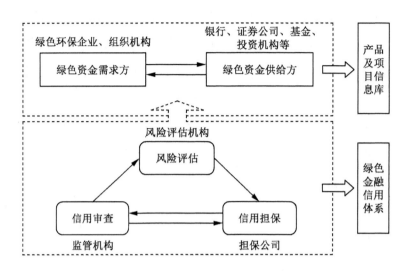

图 3-5 绿色交易平台运行机制

首先,有投融资办理需求的企业需要向绿色金融平台提出融资申请,并递交符合申请的相关证明材料,如公司的审计报告、财务现金流水、注册资金证件等,还包括一些抵押产权证明文件等。同时,也可以寻求加入绿色金融平台的担保公司提供担保。其次,绿色金融服务平台的主要负责部门协同银行机构以及其他专业评估机构,针对符合条件的企业提出的融资项目具体需求进行分析、测评,结合信用审查数据库中的企业信用评级以及历史信用记录等情况,对提出申请的企业进行信用评级,确定审核是否通过。同时,对于提出的审核项目,需要专门的风险评估机构对项目的运行风险进行测评,划分风险等级,对于处于中高风险的项目可通过担保机构提供一定的保证金。通过审核和风险测评后,平台将在合作的银行或投资机构中为该项融资项目匹配最适合的合作对象,提供交易沟通渠道便于合作双方进行资金交易事宜的商讨。对于成功对接并完成相应成果的融资项目情况,平台将相关信息存入产品及项目信息库中,该产品与项目信息库还包含了正在申请中、正在审核中的项目信息。并且交易完成之后,平台将企业的还款情况、绿色金融产品的交易记录等保存在企业信用管理信息库中,逐步建立和完善绿色金融信用体系。

3.4.2　信息平台——引导

政策及信息服务平台着力构建政策信息服务系统、绿色产业信息服务系统、金融信息服务系统,从而形成信息服务、交易服务与支持服务等功能。绿色金融信息平台旨在实现以下目标:第一,政策信息透明化,将各级部门的最新环保政策及时向绿色金融平台的各参与主体公布,以保证相关需求方能够及时获得政策支持;第二,绿色产业信息透明化,将节能环保型企业的绿色项目及绿色技术成果及时向金融机构发布,实现节能环保型企业的融资需求;第三,金融信息透明化,将金融机构的投资需求及绿色信贷产品向环保型企业及时进行展示,实现金融机构的投资需求。

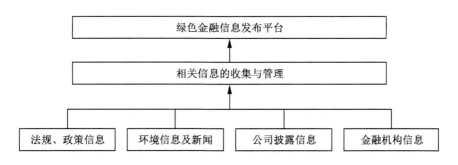

图 3-6　信息收集与发布平台

绿色金融平台的公开信息主要来源于政府及国家机关的政策及信息发布平台、合作企业及金融机构的信息公告、行业协会信息交流平台等,通过对信息的加工处理,进而将抽取之后的源信息实行分类,展示在绿色金融平台的信息模块。

3.4.3　数据平台——支持

绿色金融数据平台是一个庞大而复杂的系统,包括数据的获取、整理、管理和分析,数据库的及时更新与补充完善对于绿色产业的发展和绿色金融的投资分析等都具有至关重要的作用,目前绿色金融的数据体系仍处于不断完善的过程中。

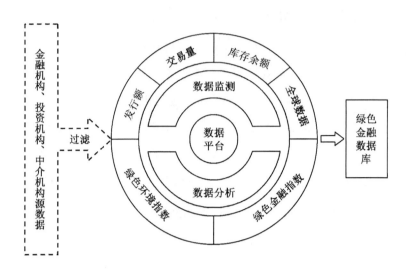

图 3-7　绿色金融数据平台

首先,要对绿色发展体系中的各种数据进行收集和归纳,这些数据来源于绿色金融平台的参与建设主体、客户及其他合作伙伴,包括绿色产业发展数据、绿色金融产品数据、环境交易数据等。其次,需要对收集到的数据进行分类和筛选,去除重复或关联度不大的数据,并将整理好的数据展示在绿色金融平台上,包括基础数据、历史数据、实时监测数据等,例如绿色证券的基础市场体量、当日交易额、库存余额等。仅有原始大数据对于指导绿色发展的意义有限,因此,数据分析对于寻找可持续发展中相关信息的隐藏关系、指导绿色金融体系的建设和发展也至关重要。根据已有的相关数据特征以及成熟的理论模型,构建绿色发展分析指标,包括绿色环境指数、绿色金融指数、绿色经济指数等,例如全球绿色金融大数据平台公布的上证 180 碳效率指数。以上市场大数据以及数据分析结果都将储存在绿色金融平台的云端,用于构建绿色金融数据库,并通过会员机制提供给相关需求方使用。

3.4.4　服务平台——辅助

绿色金融平台在绿色金融体系中起到了中介和连通的作用,除了为供需双方提供交易平台、为市场参与者提供信息和数据外,还应当能够满足延伸领域的增值服务需求,如绿色成果转化、绿色金融人才培养、绿色金融相关标准的制定等,从而助推绿色产业、绿色金融的全方位发展。

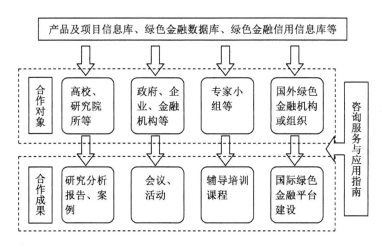

图 3-8　绿色金融服务平台

绿色金融平台的综合服务是基于先前建立的产品及项目信息库、信用信息库、绿色金融数据库以及相关合作主体资源,通过与平台伙伴的合作推进和演化各项成果,反向充实绿色金融平台和体系的内容。通过提供丰富的数据资源,与高校及其他可持续发展研究院所的合作,推出绿色产业、绿色金融、绿色经济等方面的研究分析报告以及优化绿色交易体系的案例等;与政府、金融机构、行业协会等共同组织和举办推进绿色可持续发展、绿色金融创新等主题的会议和活动;通过组建的专家小组等为平台提供决策咨询,为平台参与者和潜在利益相关者提供绿色金融知识辅导和技能培训;积极连通国际绿色金融组织和平台,拓展绿色金融平台的国际化交流渠道和规模,推动国际化绿色发展合作协议或标准的展开以及绿色资金流转的全球化等。另外,平台根据现有运行经验编著相关应用指南,并提供各板块的咨询服务,便于平台的推广和客户体验的提升。

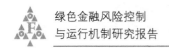
3.5　平台的风险控制

绿色发展的本质是实现经济与生态、资源、环境之间的可持续发展,本身带有较强的公益性,而金融业以营利为目的,利润是金融发展的根本,绿色金融风险较高而受益较低,潜藏着绿色发展公益性与金融业营利性之间的矛盾,因此绿色金融风险的预防与管控也是发展绿色金融过程中需要重点关注的话题。目前最典型的关于绿色金融风险管控的原则是 2003 年由花旗集团、荷兰银行、巴克莱银行与西德意志银行(WestLB AG)等联合,采用世界银行的环境保护标准与国际金融公司的社会责任方针推出的赤道原则,用以决定、衡量以及管理社会及环境风险,以进行专案融资或信用紧缩的管理[①]。

3.5.1　绿色金融平台的潜在风险

绿色金融平台的搭建和主体框架主要是基于成熟的网络互联技术,而互联网金融平台在其演化过程中不仅要受到来自其内部组织结构和运作机制的影响,还可能受到来自政策、市场、环境等外界因素的变动影响。

3.5.1.1　声誉与信用风险

绿色金融平台作为网络金融的一种形式,其在受到互联网络无空间和地域限制以及信息无障碍沟通的便利的同时,线上交易的信用风险进一步放大。一方面,平台需要在绿色金融参与主体中建立声誉,政府主导下的平台建设也需要为投融资双方以及中介单位提供可信度和安全感;另一方面,平台在挑选合作方和客户进入系统时,需要判定该企业或机构的信用程度,否则后续交易出现的信用危机将导致平台的声誉受损。时至今日,我国乃至全世界都尚未建立全面的、有效的信用体系和个人征信评估制度。因此,网络金融平台一旦出现问题就可能面

---

①　https://baike.baidu.com/item/%E8%B5%A4%E9%81%93%E5%8E%9F%E5%88%99/10539839?fr=aladdin。

临风险处理的相关依据不完备,跨区域处置不良资产的难度会因为信用缺失而陡增。这也表明,我们对基于网络的金融模式因信用缺失而可能产生的金融风险及其危害还认识不足。

3.5.1.2 技术漏洞风险

绿色金融平台依托互联网络技术而建立发展起来,平台本身具有开放性的数据交流和信息沟通功能,涉及某些商业信息需要进行"加密"保护,无论是从绿色金融平台的硬件或者软件层面,都存在信息泄露或者故障等技术层面的风险。此外,金融机构通过互联网进行业务拓展等,通过采用外包的或者购买的形式来创建网络金融平台,在网络金融平台没有掌握平台线上和线下操作与运行的核心技术和加密的情况下,平台可能存在因第三方技术服务出现漏洞而引发的交易隔阂和信息泄露风险等。

3.5.1.3 平台管理风险

绿色金融平台的设置采取政府主导、市场化运作模型,由此,平台的组织结构和运行结构决定了平台是否具有可持续发展性,而平台的运行机制与准则的设置是否合理、是否符合应用和对接需求,从而使得平台管理存在一定风险。例如当前大批 P2P 网贷平台由于采取高利贷化的不恰当利率规则而跑路倒闭,利率规则设计失当直接影响到平台流动性安全,扰乱平台信息流、规则流和利益流的正常运转,导致平台结构出现塌方式断裂,最终引起互联网金融平台功能萎缩和生态死亡。

3.5.2 平台搭建对绿色金融风险的控制

绿色金融将金融资本引入绿色环保产业,因此不可避免地同时面临着金融风险和环境风险。一方面,金融是现代经济的核心,在促进经济发展中具有不可替代的作用。但是,经济波动、政策变化、自然灾害和其他外部不利因素、金融市场利率变化、信用违约、财产权和其他内部不利因素等,都会导致金融市场动荡,从而导致金融活动偏离预期目标,就会产生各种金融风险,例如信用风险、利率风险和经济周期性波动风险等。绿色金融作为金融体系的一部分,其可持续的健康发展也需要警惕相关金融风险。另一方面,人类不受限制的社会和经济活动严重破坏了环境,导致极端天气危及人类社会的生存和发展,例如烟雾、沙尘暴和其他对人类健康严重威胁的情况。绿色金融的主要目标和任务是促进环境保护,为与环境有关的投资、筹资和其他金融服务活动提供平台,环境的质量也直接关系到绿色金融的运作是否顺利。

3.5.2.1　信用风险

我国金融市场中的信用风险多源于信息的不对称以及政策的不全面,我国绿色金融领域中公布的政策更多的是关于减少污染物排放、提高节能效率等方面,还没有正式的政策或规章要求相关机构进行强制的信息披露,由此导致的局面是,一些从事绿色金融的金融机构、投资主体等的信息披露是出于自愿,进而产生了绿色资金投资方和需求方的信息不对称,也缺乏历史信息的可比性。绿色金融平台的建立通过信息和数据的公开,增大投融资过程中的信息透明度,通过信用审查和评估来识别和防范信用风险。一方面,在信用评级报告中单独披露发行人的绿色信用记录、募投项目绿色程度、环境因素对信用风险的影响,以便绿色市场参与者做出风险甄别。另一方面,引导信用评级机构、资产评估机构、会计师事务所等开展绿色金融相关业务,特别是引入第三方机构对绿色金融进行评估,同时探索绿色金融的第三方评估和评级标准,规范第三方认证机构对绿色金融评估的质量要求。[①] 通过信用审查对进入平台的参与主体身份进行初步鉴定,为后续的绿色交易提供保障,并在后续的交易过程中持续评估信用风险,完善平台的信用信息库。

3.5.2.2　"洗绿"风险

绿色金融由于其与环境保护相关的特殊性,除了传统金融风险外,其本身的特殊风险主要包括:虚构或伪造绿色项目以及相关支撑材料,以从银行、投资机构

---

① 　https://www.nengapp.com/news/detail/948170。

等骗取信贷资金;以某个单项小微的绿色项目将整个企业包装成绿色企业,或者将一个绿色项目分解成若干个小项目,多渠道获取银行信贷与发债资金;打着绿色环保的名义申请融资,但实际收到资金后用于其他项目,并未投入绿色项目;故意制造灾害致使项目受损或无法正常进行,从而骗取保险赔偿等非法行为。[①] "洗绿"行为不仅不符合金融市场的正常交易规则,导致金融机构以及投资人承受巨额损失,还会触发劣币驱逐良币的效应,严重伤害绿色金融市场。为此,绿色金融平台的建立提升了市场信息的沟通,通过搭建交易平台,对绿色融资项目申请人、债券发行人、评估机构等中介机构的违规欺诈信息进行记录,并储存到绿色金融信用信息库中,为监管机构发挥官方常规化监测机制功能提供便利的同时,充分发挥社会监督作用。通过平台中的各项绿色金融实践,联合各专家小组或高校研究院,共同探讨关于绿色金融资金使用的专门规则或政策,细化和强化绿色债券、绿色基金等的融资使用要求。

3.5.2.3 监管风险

传统金融发展过程中,由于金融监管水平落后或金融监管的无效性而给资本市场或整个金融体系带来风险。随着网络和信息化时代的到来,这种由于信息不透明或"暗箱操作"等导致监管者出现判断失误的情况有所改善。绿色金融平台的信息平台中包含了来自政府、企业和金融机构等各方面的信息资源,有利于监管者对绿色金融市场的全局把握。通过对绿色金融交易的审核、评估、过程追踪以及信息公开,有助于监管部门对相关资金使用的目的和效率的跟踪、监管和评估,降低做出的监管评价和结论偏离实际的概率,从而降低监管风险。

3.5.2.4 环境与社会风险

绿色金融的发展除了隐含传统金融风险的引发条件,还受到来自环境恶化和社会不利因素的影响带来的风险。由于环境恶化等风险引发绿色投融资产品或项目产生较大的损失时,绿色投资机构需要为项目造成的环境和社会负面影响进

---

① https://www.nengapp.com/news/detail/948170。

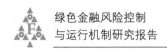
行赔偿,投资者持有的以资源为标的的各种金融资产的价格难以获得实体企业的业绩支撑而出现贬值,从而可能因恐慌性抛售金融资产而产生巨大损失。绿色金融平台除了对各参与主体的信息进行授权公开外,还及时公布各项环境信息和指标数据,将绿色金融工具、绿色发展项目信息与环境因素进行整合,便于金融机构和个人投资者的分析与判断,降低环境不可预见的负面性变动所带来的金融风险。

除此之外,绿色金融平台通过引入现代科学技术也可以有效地预防和抑制绿色金融风险的产生,并在发现潜在风险时及时采取防治措施。比如,运用历史积累的云端大数据帮助金融机构识别绿色金融客户的信用背景与能力;云计算能够通过强大的运算功能,将资金的需求方和投资方进行分配,实现金融资源的最优分配;通过机器学习、神经网络的应用以及知识图谱技术等可以建立起科学的分析模型,有效辅佐金融企业对信贷、债券发行做出量化分析和风险把控;引入区块链技术,可以大大降低金融机构的产品供给成本,并且有利于金融企业锁定风险目标,从而最大限度地降低绿色金融业务的风险损失。①

---

① https://www.nengapp.com/news/detail/948170。

4　绿色金融影响因素与案例分析

4.1　影响金融企业开展绿色金融项目的主要因素

　　绿色金融在取得一系列成绩的同时,各个领域也暴露出许多风险,因此我国绿色金融发展已经开始由注重规模增长向各细分领域的深入化、专业化发展转型,防范发展中潜在的风险。而金融企业是绿色金融市场不可或缺的主力军、绿色金融产品的设计发行方,开展绿色金融项目中存在的风险是最值得关注和防范的,在各个方面影响着金融企业绿色项目的开展。

　　第一,污染企业承担的法律责任过轻,抑制其对绿色产品的需求,金融企业不会严格审慎风险,绿色项目无法真正落实。第二,我国目前还未形成统一的绿色金融标准体系,不同金融机构在绿色标准的界定上也有很大的不同,由于相关产品的项目标准界定模糊,金融机构为了自身利益会降低标准,容易出现漂绿现象。第三,由于绿色项目占用资金金额大、时间长,大多用于长期环保项目的建设,而银行的负债资金大多为短期,无法为长期绿色项目提供充分的资金支持,否则会导致严重的期限错配风险,使银行陷入危机。第四,金融机构在开展业务过程中对环保问题的审查易流于形式,由于信息披露和处罚不够,相关机构为了获取私利与企业勾结,又因没有建立信息披露平台或者建立的投融资企业的信息披露不全面不及时,第三方机构的监督工作无法顺利高效进行。第五,中介服务机构发展参差不齐,评估的权威性和社会公信力不足。

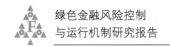
综上，产生风险的原因众多，制度体系、机构职能、思想观念等方面的因素会不同程度地影响金融企业开展绿色项目，哪些对绿色金融发展是主要因素需要进行探讨。

4.1.1 主要影响因素的实证分析

4.1.1.1 数据与样本来源

以我国开展绿色信贷业务的 13 家上市商业银行为样本，收集商业银行的绿色信贷项目相关的数据。由于我国开展绿色金融时间尚短，商业银行对于绿色信贷项目相关数据披露较少，统计数据仅限于 2013—2017 年五年，数据均来自各商业银行公布的年度财务报表、企业社会责任报告、中国银行业监督管理委员会网站、国泰安数据库（CSMAR）等。

4.1.1.2 模型构建

采用主成分分析法，对 13 家上市银行绿色项目数据指标（X_i）进行提取，整合出影响绿色金融风险的因素（F_i）。所选出的主成分中 F_1 所代表的原始指标的信息最多，是第一主成分，没有通过 F_1 反映的信息通过 F_2（第二主成分），F_3，$\cdots$，F_p 来表示，对原指标的代表性能力依次递减。

各主成分分析的模型为：

$$\begin{cases} F_1 = a_1' X^* = a_{11} X_1^* + a_{21} X_2^* + \cdots + a_{p1} X_p^* \\ F_2 = a_2' X^* = a_{12} X_1^* + a_{22} X_2^* + \cdots + a_{p2} X_p^* \\ F_p = a_p' X^* = a_{1p} X_1^* + a_{2p} X_2^* + \cdots + a_{pp} X_p^* \end{cases} \quad (4-1)$$

模型中的 $a_1, a_2, \cdots, a_p$ 是 X 的协方差矩阵 $\sum$ 特征值对应的特征向量；X_1^*，$X_2^*, \cdots, X_p^*$ 为原始变量标准化后的值。R 为相关系数矩阵，其特征值 $\lambda_1 \geqslant \lambda_2 \geqslant \cdots \geqslant \lambda_p > 0$。一般来说，方程式应满足以下条件：

（1）系数特征向量为单位向量 $a_{1i}^2 + a_{2i}^2 + \cdots + a_{pi}^2 = 1$；

（2）$A = (a_{ij})$ 为正交矩阵；

（3）P 个主成分的方差 $Var(Z_i) = \lambda_i (i=1,2,\cdots,p)$，互不相关。

4.1.1.3　指标选取

选取可以量化金融企业绿色项目内外因素的 6 个指标。其中,内部因素为对绿色项目的支持力度(X_1)、产品固有的期限错配程度(X_2)、对高污染企业的审核力度(X_3)、坏账风险(X_4),外部因素为人们对环境污染的重视程度(X_5)以及绿色项目的效益(X_6)。企业对绿色项目的支持力度用"节能环保项目及服务贷款额"表示,产品固有期限错配问题用"银行流动性比率"表示,银行对污染企业的考察力度用"银行对'两高一剩'企业贷款/对公贷款"表示,坏账风险用"节能环保项目和服务贷款不良率"表示,人们对环境污染的重视程度用受教育程度,即"高等教育人口占总人口的比例"表示,绿色项目效益用"节能减排量"表示,见表 4-1。

表 4-1　　　　　　　　　　　　绿色金融风险影响因素指标

一级指标	二级指标	表　　示	符　　号
内部因素	对绿色项目的支持力度	节能环保项目及服务贷款额	X_1
	产品固有的期限错配程度	银行流动性比率	X_2
	对高污染企业的审核力度	"两高一剩"企业贷款/对公贷款	X_3
	坏账风险	节能环保项目及服务贷款不良率	X_4
外部因素	对环境污染的重视程度	高等教育人口/总人口	X_5
	绿色项目的效益	节能减排量	X_6

4.1.1.4　实证过程

1. 指标特征值与方差贡献率

根据 SPSS 软件对所选取的 6 个指标进行主成分分析,可以得到表 4-2 中各个指标的初始特征值和累计贡献率。前两项主成分的特征值为 4.392、1.262,主成分 1 的贡献率已有 73.198%,主成分 2 的贡献率也有 21.032%,前两项主成分的累计贡献率已达到 94.230%,因此将前两项成分作为主成分因子,基本可以涵盖原指标的所有信息。

表 4-2 特征值与方差贡献率

成分	初始特征值			提取平方和载入			旋转平方和载入		
	合计	方差的%	累积%	合计	方差的%	累积%	合计	方差的%	累积%
1	4.392	73.198	73.198	4.392	73.198	73.198	3.564	59.400	59.400
2	1.262	21.032	94.230	1.262	21.032	94.230	2.090	34.830	94.230
3	0.220	3.674	97.904						
4	0.126	2.096	100.000						
5	$9.311 X_{10}^{-18}$	$1.552 X_{10}^{-16}$	100.000						
6	$-2.265 X_{10}^{-16}$	$-3.775 X_{10}^{-15}$	100.000						

提取方法：主成分分析。

2. 分析主成分

表 4-3 主成分矩阵表明，在主成分 1 中上市商业银行对绿色项目的支持程度、银行资金的流动性以及对环保的重视程度相关系数较大，说明这几个指标之间存在重叠；在主成分 2 中银行对污染企业的审核力度以及贷款的坏账风险具有强相关性。

表 4-3 主成分矩阵

	主成分 1	主成分 2
X_1	0.971	0.150
X_2	0.941	0.310
X_3	−0.693	0.681
X_4	0.671	−0.700
X_5	0.960	0.177
X_6	0.843	0.397

提取方法：主成分分析。

3. 主成分表达式

表 4-4 为主成分表达式中系数，进而得到主成分的表达式：

$$F_1 = 0.91X_1 + 0.967X_2 - 0.244X_3 + 0.215X_4 + 0.914X_5 + 0.927X_6$$
$$F_2 = 0.371X_1 + 0.218X_2 - 0.941_3 + 0.945X_4 + 0.342X_5 + 0.093X_6$$

$$(4-2)$$

表 4-4	旋转后主成分矩阵	
	主成分 1	主成分 2
X_1	0.910	0.371
X_2	0.967	0.218
X_3	-0.244	-0.941
X_4	0.215	0.945
X_5	0.914	0.342
X_6	0.927	0.093

提取方法:主成分分析。

4.1.1.5 结果分析

在主成分 1 中,用于节能环保及服务贷款额、资本的流动性、高等教育人口占总人口的比例因子负荷量大于其他指标,说明主成分 1 中对绿色项目的支持力度、绿色产品固有的期限错配程度、对环境污染的重视程度这三个指标作用明显,总体反映出了绿色金融项目的未来发展能力,贡献率达 73.198% 也体现出该成分对于绿色金融风险的影响因素是最重要、最根本的,是由社会大众对于环保的重视程度所致。如果政府加大资金的投入力度,健全相应的激励保护措施,商业银行会有充足的资金和动力对投融资企业的绿色项目进行资金支持,也能够用资金进行绿色金融产品服务的研发去降低产品的固有风险和其他风险。同样,对于金融机构、监管机构、第三方而言,当员工受教育程度增高、对环境保护的意识增强时,会对绿色项目工作做出创新与改变。宏观环境的政策、市场主体与公众绿色环保意识的增强也在默默推动着绿色金融的发展。

在主成分 2 中,银行对"两高一剩"企业的贷款比例、用于绿色项目的贷款不良率的因子负荷量明显大于其他指标的因子负荷量,说明主成分 2 可以由对污染企业的考察力度、坏账风险这两个指标代表反映,即金融机构内部控制与防范体系建设对绿色金融风险的影响是显而易见的。这对于投融资企业信用的考核至关重要,如果没有建立健全企业信用风险评估机制,没有对企业进行严格把关而轻松向企业借出资金,会很容易出现坏账风险,同时还要对企业的性质与项目进

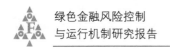
行全面调查,确保"两高一剩"企业的贷款用于绿色环保项目,从源头防治绿色金融风险。

总体而言,影响金融企业的开展绿色金融的主要风险因素是整个绿色金融市场的发展环境和金融企业内部的应对体系构建。

4.1.2 实证结论与建议

提取的主成分 1 中,对绿色项目的支持力度、资本的流动性、对环境污染的重视程度作用明显,总体代表了绿色金融发展环境状况;在主成分 2 中,污染企业的审核力度以及贷款的坏账风险的作用明显,代表了金融企业内部应对体系构建是否健全。两个主成分累计贡献率达 94.230%,基本可以涵盖原指标所有信息,因此将绿色金融发展环境与金融企业内部应对体系作为最主要的两个影响因素,提出针对性建议。

4.1.2.1 聚力优化绿色金融发展环境

首先,应增强参与绿色金融各方的绿色环保意识。充分利用各种渠道、媒体宣传绿色金融知识,培育民众的金融素养与思维模式;对公民进行针对性的教育,注重培养绿色向上的企业文化和制定优秀人才开发培养计划,注重对跨学科综合型人才的培养,金融机构应该建立专门的绿色金融项目组,培养专业的具有金融、环保方面综合素质的人才;进行投融资的企业也应在员工引进时进行综合素质考察,注重考核员工的绿色环保意识和知识。

其次,政府健全激励制度,在财政上提供资金支持,提高金融企业参与绿色金融的积极性;规范行业行为,完善金融政策支持体系,使用政策手段来弥补商业金融的不足。统一绿色金融标准体系,出台依靠强制力保证实施的严格的绿色金融相关法律法规,加大追责力度,提升执法效率有效防止金融机构为了自身利益与污染企业勾结发生的漂绿现象,使企业利益驱动与社会责任紧密联系。

最后,金融企业要积极研究开发绿色金融新型产品和融资模式创新,满足中长期绿色项目的投融资需求,来规避绿色资金期限过长和银行资金结构错配出现的风险。我国目前绿色产品种类单一,主要以绿色信贷为主,不像国外有针对个人、家庭、企业的清洁空气汽车贷款、天气衍生物、节能减排保证保险、巨灾债券等各种绿色金融产品和服务,因而需从国情出发,借鉴国际经验,在设计中积极引进先进的理念,研发适合我国发展状况的绿色产品。

4.1.2.2 健全金融企业内部风险应对体系

首先,完善金融企业的信用评级制度。在初期的项目考察中进行全面的风险环节评估,建立完善的绿色金融市场准入机制,严格监管项目的批准、审核工作;判断该项目是否具有绿色环保的性质,并调查企业的信用资质和背景,建立专门的环境风险评估部门,对项目进行专业化识别、分类、评估、决策,综合评估以防止出现环境污染、融资风险过高,确保金融企业资金能够及时收回。

其次,健全项目过程中风险防控机制。金融企业在开展业务活动的过程中对项目进展实施监督审核,对环保问题的审查不能流于形式,应建立专门独立的绿色项目工作小组,加强内控工作质量,防止内部人员为自身利益与污染企业相互勾结,出现洗绿现象;建立信息披露平台,解决信息不对称问题;强化贷后监控工作审查,建立绿色金融风险监测预警机制和风险统计监测指标的评估方法,在项目后期根据设立的各个指标进行绩效、质量评估,总结绿色项目整个流程中各个节点出现的问题,以此完善绿色金融风险防控机制。同时,应提前制定绿色金融风险预案,建立风险转移和补偿机制,规范各类风险的应对措施,按重要性等级依次对风险问题实施解决措施,使风险造成的损失最小化。

最后,完善企业内部控制。一方面,企业要建立信息披露平台,及时对投融资企业的相关信息进行披露,保证环保信息录入的动力,重视披露的时效性和完整性。另一方面,应提前制定绿色金融风险预案,建立风险转移和补偿机制,规范各类风险的应对措施,按重要性等级依次对风险问题实施解决措施,使风险造成的损失最小化。金融企业还要定期检查内部控制整体流程的完整性,必要时利用情景模拟、压力测试等方法进行极端金融事件检测,完善相关内部体系,为整个金融机构绿色金融风险防控体系的完善提供必要的制度支持。

无论是绿色金融市场的发展状况还是金融企业内的控制机制,都首先需要使人们对绿色发展引起足够的重视与关注。这种关注一方面取决于中央在全国以及国际上推行各种战略合作与金融行业、环保行业的紧密程度,在国家层面对绿色金融的重视(包括一系列优惠政策与机遇),带动整个金融市场在自身利益受到保护的前提下积极响应政府号召;加大对绿色金融的发展力度(包括金融企业内部的一系列制度措施),减轻绿色金融风险,推动行业的发展。另一方面取决于政府制定严格的法律法规对污染行为进行处罚,不仅是对污染企业与个人,如果商业银行向污染项目提供融资使环境受到损害,商业银行应和污染者一起对环境损害承担连带赔偿责任。虽然我国绿色金融发展起步较晚,但诸多文件与政策无不体现出国家对绿色金融发展的决心,各市场主体应从影响绿色金融风险宏观与微观因素同时入手,形成国家"自上而下"的政策引导、统筹全局,市场主体"自下而上"的能动发展,针对性、系统性地防范绿色金融的各种风险。

4.2 案例分析——以长三角生态一体化为例

以长三角生态一体化为例,分析环境规制对绿色金融配置效率的影响。

由于受传统经济发展模式的影响,长三角地区生态资源系统功能退化,环境污染严重阻碍了城市群的可持续发展,生态环境保护早已成为长三角区域一体化发展中的工作重点。2016年5月国务院批准的《长江三角洲城市群发展规划》明确提出长三角发展定位为面向全球辐射亚太引领全国的世界级城市群,将绿色发展理念融入城市群建设,推进生态共保环境共治。2019年10月国务院关于《长三角生态绿色一体化发展示范区总体方案》的批复印发,在严格保护生态环境的前提下,率先探索将生态优势转化为经济社会发展优势、从项目协同走向区域一体化制度创新,实现共商共建共管共享共赢,明确长三角生态绿色一体化发展示范区要走出一条跨行政区域共建共享生态文明与经济社会发展相得益彰的新路径。2019年12月国务院发布《长江三角洲区域一体化发展规划纲要》提出探索区域生态绿色一体化发展制度创新,强化生态建设绿色美丽长三角。2019 年 11 月,长三角生态绿色一体化发展示范区正式挂牌,上海、江苏、浙江跨区域跨部门协同共管,充分利用市场机制与科技手段提高治理水平和管理效益,致力于将生态优化方式转移为社会发展优势。2019 年政府工作报告将长三角区域发展一体化上升为国家战略,在长三角一体化进程中生态环境高质量发展尤为重要,要努力实现高质量发展与高水平保护协同推进。

在长三角寻求绿色转型、发展绿色经济的背景下,进一步建立、完善环境规制体系和绿色金融体系已经成为共识,因此从环境规制和绿色金融配置的角度提出决策建议,通过环保政策的调整将更多金融资源导入绿色企业中,从而提高绿色企业投资水平,降低污染企业投资水平,促进长三角实体经济绿色发展。

环境规制主要是指政府为弥补市场机制在环境外部性问题上的不足,为实现经济与自然和谐发展的目标,通过颁布行政制度、利用市场机制并发挥公众作用的方式,优化企业生产方式、约束经济主体排污行为、引导实体经济绿色发展的制度安排。例如,长三角一体化发展上升为国家战略后,其中的长三角生态一体化的目的即是通过制定有效的环境规制措施实现长三角绿色高质量发展。

绿色金融是指金融部门把环境保护作为一项基本政策,在投融资决策中把与环境相关的潜在的回报、风险和成本都融合进金融的日常业务中,即在同等资金价格下,主要支持绿色项目的投融资,减少对污染项目的投入。绿色经济的发展离不开金融的支持,政府要注重绿色资金配置是否有效,即建立和完善绿色金融制度,在引导更多的资金流向环保相关产业的同时,重视其是否真正达到污染减少、环境保护的目的。因此,绿色金融配置效率就是在既定的条件下绿色资金的配置状态,即一定的绿色资金投入对于减少污染、提升环保技术的产出效果,反映绿色金融的发展水平。经济主体的污染程度越高,越难获得外部资金,融资需求满足度越低,则绿色金融配置效率越高。

庇古将环境问题纳入经济学的研究范围,"庇古税"的提出为消除环境外部性问题提供了一种有效方案("谁受益、谁投资,谁污染、谁治理"是庇古税的具体应用)。20世纪60年代,科斯通过对产权充分界定,利用市场型手段使外部性内部化,从另一角度提出了解决环境外部性的方案。基于这两种理论,学者们开始了传统环境规制理论的研究,很多学者将环境资源看作公共物品,意图通过政府行为或者市场运行来实施环境管理、解决环境问题。80年代,学者们将委托代理理论、信息经济学以及机制设计等研究方法应用于环境规制的研究中,环境规制理论的研究进入更广阔的层面。21世纪,环境规制的研究方法以从定性研究转移到定量研究,实证研究也逐步规范,环境规制理论研究有了进一步发展。

目前,环境规制理论主要包括环境经济学理论、规制经济学理论、环境经济学理论、生态经济理论、可持续发展经济理论等。环境规制理论为在保护环境、有效利用资源前提下实现经济的可持续发展提供了解决方案。当前环境规制的理论体系主要有以下几个方面。

首先是环境规制相关概念的界定及其主要研究的问题。学者们认为环境资源是稀缺的,在此基础上研究如何有效合理利用、配置环境资源,将外部性环境问题内生化。其次是将环境资源看作公共物品,构建环境规制需求与供给理论,从环境规制目标选择、动因及作用效果、均衡模型等方面对环境规制目标进行分析。再者是对环境规制的微观与宏观效应(环境规制变化对于消费者、厂商以及产业结构、经济发展方式、经济发展质量的影响)、环境规制的不确定性以及环境规制的变革进行理论分析。接着是通过构建计量经济模型等实证方法对环境规制进行评价及有效性检验,作为环境规制的政策取向依据。最后是结合实际对环境规制治理结构的制度分析、存在的问题、原则与方向以及重构等方面进行理论探索,为环境规制的有效性提供最终的制度保障。

为了保证经济可持续发展,必须提升各种资源配置效率。绿色金融配置是将环境负外部性纳入资金配置决策来改进传统的资金配置机制。学者们认为当绿色资金能够有效地分配到环境友好型、资源节约型企业,金融产品和服务流向更低能耗和低排放水平的产业、推动环保技术发展,就实现了绿色金融的有效配置。根据帕累托最优,如果一项经济活动在不会使任何人所处的境况变得更坏的前提下也没有提高任何人的经济福利，那么这项经济活动是有效的，资源分配达到理想状态。绿色金融配置效率就是在既定的条件下绿色资金的配置状态，即一定的绿色资金投入对于减少污染、提升环保技术的产出效果，反映绿色金融的发展水平。

绿色金融的本质依然是一种经济金融服务，基于外部性环境问题的信贷配给，在同等资金价格下，主要支持绿色项目的投融资，减少对污染项目的投入。Stiglitz 和 Weiss(1981)的理论研究表明，在信贷市场上存在着信息不对称，在整个信贷过程中存在违约风险、贷款风险、道德风险等。在绿色金融的发展过程中信息不对称会引发两个核心问题阻碍绿色金融资源的有效配置。一个是逆向选择问题。绿色项目专业性很强，投资者只能根据环保部门发放的证书和企业方提供的书面材料来确定投资标的是否为绿色项目。"伪绿色"项目可以通过寻租或包装等方式披上"绿色"的外衣，获得低成本的绿色资金，造成"漂绿"现象。另一个是道德风险问题。金融机构将绿色资金投入事先确定的企业或项目后，难以限制其资金用途，绿色资金有可能流向收益更高的污染项目，使生态环境进一步恶化。只考虑资金供给端，采用绿色信贷余额、绿色债券发行额等指标无法精确衡量真正的绿色金融发展水平。因此，王凤荣和王康仕(2018)、夏天添和李明玉(2019)本着绿色金融支持实体经济可持续发展的原则，利用绿色金融配置效率来衡量绿色金融的发展水平。

发达国家和发展中国家由于经济丰裕程度和环境制度各有不同，并没有一个统一的标准来定义"绿色发展"和"绿色金融"。在发达国家，公众的环境保护意识、环境信息披露制度、环境治理体系更完备，多方面约束了企业的污染排放，促进企业积极承担环保责任，改善生产工艺和技术、防控污染、促进节能减排。这种状态也被学者们定义为绿色发展的"深绿"阶段。在此阶段，绿色金融的发展重点是促进绿色能源开发、绿色技术创新和生态环境保护等绿色项目。Zhang(2011)认为在中国这样的发展中国家，绿色发展仍处于"浅绿"阶段，即逐步推进企业承担环境责任，降低生产运营过程中的污染和能耗。实体经济处于"浅绿"阶段，绿色金融主要表现为基于外部性环境问题的信贷配给,在资金价格相等的条件下,主要支持绿色项目的投融资,减少对污染项目的投入。当前绿色金融发展的重点是建立外源资金依企业污染程度不同而变动的激励机制,绿色金融配置效率在于衡量外源融资变动对企业污染的敏感性。

4.2.1　环境规制影响绿色金融配置效率的理论分析

4.2.1.1　环境规制影响绿色金融配置效率

在经济新常态的大背景下,我国仍处在构建期的绿色金融实质上是由政府着手推进的制度变革,即制定环境保护政策、通过环境规制来支持绿色金融发展。我国总体的生态状况并不乐观,因此加速推进绿色金融体系建设是必须采取的行动。我国绿色金融的发展进程中存在供给远小于需求、激励不足、供给与需求期限不匹配等问题。为达到进一步推进绿色金融体系建设与提高绿色金融配置效率的目的,政府部门需要在生态保护、节能减排、绿色产业以及绿色金融等方面提供全方位的政策支持。第一,商业银行、券商、保险公司等传统的金融机构以利润最大化原则来指导企业经营决策。而这与绿色金融的公共产品或准公共产品属性相矛盾,因此金融机构提供绿色金融产品的积极性不高。为鼓励金融机构提供绿色产品和服务,制定多维度的生态保护、节能减排政策与相关法律法规来形成制度框架必不可少。第二,为实现绿色金融产品和服务的外部性内部化,切实推进绿色金融作用于实体经济绿色发展,政府需要提供政策保障,通过责任认定确定具体责任方承担环境风险。第三,绿色投资通常很难在短期内获得资金回报,如绿色贷款很容易出现期限错配问题(尤其是中长期绿色信贷能力受限)。为保证提高绿色金融配置效率的产品基础,为绿色投资提供相匹配融资选择来解决绿色投融资期限错配问题,通过绿色金融政策来促进绿色信贷、绿色股票、绿色债券等金融产品的创新势在必行。值得注意的是,在我国这样的新兴经济体中,缺少外部约束(如多主体监督和环境信息披露)会造成"洗绿"风险增加,从而导致绿色金融配置效率水平下降。为提高绿色金融配置效率、走出绿色金融发展困境,建立政府主导,联合金融机构与专业、独立的第三方评估机构建立环境数据信息共享平台是必要举措。

毫无疑问,环境规制强度的提升会让更多的资金流向环境友好型企业,会增大环境保护投资规模。环境规制强度也会倒逼地区优化经济结构布局,调整产业结构,地区内外联动形成更为合理的经济分工体系。例如,上海可以利用其地理优势,产业发展以技术创新为导向,削减和转移高污染、资源依存度高的产业,与长三角其他地区形成合理的分工格局,减少单位产出的资源环境消耗。

对于制造业企业而言,环境规制强度的提高会对企业的投资与生产活动产生直接影响,对于环保标准执行不严格的企业来说,会降低企业的投资绩效和投资活动,自然也会影响企业获得金融资源的能力。对于煤炭、钢铁、水泥等行业的衰退,除了"去产能"这个原因外,部分原因可以归于能耗排放超标、生产技术落后的企业不符合环保标准被淘汰、关停;对于符合环保标准的企业,也要以技术改造升级来促进资源利用效率的提升,才能保证更好地发展,获得更多金融资源。

4.2.1.2　不同的环境规制影响绿色金融配置效率的路径

根据赵玉民(2009)以及世界银行关于产业政策的分类方法,可以将环境规制政策划分为管制类政策、市场型政策和信息披露类政策三类。

管制类政策是指政府通过行政手段出台的生态环保政策,政策涉及环保标准、环境评价标准、环境监测标准等,用于推动企业绿色发展,主要包括生态保护政策、节能减排政策、生态监测政策。

市场型政策主要以市场化运作机制为基础,通过财政政策激励企业绿色发展,引导金融机构绿色投资,或通过制度创新的方式出台环境经济政策,主要包括财政补贴和税收优惠政策、排污权交易政策和绿色信贷政策。

信息披露类政策是指政府通过出台生态环境的相关发展规划和披露环保类公开信息,来引导社会对绿色发展的重视,督促企业在生产经营中切实做到绿色发展,主要包括生态环保发展规划和信息公开政策。

而王凤荣等(2016)通过对政策的分解和剖析,将环境规制分为行政、法律手段(确定对于产品性质、投资生产、许可范围的限制以及相关法律法规)和经济手段(税收减免、财政补贴与拨款等)。张雪兰和何德旭(2010)将我国绿色发展政策体系定位于构建时期,认为绿色财政型规制(经济手段,即市场型)与绿色管制型规制(法律法规与信息披露等)两类政策工具与绿色金融的发展关系非常密切。

市场型环境规制为绿色金融提供了资金基础,能有效解决企业绿色投资的问题和痛点。为促进绿色金融配置效率提升,有效的方法是政府加大绿色财政拨款与补贴,投资绿色基础设施建设;此外,社会资本响应国家号召投资,政府投资的导向为绿色财政支出可以撬动更多社会资本进入绿色金融体系,也可以提升绿色金融配置效率。但是,吕炜和王伟同(2010)发现目前生产性项目是大部分绿色财政支出的投资方向,而用于节能减排的服务性财政支出增长乏力,这就造成绿色财政支出针对性不强、规模不足。此外,在地方官员晋升锦标赛模式中,地方政府对于绿色财政支出的环境保护绩效重视度不足,不能保证绿色资金真正投资于有效项目,致使绿色财政支出效率远不如预期(Gilbert 和 Zhao,2017)。由于投资于基础设施的绿色财政支出的政策效果并不如意,再加上政府绿色财政支出可能导致企业为了利益向地方政府寻租增加"洗绿""漂流"风险,都对绿色财政支出的资金导向作用造成负面影响。

为达到绿色金融资源有效配置的目的,需要管制型环境规制作为制度条件。政府通过行政手段出台的生态环保政策,输入环境保护的指令,成为环境保护工作的推动者。同时,环保信息披露类政策也会间接促进绿色资金流向环境友好型、资源节约型企业,提升绿色金融配置效率。在金融市场中,金融机构从事绿色金融活动的积极性与创新能力随着污染负外部性的定价日趋合理,金融交易模式和金融工具的创新发展也逐渐提高(李仁杰,2014)。相较于以银行为主体的间接融资而言,资本市场要达到提高直接融资的绿色金融配置效率的目的就需要标准化的环境信息披露报告,呼吁投资者、公众等多主体监督制造业企业规范制造业企业的生产经营与融资活动。但是,当前我国的绿色金融监管政策多聚焦于绿色信贷与债券,直接绿色金融工具的交易、发展仍存在监管空白,直接金融市场的绿色准入机制与绿色监管体系仍有待补充和完善(杨娟,2016)。绿色金融资源错配的原因是:在上市前,金融市场对于企业的环保信息核查不足;市场监督缺位,企业上市后的环境信息披露不充分、不规范,导致投资者很难确定投资标的是否为真正的绿色项目(李中,2011)。

4.2.2 长三角地区环境规制与绿色金融配置的现状分析

4.2.2.1 长三角地区环境规制发展及绿色金融政策

1. 长三角地区环境规制及绿色金融政策

上海在环境保护工作走在全国前列的同时,也在大力推进绿色金融发展,生态环保投资与环境保护投入在 GDP 中占比都呈现总体上升的趋势。

2012 年,《上海市节能和应对气候变化"十二五"规划》提出要增加低碳资金投资规模,出台多维度的绿色金融信贷政策。号召金融机构将节能减排纳入信贷评价体系,提供节能减排项目融资、担保等金融产品与服务。鼓励银行构建绿色信贷体系、设置绿色信贷专营服务机构。对于环境友好型制造业企业及有关服务企业给予 IPO 融资支持,并为建立各类绿色产业发展投资基金(节能低碳、新能源等)提供助力。《上海市 2017 年节能减排和应对气候变化重点工作安排》明确了淘汰、关停生产技术落后企业,培育绿色经济;深化碳排放交易,推进上海碳市场功能完善和金融创新;推进绿色信贷体系的建设,加大金融机构对节能减排项目的融资倾斜,支持节能减排工程应收账款以及绿色信贷资产证券化。《2018 年上海市社会信用体系建设工作要点》指出,环保局的重点任务包括与其他相关部门研究制定、完善环境信用奖惩机制,继续加大绿色信贷力度,拓宽环境信用联合惩治适用范围。《上海市 2019 年节能减排和应对气候变化重点工作安排》提出用更高节能环保标准倒逼产业转型升级。

表 4-5 长三角三省一市绿色金融政策（部分）

《绿色信贷指引》指导意见	上海农商银行	2012 年 2 月	加强绿色信贷产品创新和应用。
《长三角生态绿色一体化发展示范区总体方案》	上海市、江苏省、浙江省人民政府	2019 年 11 月	发展节能环保、绿色低碳第三方服务、绿色金融等产业，加强交通运输新能源、清洁能源应用，实施园区循环化改造，培育绿色新动能。
《关于落实绿色信贷政策进一步完善信息共享工作的通知》	江苏省环保厅、人民银行南京分行	2009 年 10 月	建立完善信息交换共享工作机制，加大对企业环境违法行为的经济制约和监督力度。
《关于共同建立我省环境保护信用信息共享机制的通知》	江苏省环保厅、江苏省银监局	2013 年 12 月	建立全省环保信用信息共享平台，促进信贷政策与环保政策的有效对接，积极践行绿色信贷标准。
《关于构建绿色金融体系指导意见的实施细则》	人民银行扬州市中心支行	2017 年 5 月	完善绿色信贷体制机制，大力发展绿色债券市场，拓宽环境污染责任保险的覆盖面，加强绿色金融基础设施建设，强化绿色产业基金的引导作用，建立部门协作与信息共享机制。
《绿色金融实施方案》	江苏兴化市人民银行	2017 年 7 月	大力发展绿色信贷，创新绿保服务，培育发行绿债。建立绿色金融征信信息共享机制，畅通绿色信贷服务通道，建立绿色信贷激励约束机制，推动发展绿色保险。
《推动地方政府出台绿色金融发展实施意见》	人民银行海安支行	2017 年 8 月	发展绿色信贷，推进直接融资，设立绿色基金，发展绿色保险，创新绿色金融，推进国际合作。
《泰兴市发展绿色金融工作实施方案》	泰兴市政府	2017 年 7 月	鼓励政府通过风险补偿、信用担保、绿色发展基金、绿色信贷增量奖励，将直接发放给企业的节能奖励转变为信贷贴息等措施，建立促进绿色金融发展的长效机制。
《关于加快绿色金融发展支持全市生态文明建设的实施意见》	南通银监分局、市发改委、市财政局、市环保局、人民银行南通市支行	2017 年 12 月	以建立绿色金融多元化支持体系为主线，制定绿色金融发展规划，创新发展绿色信贷、绿色投资、绿色保险等绿色金融组织体系、产品体系和配套设施体系，提高金融业绿色发展水平，有效推动全市生态文明建设和经济社会协调可持续发展。

《江苏省网络借贷信息中介机构打造绿色金融管理指引(征求意见稿)》	江苏省互联网金融协会	2018 年 1 月	鼓励支持江苏省网络借贷信息中介机构积极参与绿色金融,发展绿色经济,提升江苏经济发展的质量。
《关于深入推进绿色金融服务生态环境高质量发展的实施意见》	江苏省人民政府	2018 年 10 月	对绿色债券发行主体、绿色产业企业、"环责险"投保企业及绿色担保机构等绿色金融主体给予具体的政策扶持,明确支持对象,细化实施程序,将江苏绿色金融政策推进到实际操作阶段。
《江苏省绿色债券贴息政策实施细则(试行)》《江苏省绿色产业企业发行上市奖励政策实施细则(试行)》《江苏省环境污染责任保险保费补贴政策实施细则(试行)》《江苏省绿色担保奖补政策实施细则(试行)》	江苏省环保厅、金融监督管理局、财政厅	2019 年 8 月	鼓励企业发行绿色债券,积极在境内外上市,投保"环责险",以加大对省内绿色产业企业上市培育力度。
《浙江省人民政府关于印发资源节约与环境保护行动计划的通知》	浙江省人民政府	2008 年 9 月	把环保信用纳入企业信用信息发布查询系统,作为企业资信评价的重要依据。严格执行绿色信贷、绿色财税、绿色证券、绿色保险等一系列环境经济政策,坚决遏制高耗能高污染行业扩张。
《2010 年全省环境保护工作会议报告》	浙江省人民政府	2010 年 11 月	研究和推广排污权交易、生态补偿、绿贷、绿保、绿色贸易、绿证等经济政策,建立和拓宽多元化的环保投融资渠道,促进企业加快技术革新的步伐,增强市场竞争力。
《关于推进绿色信贷工作的实施意见》	浙江省环保厅、银监局	2011 年 4 月	构建环保部门和银监部门的绿色信贷信息共享机制,健全绿色信贷管理机制、保障机制。
《浙江绿色信贷信息共享备忘录》	浙江省环保厅、银监局	2011 年 5 月	构建绿色信贷信息共享机制,完善绿色信贷工作保障机制。

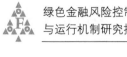
续表

《浙江省人民政府办公厅转发省经信委等部门关于资源节约与环境保护行动计划2011年实施方案的通知》	浙江省人民政府办公厅	2011年7月	强化环境经济政策功能,深入实施排污权有偿使用和交易、生态补偿、绿色信贷、绿色贸易、绿色证券等制度。
《浙江省人民政府关于印发浙江省环境保护"十二五"规划的通知》	浙江省人民政府	2011年12月	制度政策创新不断深化。全面推进生态环保财力转移支付,探索实行绿色信贷、绿色证券、绿色保险、绿色贸易、绿色采购等绿色经济政策。
《关于落实环保政策法规推进绿色信贷建设的指导意见》	浙江省环保局、人民银行杭州支行、浙江省银监局	2012年2月	建立绿色信贷投向分类机制,建立健全部门间信息交流机制,构建发展绿色信贷的长效机制。
《银行业金融机构加强绿色信贷工作的指导意见》	浙江省银监局	2012年11月	对绿色信贷要实行"一把手负责制",各银行业金融机构要明确绿色信贷发展战略。
《浙江银监局关于2015年小微企业金融服务工作的指导意见》	中国银监会	2015年4月	要以科技金融、绿色信贷为抓手,积极探索知识产权、排污权等权利质押贷款形式,帮助小微企业盘活各种无形资产,增强融资能力。
《浙江省湖州市、衢州市建设绿色金融改革创新试验区方案》	一行三会、发改委、财政部、环保部	2017年6月	设立绿金事业部或绿金分支机构,鼓励开展绿色资产证券化、绿贷产品创新,支持发行绿债,推进环境权益交易市场建设,发展绿保,建立绿色信用体系。
《关于进一步加强绿色信贷管理的通知》	人民银行合肥支行、安徽省银监局	2013年6月	对绿金进行贴息和奖励,推动建立环保企业数据库,将企业环境信息纳入金融信息数据库,实现企业环境信息共享。
《银监会安徽监管局关于银行业支持经济结构调整和转型升级的指导意见》	安徽省银监局	2014年5月	促进产业转型升级。深入开展绿色信贷,加大节能减排、循环经济和低碳经济等绿色产业信贷投入。合理满足优势传统产业在新技术、新工艺、新设备、新材料等方面的资金需求,采取联合贷款、并购贷款等形式,支持重点骨干企业开展兼并收购重组,推动传统产业改造提升。

《安徽省绿色金融体系实施方案》	安徽省人民政府金融办	2017 年 1 月	通过构建全省绿色金融体系,建立健全激励机制和奖惩机制加快培育绿色产业、战略性新兴产业和现代服务业,推进"创新型生态强省"建设。绿色金融发展将纳入金融管理部门对金融机构的考核内容。
《安徽省企业环境信用与绿色信贷衔接办法(试行)》	安徽省环保厅、人民银行合肥支行、安徽省地方金融监督管理局、银监局	2019 年 1 月	对企事业单位和其他生产经营者、环境影响评价机构、环境污染防治设施运营维护机构、环境监测机构严重失信行为进行了界定。将企业环境信用信息与银行业金融机构的信贷挂钩,强化环境监管,优化信贷结构,防范信贷风险。

在环境规制强度稳步推进的同时,上海的绿色金融相关工作(如绿色信贷与绿色债券)也在稳步进行。2013 年,上海市出台的《淀山湖地区中长期发展规划》将淀山湖地区作为利用金融支持绿色转型发展的实验区,以金融助力绿色信贷和节能减排项目,并进一步与国际金融组织交流、合作。同年,崇明绿色信贷信息系统上线,标志着崇明绿色信贷联盟工作迈入新阶段,绿色信贷联盟成为崇明生态信用体系的重要组成部分。2017 年,上海银行制定了《绿色金融建设实施纲要》,将绿色金融嵌入信贷业务全流程,明确绿色金融的支持方向和重点领域。上海兴业银行分行向个人客户提供低碳信用卡、绿色消费贷、绿色理财等金融产品,鼓励绿色生活。在绿色同业投资、节能环保、绿色创新、循环低碳经济等产业,上海地区的银行都在大力开发特色绿色金融产品。《中国绿色债券市场(2018)》的数据显示:截至 2018 年底,上海证券交易所已有 62 亿美元等值的绿色债券上市,成为当年全世界第八大绿色债券上市所在地。2018 年,上海清算所在其官网披露绿色债券信息,并与卢森堡交易所合作将绿色债券信息同步提供给外国投资者。

上海证券交易所于 2018 年公布了《上海证券交易所服务绿色发展推进绿色金融愿景与行动计划(2018—2020 年)》,这是对《关于构建绿色金融体系的指导意见》绿色证券相关内容的完善,强调了五个部分(绿色债券、绿色股票、绿色投资、国际合作以及能力建设)的工作,进一步促进我国绿色金融体系的构建。

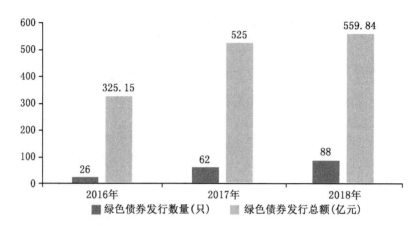

资料来源:Wind 数据库。

图 4-1　上海市绿色债券发行情况

为发挥碳金融促进环保节能、优化能源结构与布局的作用,上海市于 2013 年开放了碳交易试点市场,目前已形成了具有碳排放管理特点的交易制度,并在碳金融领域进行了一些探索及创新。截至 2016 年,长三角已有 175 个 CDM 项目得到批准,见表 4-6。2015 年 1 月,上海市环境交易所先后上线了海通宝碳基金产品,规模为 2 亿元人民币,专门投资全国范围内的 CCER;同年碳信托产品"爱建信托·海证一号碳排放交易投资集合资金信托计划"也正式上线,并在上海碳市场进行 CCER 交易,成功联通碳市场与资本市场。

表 4-6　　　　　　　　　　　长三角地区已批准的 CDM 项目

地　区	项目数(个)	估计年减排量(tCO$_2$e)
上海	25	8 510 241
江苏	50	44 491 972
浙江	50	43 327 340
安徽	50	13 568 746

资料来源:中国清洁发展机制网。

2019 年,浙江省生态环境厅开启了浙江省排污权交易指数,更明确地显示了历年来排污权交易发展进程,这有利于节能减排工作的开展,也促进了公众环境保护意识的提升。

江苏省于 2019 年明确执行排污权有偿使用与交易收费,所有费用将用于污染防治、环境监管等方面。浙江省于 2019 年在全省范围内实行国家排放标准大气污染物特别排放限值标准,包括颗粒物、二氧化硫、挥发性有机物与氮氧化物。

安徽省实施《打赢蓝天保卫战三年行动计划》,主要从优化能源结构、产业结构、用地结构以及交通运输结构方面入手,从源头整治降低污染物排放量,进一步推动石化、钢铁、工业涂装以及"散乱污"企业的污染治理、整合工作。

2. 长三角地区环境规制发展情况

自 21 世纪初以来,长三角三省一市生态环境保护与控制环境污染投资在数量和比重上都逐步增加,见表4-7。

表 4-7　　　　　　　　长三角各地区环境污染治理投资总额　　　　　　单位:亿元

	上 海	江 苏	浙 江	安 徽
2004 年	70.2	205.0	89.3	41.3
2005 年	88.1	294.3	84.3	49.3
2006 年	94.3	282.7	57.9	52.0
2007 年	123.0	318.2	65.6	82.4
2008 年	153.5	395.9	105.4	139.0
2009 年	160.1	369.9	99.1	139.2
2010 年	134.0	466.4	95.2	179.9
2011 年	144.8	575.8	133.2	267.5
2012 年	134.1	657.2	163.3	330.2
2013 年	176.5	800.4	156.5	467.9
2014 年	250.0	880.6	229.0	428.7
2015 年	220.3	952.5	219.6	439.7
2016 年	205.3	765.6	300.1	498.2
2017 年	160.4	715.4	284.1	505.0

资料来源:上海、江苏、浙江、安徽统计年鉴。

　　从表 4-7 可以看出,2004 年后尽管有波动较大的情况,但从总体来看三省一市的污染治理投资额有较大的涨幅。因为环保项目多属于中长期投资,若某一年投入资金较多就需要较长时间来消化吸收。

　　从环境保护投资在 GDP 中所占的比例来看,苏浙皖三地的水平差别不大,而上海一枝独秀,见图 4-2。这说明近些年上海格外看重环境保护,苏浙皖在环境保护投资上则有较大的提升空间。图 4-3 是长三角各地区主要年份工业废弃物综合利用率,从中可以看出,上海一直保持在较高的水平上,安徽的处理能力稳步上升,江苏、浙江各有升降但总体稳中有升。2013—2018 年,上海市与三个省会城市年均 PM2.5 浓度呈下降趋势,环境状况都得到了改善,但合肥的环境质量与其他三个城市相比仍有较大差距,见图 4-4。总体而言,在"十三五"期间,长三角的环境质量改善工作取得了长足的进步。

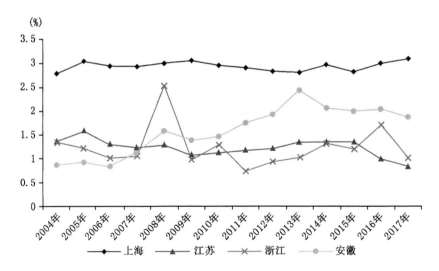

资料来源:上海、江苏、浙江、安徽统计年鉴。

图 4-2　长三角各地区环境污染治理投资总额占 GDP 的比例

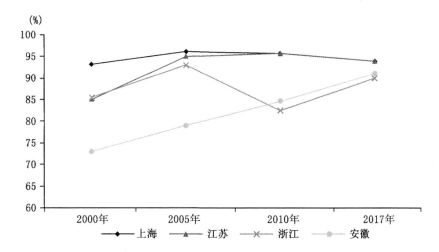

资料来源:上海、江苏、浙江、安徽统计年鉴。

图 4-3 长三角各地区主要年份工业废弃物综合利用率

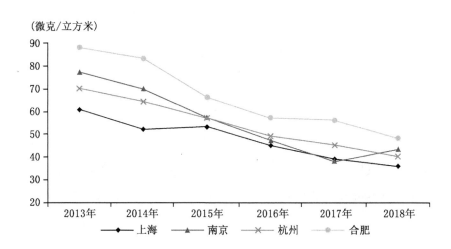

资料来源:CIESIN,上海、南京、杭州、合肥环境状况公报。

图 4-4 长三角各地区年均 PM2.5 浓度变化

随着上海排污费收费强度的提升,废气排放量整体趋于下降,见图 4-5。其中,氮氧化物排放量下降幅度最大,其原因是氮氧化物的排污费征收标准由 0.63 元/千克上升至 1.26 元/千克,再上升至 4 元/千克、8 元/千克,直至 2019 年上升

至 9 元/千克,在所有污染物中征收标准为最高。然而,目前安徽废气中的每污染
当量氮氧化物与二氧化硫的排污费征收标准仅为 1.2 元。

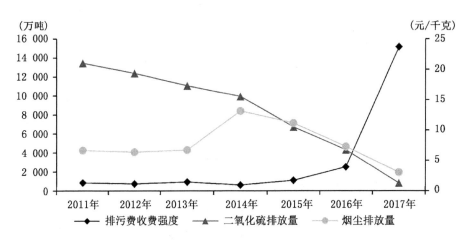

资料来源:上海统计年鉴。

图 4-5　上海市排污费收费强度与废气排放量变化

此外,上海还实行差别化收费政策,利用市场化的手段鼓励企业降低污染物
排放。对于超出排放限值的污染物排放量,收取 2 倍排污费;对于污染物排放值
低于排放限值 50% 的,排污费减半。

本地污染排放占上海市 PM2.5 排放量的 74%。本地排放源中,主要是流动
排放源(机动车、飞机、船舶等)与工业生产排放源(煤类、非燃煤类的工业炉窑和
锅炉)。因此,上海市发布的清洁空气行动计划(2013—2017 年)重点整治污染排
放较高的工业炉窑、锅炉,仅 2014 年上海叫停了 1 675 台工业窑炉与锅炉,同年 5
月起,上海正式施行新车国五排放标准,淘汰排放超标车辆,并为铺开新能源汽车
(包括公交车和私家车)拟定了配套政策。

在水环境保护上,上海市的工业废水排放量从 2004 年的 5.64 亿吨减少至
2017 年的 3.16 亿吨,14 年间新开放了 15 座污水处理厂,污水处理能力从 95 301
万吨增长到 263 703 万吨。上海于 2009 年、2018 年两次修订《污水综合排放标
准》,增加了间接排放和协商排放的规定,排污单位执行商定限值;细化调整了污

染物的控制项目,收紧化学需氧量、镉、汞等污染物的排放限值标准。

总体而言,长三角三省一市环境保护投资规模虽然有所扩大,但环保投资的分布并不均衡,其中上海的环境保护投资水平明显超出苏浙皖。苏浙皖三省更加重视环境基础设施建设,2016 年环境污染治理投资数据显示,江苏和安徽有 55% 以上的资金投入到城市环境基础设施建设中,表明了城市公众环保意识的提高会倒逼政府部门加大环境保护工作力度。此外,次区域中心区的环境保护投资水平高于边缘地区,边缘城市的环保投资规模和密度远不如三省一市的中心城市。通常,在省会城市、计划单列市等经济发达地区,环保投资规模大、分布较为均衡;在一些流域、城市交界区域,环保投入明显不足,跨界污染的治理效果有限。这也是长三角环境保护治理的薄弱环节。

就上海而言,过去 20 年居民的环保意识有明显的提高,居民收入水平的提升不仅能带动民众环保意识的提升,也增加了民众对于良好生态环境的需求,民众愿意为环境保护买单。

《上海市生活垃圾管理条例》于 2019 年 7 月 1 日正式实施,这进一步提高了民众爱护环境卫生的意识。Pisani 等(2019)以中国 918 个城市 7 年的数据为观察对象,研究发现环境可持续性(减少一个城市的空气污染和水污染)与 FDI 的流入有正相关关系。上海是外商投资的聚集地,境外机构投资者(尤其是欧洲、日本)非常重视环境,这会促进国内机构投资者环保意识的提升,也间接带动更多金融资源流向环境友好型产业。

《江苏省公众环境意识调查报告(2018)》表明,民众(尤其是青年人)越来越重视环境保护,受访者主要关心大气污染与水污染。民众参与环境保护活动的积极性较高,近一半民众会主动践行绿色出行,超过四分之三民众表示参加过环保公益活动,自备环保购物袋和实施垃圾分类的民众各占四分之一左右。

截至 2019 年 12 月,上海市公开环境规制相关信息 3 556 条,江苏省公开环境规制相关信息 21 870 条,浙江省公开环境规制相关信息 57 486 条,安徽省公开环境规制相关信息 4 774 条,包括决策、执行、管理、服务、结果等环境保护全流程的公开。

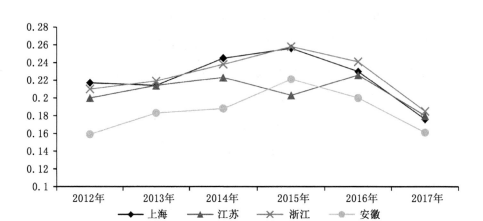

注:由于测算政策支持度三级指标体系和指标权重在 2012—2017 年间有一定的调整,在测
算结果上出现了后一期的政策支持度低于前一期的情况。

资料来源:《中国绿色发展指数报告》。

图 4-6　2012—2017 年长三角各地区政策支持度变化

《中国绿色发展指数报告》中,政府政策支持度指数从绿色投资、基础设施、环
境治理三个二级指标综合、全面地评价了各地区的环境规制强度,客观地体现了
各地区政府对环境保护、绿色发展的重视程度和支持力度。因此,利用政府政策
支持度指数可以代表各地区整体环境规制强度。图 4-6 为长三角各地区政策支持
度变化,从中可以看出,上海、江苏、浙江的环境规制强度处于第一梯队,安徽则明
显落后。根据 2017 年的数据,从环境治理、绿色投资、基础设施来看,上海、安徽的
环境治理指数排名较高,江苏和浙江低于东部的平均值;浙江、江苏的绿色投资水
平明显超出安徽、上海;江苏、上海和浙江的基础设施建设水平相较于安徽有明显
的优势。总体而言,长三角各地区环境规制强度相差较大,各地区各有短板,在长
三角环境规制一体化上还有很大的提升空间。

3. 长三角生态绿色一体化发展示范区试点情况

2019 年国务院发布《长三角区域一体化规划发展纲要》,提出大力发展绿色经
济、创新经济、服务经济,促进生态环境协同治理,实现长三角地区生态空间共治

共保,推动环境协同治理,确定绿色发展道路,构建绿色美丽长三角。2019年11月,长三角生态绿色一体化发展示范区正式挂牌成立,旨在将统一生态环境标准、统一监测体系、统一监管执法扩大到整个浙江和江苏,致力于将生态优化方式转化为社会发展优势。

长三角生态绿色一体化发展示范区坚持走绿色发展之路,采用"理事会＋执委会＋发展公司"的三层次架构。嘉善县、青浦区、吴江区于2019年10月签署了三地战略合作协议,三地区将深入推进政策相互促进、规划相互融合、产业相互对接,扩大三地区之间的交流与合作,推进智能制造升级,同心协力建设示范区。于同月挂牌的长三角一体化示范区法院诉讼服务专窗,其主要目的是提供高质量、无差别的司法服务助力长三角生态一体化发展,其主要职责在于三地法院跨域立案、诉讼服务、跨域执行、法庭协作、多元解纷等。此外,三地区的税务部门签订了《长三角生态绿色一体化发展示范区税收经济分析合作协议》,坚持合作、开放与共享来推进税收经济分析合作,助力长三角一体化发展。三地区区域公交试行工作已经开展,已有5条区域公交示范线路通车运行,从打通物理空间开始为生态一体化提供便利。

三省一市继续扩大共保联治,是长三角强化生态环境保护的法宝。第一,在浙江嘉善和上海金山之间签订了界河保护合作协议,明确了34条界河管理范围和责任。第二,苏浙沪联合召开太湖、淀山湖湖长协作会议,建立淀山湖、太湖湖长协作机制,协同推进太湖和淀山湖以及出入湖河道的综合整治与环境保护,是以水利助推长三角生态一体化高质量发展的创新举措。第三,长三角三省一市发布了《湿地保护条例》《湿地保护修复制度实施方案》《湿地保护规划》,加强湿地保护的法制保障和规划引领,构建区域湿地协同保护网络。2019年长三角地区湿地公园绿色发展国家创新联盟成立,突破了行政区划的限制,把湿地重新连接成片,提高全体湿地的保护、管理水平,进一步推进了长三角地区湿地资源保护与利用。最后,2019年12月长三角城市生态园林协作联席会议成立,联席会议上公开了《推进长三角城市园林绿化高质量一体化发展行动纲要》,完善三省一市园林管理部门之间的合作关系,推动园林绿化示范样板建设;促进资源共享,优势互补,包括共同编制"公园城市"建设规划,形成相关实施路径和对策措施;增进技术交流,建立区域行业专家智库;推进三省一市标准协同,促成地方标准互认等。

4.2.2.2 长三角地区绿色金融配置现状及存在的问题

从供给端来看,绿色金融工具主要包括绿色信贷、绿色债券、绿色保险、绿色股票以及碳金融。但目前的一大问题是省市级的绿色金融数据多有缺失、内容模糊。基于现有数据,对长三角三省一市绿色金融的发展情况进行对比和分析。

截至2018年底,我国绿色债券发行规模为312亿美元,此外,我国的上市和非上市企业在上海证券交易所发行62亿美元等值的绿色债券。

2016—2018年,上海、江苏、浙江和安徽分别发行了12只、36只、26只和6只绿色债券。2019年苏浙皖均有商业银行参与绿色债券的发行,江苏省以江苏银行100亿元的发行量位列第一;作为六大绿色金融改革创新实验区之一,浙江省发行6只绿色金融债券,数量最多,见图4-7。2016—2018年,上海、江苏、浙江分别发行了1只、8只、1只绿色ABS,与普通绿色债券互补,通过盘活资产解决企业融资困难。绿色债券作为绿色产业发展直接融资的方式之一,已经得到了长三角各地区的认可。

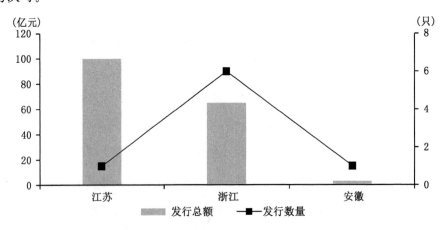

资料来源:中央财经大学绿色金融国际研究院。

图4-7 2019年绿色金融债券地区分布

截至 2019 年末,根据同花顺行业分类标准,沪苏浙皖各有环保企业 3 家、6 家、7 家、2 家。从上市公司社会责任报告的披露情况来看,2018 年沪苏浙皖社会责任报告披露比例分别为 38%、17%、19%、28%,长三角各地区之间的披露情况变动较大,造成这种现象的原因可能是各地区的上市公司数量不同。同年,沪苏浙皖上市公司的 ESG 平均得分为 59、43、40、28。

我国的绿色产业基金通常由政府引导基金投资,机构发起或参与,引导公众投资方向,在一定程度上分散风险。由表 4-4 可以看出江苏、浙江的绿色产业引导基金较多,表明当地政府看重绿色发展,2019 年新增基金数量较少是因为金融监管环境趋严。

表 4-8   2016—2019 年长三角各地区新增绿色产业引导基金

基金简称	注册地区	成立时间	目标规模(亿元)
镇江绿色发展基金	江苏	2016 年 6 月 16 日	30
如皋新能源汽车基金	江苏	2016 年 7 月 28 日	—
江苏省生态环保基金	江苏	2017 年 7 月 26 日	800
盐城市节能环保产业基金	江苏	2018 年 3 月 20 日	
盐城市新能源产业基金	江苏	2018 年 9 月 17 日	2.01
磐安县绿色产业基金	浙江	2016 年 9 月 8 日	—
国金佐誉新能源汽车基金	浙江	2018 年 7 月 31 日	5
银河湖州绿色基金	浙江	2018 年 7 月 31 日	5
湖州绿色产业引导基金	浙江	2018 年 7 月 31 日	10
安徽省节能环保基金	安徽	2016 年 6 月 25 日	4.5
旌德中安绿色健康产业基金	安徽	2019 年 1 月 11 日	1

资料来源:清科私募通、中央财经大学绿色金融国际研究院。

在我国的社会融资规模中,银行信贷仍然起着主要作用。显而易见,绿色信贷对于绿色金融的推动也有十分重要的作用。截至 2017 年,上海、江苏、浙江、安徽的绿色信贷余额分别为 2 428 亿元、6 000 亿元、6 875 亿元、1 796.3 亿元,绿色信贷产品覆盖清洁能源、循环资源、碳金融与排放交易、污染处理和防治等多个行业,绿色信贷占据了绿色金融体系的半壁江山,体现了商业银行作为地方主要金融机构对于当地经济绿色转型的融资中介作用。在绿色证券市场上,浙江省的绿色上市公司市值相对值和绝对值都处于最高水平,其次是江苏、上海和安徽,见图 4-8。

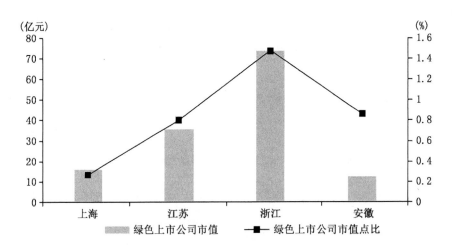

资料来源:同花顺。

图 4-8　三省一市绿色证券市场

总体而言,长三角地区绿色金融发展在国内处于较高水平,说明长三角在推动地方绿色金融改革创新工作方面起到了建设性的作用,反映了环保政策、经济支持以及绿色发展获得显著成效,表明了长三角对于绿色金融改革创新工作的重视。浙江和江苏处于第一梯队,不论是政策推动还是市场效果都表现较好。浙江省各级政府的环保积极性较高,湖州市、衢州市被纳入“绿色金融改革创新示范区”,环境绩效远高于长三角平均水平,在长三角城市群绿色金融发展竞争力名列前茅,浙江省在政策制定、市场构建等方面都做出了较好的示范。此外,江苏省绿色金融发展整体较快,2018 年江苏省九部门联合出台《关于深入推进绿色金融服务生态环境高质量发展的实施意见》,既对绿色金融的发展提出了明确的方向,也将江苏绿色金融政策推进到实际操作阶段。上海市的绿色金融发展稳步上升,虽然绿色信贷发展势头良好,但对于绿色信贷的关注程度仍不够,绿色投资发展较慢,水平也有待提升。安徽绿色金融发展速度相对较慢,整体评价不高,在政策标准制定方面较为滞后,大多数地级市仍然缺少绿色金融发展政策。

图 4-9 为 2018 年长三角地区绿色金融发展评价,从中可以看出,上海市绿色金融的政策推动与市场效果评价基本一致,说明将绿色金融落到了实处,政策执行力好;浙江省政策推动评价最高,说明绿色金融改革创新试验区积极出台绿色政策,搭建绿色金融政策实施监管体系,推动绿色金融创新政策落地卓有成效;安徽省绿色金融的政策推动与市场效果评价差别较大,究其原因为政策推动力度不足、政策未能较好地贯彻执行、政策在市场效果反映上有一定时滞。同时,苏浙沪三地的市场效果与政策推动力度之间相关性较强,说明在不同经济基础的条件下,经济水平发展较高的省份会在一定程度上放大政策实施效果。

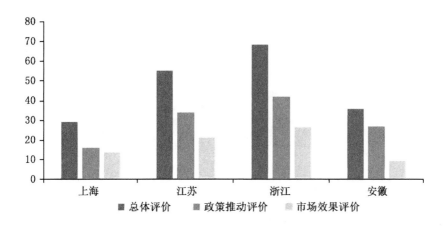

资料来源:中央财经大学绿色金融国际研究院。

图 4-9 2018 年三省一市绿色金融发展评价

长三角"40+1"城市群绿色金融发展竞争力评价结果如表 4-9 所示。表中可发现各地区得分跨度较大,不同地区绿色金融发展水平差异较大。从绿色金融的供给端来看:在绿色金融产品中,绿色信贷依然占据了主导地位,绿色基金、绿色股票以及碳金融等产品只占据少部分;绿色金融创新产品也较少。

表 4-9 　　　　　　　　2019 年度长三角"40＋1"城市群绿色金融发展竞争力评级

城　市	评　级	城　市	评　级
衢州	A＋	湖州	A＋
黄山	A	南通	A
上海	A	杭州	A
苏州	A	南京	A
常州	A	丽水	A
池州	A	滁州	A
无锡	A	温州	A
芜湖	A	马鞍山	A
绍兴	A	阜阳	B＋
金华	B＋	六安	B＋
合肥	B＋	宁波	B＋
宿迁	B＋	盐城	B＋
嘉兴	B＋	泰州	B＋
淮北	B＋	台州	B＋
铜陵	B＋	扬州	B＋
淮安	B＋	宣城	B＋
镇江	B	舟山	B
安庆	B	连云港	B
蚌埠	B	宿州	B
徐州	B	亳州	B－
淮南	B－		

评级标准：A＋≥60，60＞A≥40，40＞B＋≥30，30＞B≥20，20＞B－≥0。

资料来源：《长三角"40＋1"城市群绿色金融发展竞争力研究》。

当绿色金融的供给端配置失衡、供给质量不高时,必然会影响可持续性项目、制造业、环保企业的信贷配给,绿色金融产品和服务很难有效地分配到环境友好型、资源节约型企业,不利于降低能耗和推动环保技术发展;对绿色金融的需求端产生消极影响,不利于绿色金融资源配置效率即绿色金融发展水平的提升。

此外,三省一市分属不同的行政区划,由于缺乏长三角绿色金融发展的顶层框架,绿色金融一体化程度较低,缺乏绿色金融工具发行、流通的统一市场,各地政府的绿色金融政策执行力不一;再加上区域发展不平衡导致各地区的发展利益诉求不一致,目前的环境治理主要以政府为主导,其各地区间存在行政壁垒,都在一定程度上阻碍了绿色资本的自由流动,不利于绿色金融配置效率的提升。因此在长三角生态绿色一体化发展示范区推进基础上,长三角绿色一体化仍有很长的路要走。

4.2.3　实证分析

研究环境规制与绿色金融配置效率的影响关系,首先要理解环境规制强度的高低是由该地区环境治理、绿色投资与基础设施水平综合决定的,理论部分已经证明了环境规制会影响绿色金融配置效率,在本部分的研究中,利用双向固定效应模型分析环境规制对绿色金融配置效率的影响及其影响路径,并利用稳健性检验保证结果的稳健性,为长三角在现阶段如何控制好环境规制与绿色金融配置效率的关系提供实证基础。

4.2.3.1　数据来源、模型设定与变量选取

1. 绿色金融配置效率的指标构建

绿色金融配置是将环境负外部性纳入资金配置决策,以改进传统的资金配置机制。绿色金融配置效率就是在既定的条件下绿色资金的配置状态,即一定的绿色资金投入对于减少污染、提升环保技术的产出效果,反映绿色金融的发展水平。经济主体的污染程度越高,越难获得外部资金,融资需求满足度越低,则说明绿色金融配置效率越高。目前,我国绿色金融发展仍处于"浅绿"时期:绿色发展处于"浅绿"阶段,即逐步推进企业承担环境责任,降低生产运营过程中的污染和能耗;实体经济处于"浅绿"阶段,即绿色金融主要表现为基于外部性环境问题的信贷配给,在资金价格相等的条件下,主要支持绿色项目的投融资,减少对污染项目的投入。当前绿色金融发展的重点是建立外源资金依企业污染程度不同而变动的激

励机制,因此绿色金融配置效率在于衡量外源融资变动对企业污染的敏感性。

因此本文借鉴沈洪涛与马正彪(2014)、王凤荣(2018)等以及王康仕(2019)的研究,在微观层面,利用企业外源融资需求满足度对企业污染水平的响应程度来评估绿色金融配置是否有效,构建绿色金融配置效率指标。指标选取标准为:第一,由于我国是银行主导型金融体系,多采用间接融资方式配置金融资源,企业的运营多依赖于贷款融资,故以企业的资产负债率变化量来反映外源融资压力变化。第二,我国多数企业的环境信息披露不规范、不完整,存在数据缺失,因此很难直接衡量企业的污染程度,基于我国的实际情况,企业缴纳的排污费实际上是"准排污税",因此可以将排污费化为"庇古税"。利用排污费来衡量各个企业的环境污染程度是因为排污费能全面显示各种污染物排放量,因此本文借鉴胡曲应(2012)的研究,将反映企业环境污染程度的代理变量设定为企业排污费占营业收入的比重。

2. 模型设定

本文借鉴王凤荣(2018)的研究,利用企业资产规模($Lsize$)、资产结构($Stru$)、盈利能力(ROA)、成长能力($Grow$)、股权结构(Sh)五个因素来衡量资本结构,将其作为企业层面的控制变量,建立实证模型:

$$DR_{itf} = \alpha_0 + \alpha_1 Ch_{itf} + \alpha_2 CONT_{itf} + \varepsilon_{itf}$$

其中,i 代表省及直辖市;t 代表年份;f 代表企业;α 是模型的待估计参数;DR 是企业负债率的变化量,反映企业外源融资压力变化;Ch 为排污费占营业收入的比重,反映企业环境污染程度;$CONT$ 为控制变量;ε_{it} 为随机误差项。估计参数 α_1 是用于衡量企业外源融资压力变动对污染程度的敏感性,企业污染程度越高,越难获得外部融资,融资需求满足度越低,也意味着绿色金融配置效率越高,因而 α_1 的系数估计值应显著为负;反之,同样如此。

为了能从更全面的角度考察环境规制及其跨层效应对绿色金融配置效率的影响,参考王勇和李建民(2015)介绍的综合指数衡量环境规制的方法,将各地政府对于绿色发展的政策支持度($Policy$)及其与环境污染(Ch)的交乘项纳入基准

模型,建立扩展模型:

$$DR_{itf}=\alpha_0+\alpha_1 Ch_{itf}+\alpha_2 CONT_{itf}+\alpha_3 Ch_{itf}\times Policy_{it}+\alpha_4 Policy_{it}+\varepsilon_{itf}$$

《中国绿色发展指数报告》中,政府政策扶持程度(Policy)指标从绿色投资、基础设施、环境治理三个角度利用三级指标权重来综合、客观地评价了各地区的环境规制强度,综合测算了各地区政府对于绿色发展的重视和扶持力度。因而,利用政府政策支持度(Policy)指标来测算地区整体环境规制强度。

为了深入研究不同类型环境规制手段的作用差别,将政府环境保护财政支出/一般预算支出(Ep)及其与环境污染(Ch)的交乘项纳入基准模型,以探究财政型环境规制及其跨层效应对绿色金融配置效率的影响。若这项环境规制工具能加深外源资金变动对企业污染的响应程度,说明绿色金融配置效率得到提升,交乘项估计系数应显著为负值。

$$DR_{itf}=\alpha_0+\alpha_1 Ch_{itf}+\alpha_2 CONT_{itf}+\alpha_3 Ch_{itf}\times Ep_{it}+\alpha_4 Ep_{it}+\varepsilon_{itf}$$

$$DR_{itf}=\alpha_0+\alpha_1 Ch_{itf}+\alpha_2 CONT_{itf}+\alpha_3 Ch_{itf}\times Policy_{it}+\alpha_4 Ch_{itf}\times Ep_{it}+\alpha_5 Policy_{it}+\alpha_6 Ep_{it}+\varepsilon_{itf}$$

表 4-10 为变量说明。

表 4-10 **变量说明**

	变量符号	变量名称	变量说明
被解释变量	Debt	融资满足度	资产负债率变化量
解释变量	Ch	企业环境污染	单位营业收入排污费
	Lsize	企业资产规模	资产总额对数
	ROA	盈利能力	ROA
	Stru	资产结构	非流动资产/总资产
	Grow	成长能力	金融机构年度存贷款余额/GDP
	Sh	股权结构	前十大股东持股占比
	Policy	整体环境规制强度1	政策支持度
	Ep	财政型环境规制	政府环境保护财政支出/一般预算支出
稳健性检验变量	PITI	整体环境规制强度2	PITI 指数

表 4-9 为变量的描述性统计结果,从中可知,445 家企业的负债率平均为
45.1%,负债率最高为 268.1%,最低为 28.1%,资产负债率的变化量最大值为
170.3%,最小值为-214.8%,此外,各企业外源性融资压力差别较大,分析原因
可能是受到企业经营状况及行业的影响。同时,由于行业不同,不同企业单位营
业收入排污费也相差较大,重污染企业(生物医药业、石化塑胶业、水电煤气业等)
单位营收排污费收费强度高。上海、浙江、江苏的整体环境规制强度较高,安徽明
显低。政府节能环保财政支出/一般预算支出的差距则是因为上海市前期市场型
环境规制不高,明显低于其他三省,到 2017 年三省一市市场型环境规制强度差别
基本可以归为同一档。

表 4-11 变量的描述性统计结果

变量	N	mean	sd	min	max
DR	445	−0.013 3	0.158 3	−2.148	1.703
Ch	311	0.003 016 8	0.158 3	0.000 012 9	0.034 345
Lsize	449	12.841	1.079	9.414	15.534
ROA	449	0.114 9	0.042 3	0.057 7	0.227 3
Stru	449	0.505 7	0.173 3	0.058 5	0.922 4
Grow	445	0.108	0.243	−0.619	1.196
Sh	409	0.539	0.142	0.174	0.918
Policy	24	0.212	0.024	0.159	0.258
Ep	24	0.025	0.005	0.012	0.032
PITI	24	60.65	8.62	39.49	74.37

3. 数据来源

2007 年《关于落实环境保护政策法规防范信贷风险的意见》由中国人民银行、
中国银监会与国家环保总局三部委共同颁布,标志着我国绿色金融发展伊始。
2009 年首部《中国银行业金融机构企业社会责任指引》正式出台,意味着绿色金融
政策真正在金融行业落地。2018 年《中华人民共和国环境保护税法》《中华人民共
和国环境保护税法实施条例》正式施行,《排污费征收使用管理条例》同时废止。
由于制造业是我国经济部门所不可或缺的部分,同时又造成了严重的环境污染,

所以本文以长三角三省一市 2012—2017 年沪深两市制造业上市公司数据为研究对象,并根据以下程序处理、筛选数据:第一,从年报中手工查询公司的排污费数据,剔除排污费数据缺失的公司;第二,将财务数据不完整的公司剔除;第三,去除排污费项目中包括与环保无关费用的公司数据;第四,删除排污费为"0"的公司数据;最后,剔除被 ST 的公司,以避免异常值的影响。整合后,得到了一组包含 75 家企业的非平衡面板数据。

实证分析部分利用 2012—2017 年长三角地区三省一市的数据分析环境规制对绿色金融配置效率的影响,数据来源于万德数据库、国泰安数据库、公司年报、《中国环境统计年鉴》《浙江自然资源与环境统计年鉴》和苏浙沪皖统计年鉴。

4.2.3.2 实证结果与分析

1. 双向固定效应

考虑到有些解释变量存在很大的年份差异,再加入时间虚拟变量,本想采用双向固定效应方法来做回归分析。但是,回归模型中可能因为交乘项较多而引起交乘项与低次项之间的共线性,因此在回归之前对所有交乘项进行"对中"处理以避免该问题。基准模型建立之后,将其他指标分别纳入建立拓展模型,探究环境规制强度提升能否促进绿色金融配置效率提升、不同类型的环境规制的作用是否有差别。回归结果如表 4-12 所示。

表 4-12　　　　　　　　　　　　　面板回归结果

	(1)	(2)	(3)	(4)	(5)	(6)	(7)	(8)
Ch	1.702	1.836	1.877	2.020 7	3.187	−0.476	3.397	2.943
	(−0.9)	(−0.9)	(−0.91)	(−0.91)	(−0.81)	(−0.01)	(−1.38)	(−0.48)
$Lsize$	0.038	0.038 4	0.043 4	0.043 3	0.048 5	0.022 5	0.048 6	0.018 4
	(−1.15)	(−1.18)	(−1.39)	(−1.41)	(−1.37)	(−0.4)	(−1.42)	(−0.34)
ROA	−0.86***	−0.84***	−0.843***	−0.83***	−1.05**	−1.012**	−1.07**	−1.078**
	(−2.89)	(−2.81)	(−2.81)	(−2.7)	(−2.54)	(−2.55)	(−2.49)	(−2.17)
$Stru$	−0.125	−0.111 5	−0.113	−0.102 3	−0.146	−0.210 7	−0.152	−0.184
	(−1.1)	(−0.97)	(−0.98)	(−0.88)	(−1.05)	(−1.02)	(−1.09)	(−0.97)

	(1)	(2)	(3)	(4)	(5)	(6)	(7)	(8)
Grow	0.068 6*	0.069*	0.065 02*	0.066 2*	0.092 2	0.135 6**	0.094 8	0.161**
	(−1.74)	(−1.82)	(−1.68)	(−1.76)	(−1.56)	(−2.34)	(−1.62)	(−2.2)
Sh	0.091 4	0.097	0.076 5	0.080 7	0.1071	−0.244 6	0.123	0.272
	(−0.35)	(−0.38)	(−0.29)	(−0.31)	(−0.33)	(−0.54)	(−0.37)	(−0.55)
Policy		−0.997*		−0.7045*				
		(−1.72)		(−1.71)				
Ch×Po		−23.664		−32.844				
		(−0.4)		(−0.45)				
Ch×Ep			−336.19	−351.21				
			(−0.85)	(−0.69)				
Ep			−6.242 9*	−5.6516				
			(−1.76)	(−1.46)				
*PolL*1					−1.038*	1.039		
					(−1.74)	(−0.94)		
*Ch×PoL*1					−17.79*	−39.14		
					(−1.76)	(−1.37)		
*PolL*2						−1.012		
						(−1.01)		
*Ch×Po*2						96.648		
						(−0.96)		
*EpL*1							−6.759	−7.891
							(−0.80)	(−0.71)
*Ch×EpL*1							304.4	644
							(−0.46)	(−0.84)
*EpL*2								1.938
								(−0.29)
*Ch×EpL*2								−422.3
								(−0.32)
_cons	−0.4372	−0.652	−0.363	−0.5249	−0.77*	−0.2802	−0.426	−0.132
	(−1.19)	(−1.76)	(−0.96)	(−1.28)	(−1.91)	−0.733	(−0.92)	(−0.17)
N	308	308	308	308	260	212	260	212

注：*、**、*** 分别表示在 10%、5%、1%水平上显著。

检验结果表明,在表4-12(1)列基准模型和(2)列的加入整体环境规制强度中,企业排污费占营业收入的比重变动并不能显著影响企业资产负债率变化,表示企业外源融资压力变化对于企业污染程度变动并不敏感,显示了长三角绿色金融配置效率较低,环境规制并没有引起制造业企业外源融资需求满足度的变动。这很大程度上可以归因为我国绿色金融体系建设处在初级阶段,不少金融机构并不重视绿色发展,金融资源并没有倾向于投入节能环保项目。

表4-12中的(3)列和(4)列是对整体环境规制是否影响绿色金融配置效率进行检验:整体环境规制强度与单位营业收入排污费的交乘项系数虽然未在统计意义上显著,但是提升整体环境规制强度在一定程度上加深了外源资金变动对企业环境污染程度变化的程度,即有助于绿色金融配置效率提升。这表明健全、完善的环境规制体系对促进绿色金融发展与绿色金融配置效率的提高具有正向作用。(3)列是将财政型环境规制代替整体环境规制强度,以进一步检验不同性质环境规制是否同样会在企业环保成本提升的同时,缓解其外部融资压力。根据(3)列的结果可知,财政型环境规制作为政策支持度的替代变量时,提高财政型环境规制强度的也能够使企业污染水平的变动作用于企业外源融资需求满足度的变动,绿色金融配置效率有所提升。而在(4)列的混合模型结果,则表明增加环保财政支出并不能使企业污染程度的变化显著作用于外源资金需求满足度的变化,无法使企业绿色金融配置效率得到提升。分析其原因,应是长三角三省一市环保财政支出规模有限,效率较低。

总体而言,长三角三省一市的绿色金融配置效率水平不高,并不能对制造业企业施加融资压力;提高整体环境规制水平能显著提高绿色金融配置效率;从政策解构来看,财政型环境规制强度的提升并没有显著作用于绿色金融配置效率,政府的财政型环境规制针对性与效率有待提高。

2. 滞后效应

由于当期的绿色金融配置效率并不会影响前期的环境规制强度,为缓解反向因果偏误,将整体环境规制强度($Policy$)的一期滞后项和二期滞后项纳入扩展模

型来检验环境规制对绿色金融配置效率的影响是否有滞后效应,同时也以财政型
环境规制的滞后项作为对照。检验结果如表 4-12 的(5)—(8)列所示。

检验结果表明,当期企业排污费占营业收入比重与滞后一期整体环境规制强
度的交乘项系数在统计意义上显著,但是当期企业排污费占营业收入比重与滞后
二期整体环境规制强度的交乘项系数不显著,这表示提升滞后一期的环境规制强
度会作用于当期绿色金融配置效率的提高,加深外源资金变动对企业污染的响应
程度,滞后效应存在。

同时,当期单位营业收入排污费与滞后一期、滞后二期的财政型环境规制的
交乘项系数在统计意义上并不显著,这表示即使将滞后效应纳入考虑范围,财政
型环境规制及其跨层效应仍对提高绿色金融配置效率无显著效果。

3. 稳健性检验

由于重污染企业是工业污染的主要来源,也是污染治理的主要攻关项目,因
此根据《上市公司环境信息披露指南(2010)》对重污染行业的界定,对照新证监会
行业分类进行整理,将归属于重污染行业的企业的数据从全样本中选取重污染企
业作为子样本进行稳健性检验。稳健性检验结果如表 4-13 所示。

表 4-13 稳健性检验结果一

	(1)	(2)	(3)	(4)
Charge	2.353	−4.893	−5.827	−27.36
	(1.09)	(−0.27)	(−0.32)	(−0.59)
Lsize1	−0.010 3	−0.018 2	−0.011 0	−0.013 6
	(−0.24)	(−0.43)	(−0.26)	(−0.34)
ROA	−1.290*	−1.255*	−1.235*	−1.200*
	(−1.80)	(−1.77)	(−1.84)	(−1.85)
Stru	−0.202	−0.134	−0.135	−0.0579
	(−0.73)	(−0.47)	(−0.51)	(−0.21)
Grow	0.084 4	0.072 8	0.048 2	0.036 8
	(1.28)	(1.15)	(0.83)	(0.63)

续表

	(1)	(2)	(3)	(4)
Sh	0.258	0.249	0.310	0.306
	(0.42)	(0.41)	(0.49)	(0.48)
$Policy$		-1.345^*		-0.811
		(2.09)		(1.02)
$Ch \times Po$		-34.20		-75.46
		(0.39)		(0.62)
$Ch \times Ep$			290.7	512.8
			(0.41)	(0.56)
Ep			-13.87^*	-14.83^*
			(-1.73)	(-1.69)
$\_cons$	0.148	$-0.024\,6$	0.434	0.374
	(0.23)	(-0.04)	(0.66)	(0.54)
N	165	165	165	165

注：*、**、***分别表示在 10%、5%、1%水平上显著。

表 4-13(1)列的基础模型中，重污染企业资产负债率的变化量与单位营业收入排污费均不存在显著关系，意味着长三角绿色金融配置效率较低，环境规制并没有引起重污染企业外源融资需求满足度的变动。

表 4-13(2)列和(4)列是对整体环境规制是否影响绿色金融配置效率进行检验。(2)列的结果表明整体环境规制强度与单位营业收入排污费的交乘项系数虽然未在统计意义上显著为负，但是提升整体环境规制强度在一定程度上加深了外源资金变动对企业环境污染程度变化的程度，即有助于绿色金融配置效率提升。这表明健全、完善的环境规制体系对促进绿色金融发展与绿色金融配置效率的提高具有正向作用。(3)列是将财政型环境规制代替整体环境规制强度，以进一步检验不同性质环境规制是否同样会在企业环保成本提升的同时，缓解其外部融资压力。根据(3)列的结果可知，财政型环境规制作为政策支持度的替代变量时，提高财政型环境规制强度也能够使企业污染水平的变动作用于企业外源融资需求

满足度的变动,绿色金融配置效率有所提升;而(4)列的混合模型结果则表明增加环保财政支出能够使重污染企业污染程度的变化显著作用于外源资金需求满足度的变化,重污染企业绿色金融配置效率得到提升。分析其原因,重污染企业是政府重点监督、管理对象,是节能减排专项资金主要投资对象,也是银行的重点关注对象,环保政策的变化对重污染企业的生产经营活动影响更大,重污染企业获得的环境保护财政补贴(包括污染防治、节能工程、技术改造财政补贴等)相较于普通企业也更多,政府会对重污染企业环保专项资金的使用情况进行检查和评估,因此财政资金、外源融资的使用效率也更高。

　　采用综合指数法衡量环境规制强度要根据相应的理论基础来选取评价指标、设置权重,选取的指标与设置的权重不同都会导致评价结果的差异。因此为了确保回归结果的稳健性,本文还利用公众环境研究中心(IPE)和自然资源保护协会(NRDC)共同发布的污染源监管信息公开指数(PITI)体系来衡量各地区整体环境规制强度并进行回归分析。区域环保部门的环境信息披露越规范、越透明、越完善,公众参与度越高,PITI指数值就越高,检验结果见表4-14。

表4-14　　　　　　　　　　　稳健性检验结果二

	(1)	(2)	(3)	(4)	(5)	(6)
Ch	1.702	1.457	1.877	1.743	3.309	2.6566
	(0.9)	(0.84)	(0.91)	(1.02)	(1.46)	(0.8)
$Lsize1$	0.038	0.039	0.0434	0.0454	0.0466	0.0217
	(1.15)	(1.17)	(1.39)	(1.44)	(1.22)	(0.36)
ROA	−0.860***	−0.846***	−0.843***	−0.8289**	−1.0303**	−1.0565**
	(−2.89)	(−2.74)	(−2.81)	(−2.64)	(−2.55)	(−2.33)
$Stru$	−0.125	−0.125	−0.113	−0.1141	−0.1499	−0.1952
	(−1.1)	(−1.12)	(−0.98)	(−1.01)	(−1.09)	(−0.98)
$Grow$	0.0686*	0.065	0.06502*	0.061	0.0909	0.1468**
	(1.74)	(1.63)	(1.68)	(1.56)	(1.57)	(2.44)
Sh	0.0914	0.074	0.0765	0.0587	0.1055	0.267
	(0.35)	(0.27)	(0.29)	(0.21)	(0.32)	(0.54)

续表

	(1)	(2)	(3)	(4)	(5)	(6)
$PITI$		−0.000 7		−0.001 53		
		(−0.27)		(−0.53)		
$Ch \times PI$		−0.186*		−0.186 8*		
		(1.74)		(1.72)		
$Ch \times Ep$			−336.19	−425.153		
			(−0.85)	(−0.95)		
Ep			−6.2429*	−6.4027*		
			(−1.76)	(−1.69)		
$PITIL1$					0.000 61	−0.001 4
	(1)	(2)	(3)	(4)	(5)	(6)
					(0.25)	(−0.41)
$Ch \times PIL1$					−0.069 9*	0.085 6
					(1.62)	(1.17)
$PITIL2$						−0.001 16
						(−0.33)
$Ch \times PIL2$						−0.061 7
						(−0.44)
$\_cons$	−0.437 2	−0.389	−0.363	−0.263	−0.590 1	−0.144
	(−1.19)	(−0.94)	(0.96)	(0.57)	(−1.44)	(−0.19)
N	308	308	308	308	260	212

注：*、**、*** 分别表示在 10%、5%、1% 水平上显著。

表 4-14(1)列的基础模型中,企业资产负债率的变化量与单位营业收入排污费均不存在显著关系,意味着长三角绿色金融配置效率较低,环境规制并没有引起制造业企业外源融资需求满足度的变动。

表 4-14(3)列是对整体环境规制是否影响绿色金融配置效率进行检验。整体环境规制强度与企业排污费占营业收入比重的交乘项系数在统计意义上显著,这说明环境规制的跨层调节作用有效,能显著提升企业外源融资需求满足度对企业污染水平的敏感性,提高绿色金融配置效率。(3)列和(4)列将财政型环境规制纳入实证模型,以进一步检验不同性质环境规制是否同样会在企业环保成本提升的

同时,缓解其外部融资压力。根据(3)列和(4)列的结果可知,增加绿色财政型支出规模也能够使企业污染水平的变动作用于企业外源融资需求满足度的变动,绿色金融配置效率有所提升。(4)列显著性提升可能是因为环境规制衡量指标选取与前文相关部分不同。

表 4-14(5)列与(6)列的结果显示,当期企业排污费占营业收入比重与滞后一期的 PITI 指数的交乘项系数在统计意义上显著为负,当期企业排污费占营业收入比重与滞后二期的 PITI 指数的交乘项系数在统计意义上显著为负,滞后二期的政策支持度与当期单位营业收入排污费交乘项的系数并不显著。因此滞后一期的环境规制跨层调节作用会促进当期绿色金融配置效率的提高,加深外源资金变动对企业污染的响应程度,滞后效应存在。

4.2.4　实证小结

2012—2017 年,针对长三角三省一市的具体情况用政府政策支持度和 PITI 指数来衡量环境规制强度,采用企业外源融资需求满足度对企业污染水平的敏感性来衡量绿色金融配置效率的高低,并在基准模型中分别引入环境规制与企业环境污染的交乘项来考察整体环境规制和财政型环境规制的跨层效应对绿色金融配置效率的影响。从微观层面来看,长三角绿色金融配置效率水平有待提高,未对污染企业形成显著的融资压力;整体环境规制强度提升能显著提高绿色金融配置效率;从政策解构来看,财政型环境规制对于提升绿色金融配置效率的作用有限,但是财政型环境规制变化能够使重污染企业污染程度的变化显著作用于外源资金需求满足度的变化,有效提升重污染企业的绿色金融配置效率,因此长三角政府的绿色财政支出还需提高针对性与效率。提升滞后一期的环境规制强度会使当期绿色金融配置效率提高,加深外源资金变动对企业污染的响应程度。

实证结果对于政策选择有指导意义。首先,长三角地区进一步提高环境规制强度是必然的趋势,但不能不顾各地区的实际情况"一刀切",盲目要求严格的环境规制。其次,要循序渐进,在短期内应结合当时的环境条件和产业发展需求制订相宜的环境规制,并根据实际情况及时调整,进一步加强跨区域合作,建立统一的长三角区域环境治理体系。最后,各地区要因地制宜,灵活运用环境税、回收利用系统、绿色消费等多种环境规制手段,以更为经济的方法实现环境规制要求,从而协同提升绿色金融配置效率。

4.2.5 建议

4.2.5.1 完善长三角环境保护一体化体系

1. 进一步推进长三角环境规制一体化

短期措施有:由于长三角各地区之间在经济社会发展水平和环境治理状况上长期存在较大差异,因而在短时间内环境治理不应该采取"一刀切"方式。因此,既要考虑长三角整体,也要充分考虑各地区的现实差异。在长三角区域环境整体规制统一管理的基础上,要因地制宜,分别建立不同的环境区块,根据长三角各地区的经济发展水平、环境污染状况、产业结构、地理区位等特征,采取差异化的环境治理管理办法,环境治理目标可以随经济发展水平的提升而相应调整,从而循序渐进地降低区域间的环境治理差异,以实现各地区的环境治理协同发展。

长期措施有以下五个方面:

一是建立统一的区域环境治理体系。长三角三省一市共同制定环境法律法规、政策,统一各地区污染物排放标准、环保治理举措与监管补偿体系。明确权责,做到事前准备、事中监督、事后检查问责。同时要注意环境是时刻在变化的,标准不可以一成不变,要建立动态的治理体系。

二是完善信息公开制度。环境数据信息公开要及时,环保部门要主动扩大公开范围。进一步加大信息公开力度,环保决策、执行、管理、服务、结果整个过程都要公开。完善主动公开目录,充分运用新媒体,创新公开的方式。推进长三角环境数据资源全面整合共享,统筹信息化项目建设管理,统一三省一市环境数据统计指标、度量单位,建立基础性环境信息库,包括环境规制数据、政策法规、新闻、业务指南、案例实践等,实现数据互联互通,破除数据孤岛,以数据和决策支持来推进三省一市跨区域环境治理。

三是进一步加强跨区域横向合作,完善生态补偿体系。参考长三角生态绿色一体化示范区的治理格局,筹建长三角环保理事会为常态化的区域协作,执委会协调各城市环保职能部门,依托长三角区域生态环境联合研究中心的研究力量,从大气环境、水环境防治协作进一步拓展到土壤环境防治协作,为长三角环境联防联控、推动长三角生态高质量发展保驾护航。进一步完善跨地区生态补偿体系,使得各利益相关方协调一致,明确补偿主体、客体,确定公平的补偿标准,采取资金、技术、实物、政策等多元化的补偿方式,激励各地区减排,弥补不同地区在污染治理相对收益上的差异。根据"谁受益,谁付费"的原则建立跨区域生态环境补偿机制,识别污染原因,确定利益主体、支付方向、支付对象和支付数额,制定污染物排放标准,建立长三角污染物排放交易市场,加强上下游生态联动保护。由于大气污染也有很大的负外部性,并且长三角已经建立区域空气质量监测网,跨地区的综合防治与生态补偿机制可以由水环境扩大到大气环境。

四是建立长三角生态环境一体化发展基金。生态环境一体化发展基金有以下用途:支付当责任主体无法确定或无力偿付治理费用情形下的治理费用支出,清洁和可再生能源投资,资助长三角环保科研项目、环保技术实施、环境保护宣传教育及为各地捐赠污染治理设备。资金主要来源于两个方面:一是中央财政资金支持和三省一市财政拨款,款项来源于对企业征收的环境保护税、对特定的化学制品消费税等;二是企业和个人的捐赠。

五是多主体参与环境治理。高度重视不同群体的参与,并将其作为生态环境治理的关键因素。长三角生态一体化的利益相关方应包括政府、研究机构、企业、居民和基金捐赠方等。环境规制一体化的建立仍然需要政府以及公众的共同努力,加强环保宣传教育,公开披露环保信息,设立环保信息反馈投诉、渠道,保证公众与企业的知情权与监督权。完善公众参与的方式,利用 App、小程序、公众号等新媒体介绍长三角生态一体化工作,让公众对于环保项目进展有具象化的认识,让公众在长三角生态一体化进程中有获得感、参与感;利用听证会和座谈会的方式积极听取公众意见。来自公众的非正式环境规制不仅可以引导绿色消费,还能更好地监督地方政府的环境履职情况,与正式环境规制在环境治理方面形成协同效应与政策合力。在参与主体上构建"政产学研民"协同保护机制。推进政府、企业、科研、公众等多元主体的协同合作,政府侧重制定政策、加大投入,公众侧重科普教育、实地监督,高校及科研机构侧重环境保护研究成果转化,为长三角生态环境的保护与修复提供科技支撑。

2. 强化财政型环境规制的配置效率

虽然长三角三省一市的财政节能环保支出总额不断增加,但是节能环保支出占财政总支出的比重依然处于较低水平,且各地区之间差异较大,财政型环境规制的针对性与效率并不高。长三角不仅要丰富财政优惠、补贴方式,加大环境保护财政支出力度,也要提升财政型环境规制的配置效率。此外,政府的补贴手段依旧单一,难以覆盖日益扩大的节能环保领域,节能环保财政支出的透明度与导向激励作用都有待提高,政府应利用更为多样的补贴形式引导企业重视节能减排,以此来提高财政型环境规制的配置效率。

第一,继续扩大环保财政支出规模。长三角应继续加大环境保护财政支出力度,确定几个主要的环保财政支出投资方向,如可以根据长三角的实际情况将财政支出数额和方向侧重于环境保护、大气污染防治、农村地区环境治理。更加重视跨省生态补偿体系建设和跨区域和跨流域环境保护工作。可以通过财政支出信息披露、设置相应的工作目标来提高环保财政支出的配置效率,提升政府对环保绩效的重视程度。

第二,加大环保科技支出力度。长三角的环境科技支出规模仍然较小,而且现有的环保投资统计体系也没有将环境科技支出纳入现行统计体系。长三角目前主要以水污染、大气污染监控及科研资金形式来支持环保科技发展,对于土壤污染防治专项资金、农村环境综合整治专项资金等领域的环保科技投入较少,长三角环保科技支出具有较大的提升空间。长三角可以利用政府投资撬动社会资本投资于基础环保研究、新型领域及污染防治技术研发。财政投入也可与科创板协同配合,助力优质节能环保企业成长。

第三,加大重点领域环保财政支出。目前,长三角环境领域的工作重点是加快推进水污染、大气污染防治,并优化用能结构、提升用能效率。因此要优化长三角财政资金的投资方向和结构,加大对长三角重点区域(推进南京、杭州、合肥、苏锡常、宁波)、重点流域(长江、淮河、新安江—千岛湖、京杭大运河、太湖、巢湖、太浦河、淀山湖)以及大气、水、生态修复等领域的支撑;产业结构调整,推进光伏(上海)、风电(江苏、浙江)、水电(皖南)等低碳项目和设施建设,淘汰过剩落后产能。水污染防治的投资方向有工业水污染治理、城镇生活污水治理、污水再生利用、饮用水水源地保护、河道综合整治、良好水体保护、跨流域河湖治理等。大气污染防治的投资方向有工业大气污染治理、机动车等机械设备排放、城镇燃气管网建设等。土壤污染防治包括农用地污染治理、建设用地污染治理等。尤其要重视跨流域和跨区域的环境治理工作,使财政投资切实流入重点工作方面和薄弱环节。

第四,建立绿色财政支出的环境绩效评价。对长三角所有的财政收入、支出以及财政政策,都可以从与绿色发展的相关性角度进行评价,建立一套评价体系,促进财税体系绿色化。建立绿色财政支出预算管理制度、资金使用环境绩效评价规则,明确绿色财政资金使用的对象、程序、方法及资金使用部门的职责,全流程、全方位地监督绿色财政资金的使用。此外,还要加强绿色补贴政策和绿色税收政策(节能环保税)的管理,对于符合公众利益和有正溢出效应的项目,采用多种财政补贴方式(包括直接补贴与间接补贴),对于不符合发展规划或者环境正溢出效应不佳的项目,应削减、停发其财政补贴,真正发挥绿色补贴和绿色税收政策对绿色发展的引导作用。

4.2.5.2　进一步发挥绿色金融作用

单纯只强调环保却忽略了经济增长也是不可持续的,因此要进一步发挥绿色金融的作用,凭借金融的手段来更好地引导资金流向绿色环保项目,助力长三角生态一体化发展。提高绿色金融产品和服务的供给端配置水平、供给质量时,只要政策推动措施积极落实,就能够取得较好的市场效果,自然也会提高需求端的绿色金融配置效率,达到减少污染、发展环保科技的目的。

1. 加强绿色金融基础设施建设

经济绿色发展中最重要的是中小企业,中小企业也是绿色发展转型中不可或缺的角色,大企业由于组织结构繁复、程序复杂及缺乏活力等原因向绿色发展转型的难度较大。即使三省一市的金融机构将环境因素纳入其资金决策中,但由于中小企业存在规模较小、资本金不足、硬件技术水平低、面临市场风险较大等劣势,中小企业依然融资困难,进入绿色产业的难度较大。因此,加强绿色金融基础设施建设,为中小企业提供绿色融资便利,是促进中小企业绿色转型、助推绿色金融发展的重要手段。

2. 建立更为完备的绿色信贷体系

宏观审慎和经济运行的框架应包含绿色信贷。审批、发放绿色信贷要关注申请企业的核心财务指标是否稳健,评估企业项目是否有环境正溢出效应,信贷融资向环境友好型企业倾斜,向高污染、高能耗企业提供贷款必须从严审批。完善绿色信贷流程管理,加强贷前授信资格审查和贷后监督管理,降低风险权重。建立覆盖整个长三角地区的绿色金融数据信息共享平台,加强三省一市绿色金融领域人力资源储备和互联互通。长三角各地区建立统一的绿色信贷评价体系,扩展商业银行的绿色金融服务模式,支持绿色专项银行建行,引导中小银行开展绿色信贷。根据不同行业和项目的特点提供相匹配的信贷审核制度;建立重大风险客户名单制管理,要求存在重大环境风险的客户采取风险缓释措施(为其设定绿色信贷准入标准、制定重大风险应急预案等);重点扶持环境友好型低碳行业,加大信贷政策倾斜力度,提供优惠贷款利率。银行业在有效控制风险和可持续经营的前提下,继续推动绿色信贷流程、产品和服务的创新。

根据长三角基础性环境信息数据库和绿色金融数据信息共享平台,将企业客户的基本情况(财务状况、所在行业)和其生产经营对环境造成的影响纳入绿色信贷评级、管理审核体系,进行动态评估与分类,在贷款审核、贷款定价和经济资本分配等方面实施差异化风险管理措施。

商业银行要多推广绿色信贷创新产品,一是针对公民绿色生活融资需求的零售类产品,包括绿色住房/商用房按揭贷款、绿色消费类贷款、绿色个体经营贷款和绿色信用卡;二是针对企业和项目的公司类产品,包括绿色建筑贷款、能效项目贷款和排放权交易贷款等。

3. 建立区域碳金融市场

建立长三角区域碳金融市场,要注意长三角区域碳市场与各省碳市场的衔接,可以对全国碳市场碳价进行模拟,探索达到最佳节能减排效应的合理碳价机制,促使企业更积极地进行低碳转型。合理的碳价也可吸引更多社会资本进入碳市场,丰富碳金融创新,增加市场活跃度。坚持市场导向、确立激励机制、完善碳市场金融功能、拓宽可再生能源技术。丰富碳市场的主体,如碳资产抵质押融资、碳掉期、碳信托、碳基金、碳金融结构性存款、碳债券等,引入机构投资者,扩大碳市场交易规模,提高碳市场流动性。同时完善碳金融市场法律法规,建立风险防控机制,减小市场风险,增强投资者信心,达到节能减排的目标。

4. 推广绿色保险

在长三角环境治理一体化背景下,三省一市应采用政府引导、商业保险公司配合的形式在工业部门推广安全生产和环境污染责任保险,提升企业的安全生产和环保意识;在农业生产上推广成本保险、产量保险和收入保险并给予农户们一定的折扣,来提升农民收入,推动农业产业升级。协同促进长三角生态环境持续改善。

5. 扩大直接绿色金融市场

目前,长三角绿色金融资源仍以绿色信贷(间接融资渠道)为主,直接融资手段缺乏。在经济新常态阶段,中小企业获得银行贷款的难度很大,因此,为兼顾公平与效率,三省一市应该扩大直接绿色金融市场的建设。政府及相关机构宣传、引导环保企业通过直接绿色金融工具进行融资,降低环保企业的风险,增加地区环境收益。

鼓励绿色指数、绿色资管产品的开发。长三角政府部门可以联合上海证券交易所,建立绿色股票的评价体系,选取长三角地区未来能产生较高收益的、社会责任方面表现良好的上市公司,开发长三角绿色股票指数(可持续发展指数、环保产业指数、绿色环境指数),引导更多的市场资金投资绿色企业。发行绿色 ABS 产品的企业一般为朝阳企业,发展潜力大,因此金融机构应加速开发绿色资产证券化融资产品,健全相关的市场规范、认定标准和监督管理体系,出台绿色 ABS 配套的扶持政策,加强绿色项目的信息披露,支持环境友好型企业的发展。

规范 ESG 投资。出于规避风险、获得可持续收益的目的,投资者评估投资标的时也会将 ESG 信息披露纳入评估体系,投资者们看好 ESG 评级高的企业,这些企业也能吸引更多的金融资源。截至 2019 年 11 月,我国共有 26 只 ESG 相关指数和 86 只责任投资基金。ESG 基金的重仓行业集中在制造业,绝大部分基金的收益跑赢大盘。

上海证券交易所可以带头推进 ESG 相关信息披露在资本市场中的广泛运用,上市企业要遵循相关标准(如 GB/T 36001-2015)披露企业社会责任报告,以信息披露促进企业规范经营活动、向绿色发展转型,有利于企业的长期发展和绿色金融配置效率的提升。需要独立第三方机构对企业 CSR 报告/ESG 报告进行审核,评价报告是否客观、完整,帮助投资者鉴别报告的真实性。建立具有公信力的 ESG 信息数据库,为 ESG 投资、绿色金融产品的创新提供数据支持。上海证交所和证券基金协会也应引导机构投资者进行 ESG 投资,让更多资本支持实体经济绿色、良性发展。

4.2.5.3 环境规制与绿色金融一体化助力长三角生态一体化发展

在长三角联防共治、环境规制一体化背景下,绿色金融要协调发展以更好地服务长三角区域一体化发展。

第一,要加强组织领导和进一步优化顶层设计。建立长三角环保理事会和绿色金融发展委员会,探索建立区域环境规制、环境效益评价统一标准,太湖、淀山湖、新安江等跨流域区域的协调治理与生态补偿机制,并探索长三角生态一体化的发展规划。

第二,推进长三角环境数据资源全面整合共享,建立环境信息数据库、绿色工业大数据服务平台以及绿色金融数据信息共享平台,三个数据库互相匹配,采取"负面清单""窗口指导""道义劝告"等引导资金流向低碳环保行业。

第三,明确各省责任分工及考察监督、各级有关部门坚持责任落实,利用制度进行严格约束。根据各类环境问题的严重与紧急程度,确定每一阶段的重点任务和主攻方向,推动跨区域的横向合作,制定统一的环境规制。实行江浙沪皖各地区的主要领导轮值理事会主席制度,三省一市达到规划、实施与管理"三统一"。各级、各地区有关政府部门坚持权责相一致原则,利用法律法规、制度进行严格约束。

第四,建立长三角绿色金融产品交易市场,统一绿色产品的标准。建立长三角区域性绿色金融机构,提供多样化的绿色金融工具和服务,引领区域绿色金融的制度设计、产品创新、平台搭建与风险防范。

第五,扩大绿色金融改革示范区,选取绿色发展基础好(兼顾生态环境与经济实力)的城市作为绿色金融改革的创新实验城市,将金融市场发展的优势和产业转型升级迫切需要有机地结合起来,助力绿色发展。发挥上海现有的政策、制度、金融要素市场优势,结合绿色发展,将上海打造成国际性的绿色金融中心。

参考文献

[1]马骏.绿色金融体系建设与发展机遇[J].金融发展研究,2018(01):10—14.

[2]Soundarrajan P,Vivek N. Green finance for sustainable green economic growth in India. Agricultural Economics,2016,62(01):35—44.

[3]张明喜.绿色金融已经做了什么?还需要做什么?[J].中国科技论坛,2018(04):5—6.

[4]杨庆虹.国外绿色金融市场发展借鉴[J].中国金融,2017(13):41—42.

[5]张宇婧.我国商业银行风险管理研究[J].区域金融研究,2013(01):67—72.

[6]张宇,钱水土.绿色金融创新及其风险防范问题研究——基于浙江省绿色金融改革创新试验区的思考[J].浙江金融,2018(04):24—30+11.

[7]陈忠阳.金融工程与金融风险管理[J].国际金融研究,2001(04):76—79.

[8]郭滕达.绿色金融发展的驱动因素[J].中国科技论坛,2018(04):4—5.

[9]Chiara Criscuolo,Carlo Menon. Environmental policies and risk finance in the green sector:Cross-country evidence[J]. Energy Policy,2015:83.

[10]林德简,陈加利,邱国玉.中国环保产业的绿色金融支持因子研究——基于中证环保产业50指数成分股的实证分析[J].工业技术经济,2018,37(05):129—135.

[11]冯硕.我国银行理财业务的问题分析与对策研究[J].时代金融,2014(27):74+76.

[12]胡荣才,张文琼.开展绿色信贷会影响商业银行盈利水平吗?[J].金融监管研究,2016(07):92—110.

[13]麦均洪,徐枫.基于联合分析的我国绿色金融影响因素研究[J].宏观经济研究,2015(05):23—37.

[14]王康仕,孙旭然,王凤荣.绿色金融发展、债务期限结构与绿色企业投资[J].金融论坛,2019,24(07):9—19.

[15]蔡艳辉,冯友孝.经营风险、财务风险与经营绩效关系研究——来自西南地区 2008—2012 年的经验证据[J].企业改革与管理,2016(1):169—171.

[16]何德旭,张雪兰.对我国商业银行推行绿色信贷若干问题的思考[J].上海金融,2007(12):4—9.

[17]霍晓萍,李华伟,邱赛.股权结构、高管薪酬差距与企业绩效[J].会计之友,2019(18):25—31.

[18]姬彬.我国国有商业银行资产负债率对银行绩效的影响[J].商场现代化,2016(10):240—241.

[19]李程,白唯,王野,李玉善.绿色信贷政策如何被商业银行有效执行?——基于演化博弈论和 DID 模型的研究[J].南方金融,2016(01):47—54.

[20]李苏,贾妍妍,达潭枫.绿色信贷对商业银行绩效与风险的影响——基于 16 家上市商业银行面板数据分析[J].金融发展研究,2017(09):72—77.

[21]刘霞.环境与社会风险管理如何影响金融机构财务绩效——基于国际金融公司的实证分析[J].金融发展研究,2015(09):55—58.

[22]卢秀锋.公司社会责任表现、财务风险与公司绩效[J].新会计,2013(12):12—14.

[23]马骏.论构建中国绿色金融体系[J].金融论坛,2015,20(05):18—27.

[24]马萍,姜海峰.绿色信贷与社会责任——基于商业银行层面的分析[J].当代经济管理,2009,31(06):70—73.

[25]石金宁.商业银行"去杠杆"与经营绩效的实证研究[J].时代金融,2019(16):77—80+83.

[26]孙光林,王颖,李庆海.绿色信贷对商业银行信贷风险的影响[J].金融论坛,2017,22(10):31—40.

[27]王遥,徐楠.中国绿色债券发展及中外标准比较研究[J].金融论坛,2016,21(02):29—38.

[28]徐枫,马佳伟.中国商业银行执行环境风险管理政策对其经营绩效的影响——以赤道原则为例[J].宏观经济研究,2019(09):14—26.

[29]杨庆虹.国外绿色金融市场发展借鉴[J].中国金融,2017(13):41—42.

[30]张颖,吴桐.绿色信贷对上市公司信贷融资成本的影响——基于双重差分模型的估计[J].金融与经济,2018(12):8—12.

[31]周朝晋.绿色信贷对商业银行财务绩效影响研究——基于 2011—2018 年 12 家上市银行面板数据[J].时代金融,2019(25):59—63.

[32]朱永明,赵少霞.企业社会责任对经营风险与财务绩效关系的影响——基于中国上市公司的经验证据[J].会计之友,2017(12):64－69.

[33]BOWMAN E H. A risk return paradox for strategic management[J]. Sloan Management Review,1980,21(3):17－31.

[34]Jeucken M. Sustainable Finance and Banking:The Financial Sector and the Future of the Planet[J]. Routledge,2003.

[35]Modigliani F,Miller M H. The cost of capital,corporation finance and theory of investment [J]. American Economic Review,1958,48(3):261－297.

[36]Tripathy,Aneil. Translating to risk:The legibility of climate change and nature in the green bond market[J]. Economic Anthropology,2017,4(2).

[37]Stiglitz J E, Weiss A. Credit rationing in markets with imperfect information[J]. The A-merican economic review,1981,71(3):393－410.

[38]王凤荣,王康仕."绿色"政策与绿色金融配置效率——基于中国制造业上市公司的实证研究[J].财经科学,2018(05):1－14.

[39]夏天添,李明玉.环保投入、政策扶持与绿色金融效率[J].技术经济与管理研究,2019(07):68－72.

[40]孙毅,景普秋.资源型区域绿色转型模式及其路径研究[J].中国软科学,2012(12).

[41]Zhang B,Yang Y,Bi J. Tracking the implementation of green credit policy in China:Top-down perspectiveand bottom-up reform[J]. Journal of environmental management,2011,92(4):1321－1327.

[42]Kuznets,Simon. Economic Growth and Income Inequality[J]. The American Economic Review 45,1955 (1):1－28.

[43]Gene M. Grossman, Alan B. Krueger. Economic Growth and the Environment[J]. The Quarterly Journal of Economics,1995(5):353－377.

[44]Porter, M. E. America's Green Strategy[J]. Scientific American,1991(4):168.

[45]郎铁柱,钟定胜.环境保护与可持续发展[M].天津:天津大学出版社,2005.

[46]赵玉民,朱方明,贺立龙.环境规制的界定、分类与演进研究[J].中国人口·资源与环境,2009,19(06):85－90.

[47]原毅军,刘柳.环境规制与经济增长:基于经济型规制分类的研究[J].经济评论,2013(01):

27—33.

[48]原毅军,谢荣辉.环境规制与工业绿色生产率增长——对"强波特假说"的再检验[J].中国软科学,2016(07):144—154.

[49]Gray, W. Manufacturing Plant location: Does State Pollution Regulation Matter. NBER Working Paper Series, No. 5880.

[50]Arik Levinson. Environmental regulations and manufacturers' location choices: Evidence from the Census of Manufactures[J]. Journal of Public Economics,1996,62(1).

[51]Matthew A. Cole, Robert J. R. Elliott, Per G. Fredriksson. Endogenous Pollution Havens: Does FDI Influence Environmental Regulations? [J] . Scandinavian Journal of Economics,2006 (1).

[52]David Pearce, Charles Palmer. Public and private spending for environmental protection: a cross-country policy analysis[J] . Fiscal Studies,2005 (4).

[53]Lanoie P, Patry M, Lajeunesse R. Environmental regulation and productivity:testing the porter hypothesis[J]. Journal of Productivity Analysis, 2008, 30 (2) :121—128.

[54]张成,陆旸,郭路,于同申.环境规制强度和生产技术进步[J].经济研究,2011,46(02):113—124.

[55]Smarzynska B K, Wei S J. Pollution Havens and Foreign Direct Investment: Dirty Secret or Popular Myth? [M]. Contributions to Economic Analysis & Policy, Berkeley Electronic Press, 2004,vol. 3(2):1244—1244.

[56]张中元,赵国庆.FDI、环境规制与技术进步——基于中国省级数据的实证分析[J].数量经济技术经济研究,2012(04).

[57]朱向东,贺灿飞,李茜,毛熙彦.地方政府竞争、环境规制与中国城市空气污染[J].中国人口·资源与环境,2018,28(06):103—110.

[58]陈德敏,张瑞.环境规制对中国全要素能源效率的影响——基于省际面板数据的实证检验[J].经济科学,2012(04).

[59]彭星,李斌.不同类型环境规制下中国工业绿色转型问题研究[J].财经研究,2016,42(07):134—144.

[60]Gilbert S,Zhao L. The Knowns and Unknowns of China's Green Finance. The Sustainable Infrastructure Imperative: Financing for Better Growth and Development[C]. New Climate Economy, London and Washington,DC,2017.

［61］Rob Gray. Of messiness，systems and sustainability：towards a more social and environmental finance and accounting［J］. The British Accounting Review，2002，34(4).

［62］Francisco Climent，Pilar Soriano. Green and Good? The Investment Performance of US Environmental Mutual Funds［J］. Journal of Business Ethics，2011，103(2).

［63］Artur Tamazian，B Bhaskara Rao. Do economic，financial and institutional developments matter for environmental degradation? Evidence from transitional economies［J］. Energy Economics，2009，32(1).

［64］Emtairah，Tareq，Lars Hansson，Guo Hao. Environmental challenges and opportunities for banks in China. Greener Management International，2006(50)：85－95.

［65］关成华. 中国绿色发展指数报告［M］. 北京：北京师范大学出版社，2017.

［66］周腾，田发. 中国区域绿色金融发展水平的测度分析——基于不同经济发展阶段的视角［J］. 经济研究导刊，2019(33)：60－62＋73.

［67］方建国，林凡力. 我国绿色金融发展的区域差异及其影响因素研究［J］. 武汉金融，2019(07)：69－74.

［68］方建国，林凡力. 我国区域绿色金融发展的收敛性研究［J］. 电子科技大学学报(社科版)，2019，21(04)：1－12.

［69］党晨鹭. 区域绿色金融发展与产业结构的关系——基于我国省级面板的实证分析［J］. 商业经济研究，2019(15)：143－145.

［70］Salazar J. Environmental finance：linking two world［C］. A Workshop on Financial Innovations for Biodiversity Bratislava，1998(1)：2－18.

［71］Cowan E. Topical issues in environmental finance［J］. Research paper was commissioned by the Asia Branch of the Canadian International Development Agency (CIDA)，1999，(1)：1－20.

［72］Labatt S，White R R. Environmental finance：a guide to environmental risk assessment and financial products［M］. John Wiley & Sons，2003.

［73］Berensmann K，Finance L N G. Actors，Challenges and Policy Recommendations：Briefing Paper No. 23［J］. German Development Institute，2016.

［74］Höhne N，Khosla S，Fekete H，et al. Mapping of green finance delivered by IDFC members in 2011［J］. Cologne：Ecofys，2012，(14)：6－12.

［75］殷剑峰，王增武. 中国的绿色金融之路［J］. 经济社会体制比较，2016(06)：43－50.

[76]杜莉,张鑫.绿色金融、社会责任与国有商业银行的行为选择[J].吉林大学社会科学学报,2012,52(05):82—89+160.

[77]孙轶颋,李琳.绿色信贷与银行可持续发展[J].中国金融,2011(10):39—40.

[78]杜莉,韩丽娜.论碳金融体系及其运行架构[J].吉林大学社会科学学报,2010,50(05):55—61.

[79]Li W, Hu M. An overview of the environmental finance policies in China: retrofitting an integrated mechanism for environmental management[J]. Frontiers of Environmental Science & Engineering,2014(3):316—328.

[80]Clark R, Reed J, Sunderland T. Bridging funding gaps for climate and sustainable development: Pitfalls, progress and potential of private finance[J]. Land Use Policy, 2018(71): 335—346.

[81]黄建欢,吕海龙,王良健.金融发展影响区域绿色发展的机理——基于生态效率和空间计量的研究[J].地理研究,2014,33(3).

[82]王晓娆.环境治理投入与银行资产质量——基于绿色信贷视角的分析[J].金融论坛,2016,21(11):12—19+60.

[83]宁伟,佘金花.绿色金融与宏观经济增长动态关系实证研究[J].求索,2014(08):62—66.

[84]何凌云,吴晨,钟章奇,祝婧然.绿色信贷、内外部政策及商业银行竞争力——基于9家上市商业银行的实证研究[J].金融经济学研究,2018,33(01):91—103.

[85]连莉莉.绿色信贷影响企业债务融资成本吗?——基于绿色企业与"两高"企业的对比研究[J].金融经济学研究,2015,30(05):83—93.

[86]Leiter A M, Parolini A, Winner H. Environmental regulation and investment: Evidence from European industry data[J]. Ecological Economics, 2011, 70(4): 759—770.

[87]Testa F, Iraldo F, Frey M. The effect of environmental regulation on firms' competitive performance: The case of the building & construction sector in some EU regions[J]. Journal of environmental management, 2011, 92(9): 2136—2144.

[88]Zhu S, He C, Liu Y. Going green or going away: Environmental regulation, economic geography and firms' strategies in China's pollution-intensive industries[J]. Geoforum, 2014(55): 53—65.

[89]崔秀梅.企业绿色投资的驱动机制及其实现路径——基于价值创造的分析[J].江海学刊,2013(03):85—91.

[90]毕茜,于连超.环境税的企业绿色投资效应研究——基于面板分位数回归的实证研究[J].中国人口·资源与环境,2016,26(03):76—82.

[91]王韧.绿色金融、技术创新与绿色政策——基于耦合模型与灰色关联模型的实证分析[J].金融理论探索,2019(06):60—70.

[92]沈洪涛,马正彪.地区经济发展压力、企业环境表现与债务融资[J].金融研究,2014(2).

[93]王康仕.工业转型中的绿色金融:驱动因素、作用机制与绩效分析[D].山东大学,2019.

[94]刘乃贵,吴桐.绿色金融法律保障机制研究[J].财经科学,2017(10).

[95]王凤荣,夏红玉,李雪.中国文化产业政策变迁及其有效性实证研究——基于转型经济中的政府竞争视角[J].山东大学学报(哲学社会科学版),2016(03):13—26.

[96]张雪兰,何德旭.环境金融发展的财税政策激励:国际经验及启示[J].财政研究,2010(05):78—81.

[97]吕炜,王伟同.政府服务性支出缘何不足?——基于服务性支出体制性障碍的研究[J].经济社会体制比较,2010(1).

[98]李仁杰.市场化与绿色金融发展[J].中国金融,2014(04):17—19.

[99]杨娟.促进绿色金融发展的公共治理道路探析——基于国家职责的视角[J].中国软科学,2016(4).

[100]李中.绿色金融创新与我国产业转型问题研究[J].当代经济,2011(7).

[101]曾繁清,叶德珠.金融体系与产业结构的耦合协调度分析——基于新结构经济学视角[J].经济评论,2017(03):134—147.

[102]彭斯震,孙新章.中国发展绿色经济的主要挑战和战略对策研究[J].中国人口·资源与环境,2014,24(03):1—4.

[103]Niccolò Pisani, Ans Kolk, Václav Ocelík, Ganling Wu. Does it pay for cities to be green? An investigation of FDI inflows and environmental sustainability[J]. Journal of International Business Policy,2019,2(1).

[104]余明桂,潘红波.政府干预、法治、金融发展与国有企业银行贷款[J].金融研究,2008(9).

[105]徐保昌,谢建国.排污征费如何影响企业生产率:来自中国制造业企业的证据[J].世界经济,2016(8).

[106]张艳磊,秦芳,吴昱."可持续发展"还是"以污染换增长"——基于中国工业企业销售增长模式的分析[J].中国工业经济,2015(2).

[107]胡曲应.上市公司环境绩效与财务绩效的相关性研究[J].中国人口·资源与环境,2012,22(6).

[108]王勇,李建民.环境规制强度衡量的主要方法、潜在问题及其修正[J].财经论丛,2015(05):98—106.

[109]Bai Y, Faure M, Liu J. The Role of China's Banking Sector in Providing Green Finance [J]. Duke Environmental Law & Policy Forum, 2014(24).

[110]谢宇.回归分析[M].北京:社会科学文献出版社,2013.

[111]邓佳莉,王佳,张晔.基于长效利益共享机制的绿色技术金融服务平台架构设计[J].中国经贸导刊(中),2020(06):108—110.

[112]王建发.我国绿色金融发展现状与体系构建——基于可持续发展背景[J].技术经济与管理研究,2020(05):76—81.

[113]罗广宁,陈丹华,肖田野,刘蕾.科技企业融资信息服务平台构建的研究与应用——基于广东省科技型中小企业融资信息服务平台建设[J].科技管理研究,2020,40(07):211—215.

[114]王子菁,张玉明,刘丽娜.共享金融风险管控机制构建及路径创新[J].山东社会科学,2020(03):142—147.

[115]杜荷花.我国政府数据开放平台隐私保护评价体系构建研究[J].情报杂志,2020,39(03):172—179.

[116]王颖,张昕,刘海燕,张敏思,田巍.碳金融风险的识别和管理[J].西南金融,2019(02):41—48.

[117]杨培祥,马艳,刘诚洁.发展绿色金融与叠加风险防范的研究[J].福建论坛(人文社会科学版),2018(05):17—25.

[118]李毅光,毛道维,倪文新.政府主导型科技金融服务平台运行模式研究[J].经济体制改革,2016(02):197—200.

[119]齐美东,郑焱焱,王辉,李潇颖.共享共建型科技金融服务平台构建及运行研究[J].科技管理研究,2015,35(23):36—41.

[120]"科技金融研究"课题组,黄艳.区域性科技金融服务平台的运行路径研究[J].企业经济,2015(09):174—177.

[121]杨玉波,胡啸兵.互联网金融平台演化机制与风险构成研究[J].价格理论与实践,2015(01):91—93.

[122]周道许,宋科.绿色金融中的政府作用[J].中国金融,2014(04):22—24.

[123]游达明,朱桂菊.区域性科技金融服务平台构建及运行模式研究[J].中国科技论坛,2011(01):40—46.

图书在版编目(CIP)数据

绿色金融风险控制与运行机制研究报告/孙红梅等著．—上海：上海财经大学
出版社，2020.11

ISBN 978-7-5642-3666-3/F·3666

Ⅰ.①绿… Ⅱ.①孙… Ⅲ.①金融业-绿色经济-研究报告-中国 Ⅳ.①F832

中国版本图书馆 CIP 数据核字(2020)第 193323 号

绿色金融风险控制与运行机制研究报告

著　作　者：孙红梅 等著

责任编辑：朱静怡

整体设计：JUN Studio

出版发行：上海财经大学出版社有限公司

地　　址：上海市中山北一路 369 号(邮编 200083)

网　　址：http://www.sufep.com

经　　销：全国新华书店

印刷装订：江苏凤凰数码印务有限公司

开　　本：787mm×1092mm　1/16

印　　张：15.5

字　　数：226 千字

版　　次：2020 年 11 月第 1 版

印　　次：2020 年 11 月第 1 次印刷

定　　价：78.00 元